QINGSHAONIAN FANZUIXINLI YANJIU

青少年犯罪心理研究

郭学文◎著

中国政法大学出版社

2023·北京

声　　明　　1. 版权所有，侵权必究。

2. 如有缺页、倒装问题，由出版社负责退换。

图书在版编目（CIP）数据

青少年犯罪心理研究/郭学文著.—北京：中国政法大学出版社，2023.8
ISBN 978-7-5764-1108-9

Ⅰ.①青… Ⅱ.①郭… Ⅲ.①青少年犯罪－犯罪心理学－研究 Ⅳ.①C913.5

中国国家版本馆 CIP 数据核字(2023)第 179102 号

出 版 者	中国政法大学出版社
地　　址	北京市海淀区西土城路 25 号
邮寄地址	北京 100088 信箱 8034 分箱　邮编 100088
网　　址	http://www.cuplpress.com（网络实名：中国政法大学出版社）
电　　话	010-58908586(编辑部) 58908334(邮购部)
编辑邮箱	zhengfadch@126.com
承　　印	固安华明印业有限公司
开　　本	880mm×1230mm　1/32
印　　张	8.75
字　　数	230 千字
版　　次	2023 年 8 月第 1 版
印　　次	2023 年 8 月第 1 次印刷
定　　价	49.00 元

序 言

也许没有很多人看一本书时，会首先翻看书的序言吧。反正本人看书，总是先翻看目录。但是，序言还是有必要的，因为要交代一下书的以下内容：

——背景。本人从事青少年犯罪心理教学与研究多年，主讲的《青少年犯罪心理学》课程获评国家级一流本科课程，想写一部青少年犯罪心理研究的专著，总觉得与其等到青少年犯罪发生之后，通过判刑的方式给青少年提个醒，还不如未雨绸缪，把预防青少年犯罪的防线向前延伸，将犯罪预防的机制予以进一步完善，引领所有的青少年提高法治意识、完善法治思维方式、提高法治实践能力，进而预防青少年犯罪与被害。

——目的。在当代社会，青少年犯罪在世界各国都是备受关注的问题。事实证明，当代的青少年违法犯罪早已不再仅仅是校园欺凌、小偷小摸这样的小事，还有一些属于故意杀人、故意伤害致人重伤或死亡等严重犯罪。青少年犯罪案例、青少年犯罪率等，在中华人民共和国最高人民法院网、中华人民共和国最高人民检察院网等官方网站都有定期披露，这里面的犯罪类型是很多的。这些数据具有毋庸置疑的可信度，同时也说明我国有关部门对于青少年犯罪的重视程度很高。

青少年时期是人走向中壮年的一个必须经过的过渡期，人在这个时期的自我认知和人格都在发生变化。随着生理上的发育迅猛，几乎在短短的几年间，青少年迅速具有了前所未有的身高、体能和性别特征，智力也逐渐成熟。但是，心理的发展却并不完全同步，这使得他们产生了脱离父母的逆反心理，但是，又不具有脱离父母的能力，这种纠结和逆反是不由自主的。

这种并不同步的快速成长，会使青少年在自我认知等方面产生很多困惑、困扰：

第一，青少年的快速成长，使得父母还没有做好必要的心理准备。同时，父母的话往往不再被毫不迟疑地执行，父母很难像以前那样支配青少年的行为，但是青少年们又不得不依赖父母。

第二，身高、体重、智力等方面的变化，使得青少年产生了新的社会角色需要被认同的心理需求，往往谁能认同他们这种新的社会角色，谁就能赢得他们的好感、尊重甚至服从，正因为如此，青少年很容易被亚文化（副文化）群体所支配，因为在那里没有课业上的考核、比较，相反却具有相同趣味的人。

第三，青少年往往需要承担很重的学习任务、升学任务，而这些任务会带来很大的心理压力和身体压力，这使得青少年有无所适从甚至无能为力的感觉，不少孩子由于紧张的学习而无法得到足够的锻炼、充分的休息时间。随着学业的困难程度加剧，父母也不再能为孩子提供学业方面的帮助，但父母一般不会适度调整对孩子学习成绩提升、学业进步的期望值，因此青春期的孩子往往会感到自己难以满足父母的期望，也难以满足自己的心理预期。

第四，在青少年时期，人逐渐有了更强的自我尊严感。因此，父母的抱怨、指责、不满、过高的希望，往往会加剧孩子的焦虑和不安。面对这种现状和感觉，如果不能得到很好的心理疏导、引领、激励，青少年可能会产生心理窒息感，并产生向内或向外的攻击行为，如伤害自我或违法犯罪行为。互联网时代的青少年，还必须面对网络暴力、网络色情等不良信息以及网络游戏等网络环境所带来的诱惑、困惑和压力。互联网时代的青少年即使想为游戏充值，也一般没有能力用自己的劳动所得来实现这个愿望，因此他们还会面临特殊的贫困感和经济压力。

第五，互联网时代的青少年，大多数都还在学校学习，他们除了要面对以往非互联网时代常见的校园欺凌、校园暴力行为，还必须面对互联网时代特有的网络欺凌、网络暴力、网络跟踪、人肉搜索等行为。

但是，无论如何，青少年毕竟处于人生观、价值观形成的特殊时期，具有很强的可塑性，因此对于未成年人特别是未成年犯罪人的法律责任，除了带有惩罚性还要带有一定的治疗性和更强的教育性。

在当代文明社会，随着时代的发展、科技的进步，优生优育日益得到人们的重视，青少年的身体、智力等方面的素质也在逐代提高。在当代法治社会，关爱未成年人已经不再仅仅是父母或其他监护人的义务，而逐渐成为全社会的责任。随着互联网法治建设步伐的加快，互联网环境也逐渐变得清朗起来。

——思路。撰写专著确实不是一件轻松的事情，这不仅仅是因为工作量大，还因为在青少年犯罪心理研究领域，各种学说很多，怎样客观公正地阐述观点、对待已有学说、分析问题、形成自己的观点，是一个必须认真考虑、慎重对待的重要问题。法治的核心价值之一是公平公正，法治研究的核心价值之一也是公平公正，因为法治研究的对象就是法治，法治研究的目的是完善法治，推进法治建设。研究资料还应当保持与时俱进，这样才能反映最新的法治建设成果，但这是一个很大的工作量。

——愿景。青少年犯罪心理学是犯罪心理学的一个分支，是法学与心理学、社会学、青少年学等的交叉融合学科，它的研究对象是青少年犯罪产生、发展和变化的科学规律，以及预防、矫正青少年犯罪的科学方法。本书可供高等学校师生、从事青少年刑事司法工作的法治工作者、青少年犯罪心理研究人员参考使用。

当前，我国已经进入全面依法治国的新阶段，只要我们坚持用习近平法治思想这一科学理论作指导，"系统研究谋划和解决法治领域人民群众反映强烈的突出问题"[1]——预防青少年犯罪和被害正是广大人民群众所普遍关心的突出问题之一，坚持在法治的轨道上，用"心"依法促进青少年工作的开展，我们就一定能够在预防青少年犯罪和被害方面大有可为。

——鸣谢。感谢中国政法大学出版社丁春晖老师认真负责的工作态度！感谢其他审稿老师的辛勤工作！本成果获得教育部高校学生司供需对接教育育人项目《〈青少年犯罪心理学〉供需对接课程体系建设》、教育部高等教育司产学合作育人项目《"青少年犯罪心理学"一流本科课程建设》资助，一并致谢！最后，感谢我的妻子在我写作期间对我的大力支持！本书存在的不足之处由本人负责，请各位尊敬的读者提出宝贵的意见予以雅正。谢谢！

郭学文
2023年5月

---

[1] 习近平："坚定不移走中国特色社会主义法治道路　为全面建设社会主义现代化国家提供有力法治保障"，载《中国民政》2021年第6期，第4~9页。

目 录

第一章　青少年犯罪心理研究的基本范畴 | 001
- 一、犯罪心理学视域中的未成年人和青少年 | 001
- 二、未成年人犯罪和青少年犯罪 | 004
- 三、青少年犯罪心理 | 009
- 四、"新文科"背景下的多学科交叉融合研究领域 | 012
- 五、加强青少年犯罪心理问题研究的理论和实践价值 | 014
- 六、青少年犯罪心理的研究对象和研究内容 | 021
- 七、国外青少年犯罪的概况 | 024
- 八、我国青少年犯罪的概况 | 028
- 九、当前我国青少年犯罪的新动向与主要特点 | 030
- 十、我国当前青少年犯罪的典型原因 | 032

第二章　青少年犯罪心理形成理论 | 038
- 一、国外青少年犯罪心理研究的起源、发展和现状 | 038
- 二、国内青少年犯罪心理研究的起源、发展和现状 | 043
- 三、青少年犯罪的生物学原因论 | 055

四、青少年犯罪的社会学原因论 | 060
五、青少年犯罪的精神分析学犯罪原因论 | 078
六、青少年犯罪的其他原因论 | 088
七、青少年犯罪心理的综合研究趋势 | 090

第三章 犯罪心理的年龄差异 | 093

一、"君子三戒"的现代启示 | 093
二、犯罪心理的年龄差异概述 | 095
三、中壮年犯罪心理的对比分析 | 096
四、老年人犯罪心理的对比分析 | 098
五、青少年犯罪的心理行为特征和原因分析 | 102
六、青少年犯罪的预防与矫治根据 | 103

第四章 影响青少年犯罪心理形成发展变化的外在因素 | 106

一、犯罪心理成因中的"因"是"行为因" | 106
二、时间因素对犯罪心理的影响 | 108
三、地域因素对犯罪心理的影响 | 108
四、人的因素的影响 | 109
五、影响青少年犯罪的家庭因素 | 112
六、影响青少年犯罪的学校因素 | 124
七、影响青少年犯罪的社会社区因素 | 125

第五章 影响青少年犯罪心理形成发展变化的内在因素 | 127

一、犯罪动机的概念 | 127

二、犯罪动机的特征 ································ | 128
三、犯罪动机的形成原因和条件 ······················ | 129
四、犯罪者的智力特征 ······························ | 130
五、犯罪者的气质和性格特征 ························ | 131
六、犯罪人的自我意识障碍 ·························· | 133

第六章　青少年犯罪心理的主观差异 ·················· | 136
一、犯罪心理的主观差异内涵 ························ | 136
二、故意犯罪心理剖析 ······························ | 137
三、过失犯罪心理剖析 ······························ | 142

第七章　青少年犯罪心理的性别差异 ·················· | 146
一、犯罪心理的性别差异概述 ························ | 146
二、女性犯罪的心理与社会原因分析 ·················· | 149

第八章　青少年犯罪心理的经历差异 ·················· | 153
一、犯罪心理的经历差异概述 ························ | 153
二、初犯、偶犯的心理及其矫正 ······················ | 155
三、累犯、职业犯、惯犯的心理及其矫正 ·············· | 156

第九章　青少年犯罪共犯心理的差异 ·················· | 159
一、一般共同犯罪心理 ······························ | 159
二、特殊共同犯罪心理 ······························ | 161

第十章　越轨、犯罪与社会控制 ······················ | 167
一、越轨、犯罪与社会控制概述 ······················ | 167
二、犯罪的社会控制机制 ···························· | 172

第十一章　青少年暴力犯罪的概念、特点、原因与对策 ·············· | 177
一、青少年暴力犯罪的概念、特点和形态 ············ | 177
二、青少年暴力犯罪的原因与对策 ················ | 181

第十二章　青少年常见人身暴力犯罪心理分析 ········ | 187
一、青少年人身暴力犯罪的常见动机 ············· | 187
二、青少年人身暴力犯罪心理的常见类型 ·········· | 188

第十三章　青少年财产犯罪心理剖析 ··············· | 197
一、青少年财产犯罪心理的概念、类型和形成规律 ····· | 197
二、青少年财产型犯罪的心理和行为特征 ············ | 198
三、几种典型的青少年财产型犯罪心理剖析 ·········· | 199

第十四章　青少年犯罪心理预测 ················· | 209
一、青少年犯罪心理预测的概念和科学性保证 ········ | 209
二、青少年犯罪心理预测的分类、内容和方法 ········ | 210
三、青少年犯罪心理预测方法和步骤 ··············· | 210
四、青少年犯罪前的心理预测 ·················· | 214
五、青少年犯罪后的心理诊断和心理测评 ·········· | 215

第十五章　未成年人刑事司法心理干预 ············ | 221
一、未成年人刑事司法心理干预的概念、意义和功能 ··· | 221
二、未成年人刑事司法心理干预的依据 ············ | 224
三、未成年人刑事司法心理干预的实施机制 ········· | 227

第十六章　司法实践中的涉罪青少年心理干预 ········ | 231
一、检察院审查起诉工作中的犯罪心理干预 ········· | 231

二、未成年人刑事案件法治教育、庭审教育中的
心理干预 ……………………………………… | 233
三、未成年人司法审判心理学的意义 ………… | 236

第十七章　青少年犯罪心理矫正 …………………… | 242
一、青少年犯罪心理矫正的概念和意义 ……… | 242
二、青少年犯罪心理矫正的内容、分类和技术方法 …… | 244
三、青少年监所心理矫正 ……………………… | 245
四、青少年社区心理矫正 ……………………… | 247

第十八章　青少年犯罪刑罚预防的心理效应与
社会预防 ………………………………… | 252
一、青少年犯罪刑罚预防的心理效应 ………… | 252
二、青少年犯罪心理的社会预防 ……………… | 254

第十九章　建立青少年犯罪预警机制 ……………… | 259
一、完善青少年犯罪防控策略 ………………… | 259
二、建立青少年犯罪分类预警机制 …………… | 263

参考文献 ………………………………………………… | 266

第一章
青少年犯罪心理研究的基本范畴

预防青少年违法犯罪，保护青少年身心健康成长，是广大人民群众所普遍关心的问题，也是本书的目的所在。在任何一个时代，广大人民群众所普遍关心的问题一定是一个值得认真研究的社会问题。坚持学术研究的"人民性"，这不是一个实用主义的问题，而是一个"以谁为中心"的学术研究价值观问题、研究指向的立场问题。

研究的目的确定之后，我们来确定研究的基础。任何一个学科和领域的基本范畴，都是本学科和领域研究的基础。不过，越是基本性的范畴，往往越复杂，因为这可能会涉及一些基本的、思辨的，甚至哲学式的问题，以至于最后可能陷入什么是人、什么是心理、什么是青少年、什么是青少年犯罪、为什么会产生青少年犯罪、青少年犯罪能否防范等最基本、最基础性的问题。但是，这些问题又恰恰是必须解决的、不容回避的基本范畴。

一、犯罪心理学视域中的未成年人和青少年

青少年这个概念，显然比"人"这个概念更加容易回答，笔者在这里先提到人，并不是毫无意义的，因为这涉及包括预

防青少年犯罪在内的青少年问题研究的价值问题。很显然,青少年是人的一个群体,是人成长的一个时期,是人的发展所经历的一个阶段。既然每个人都无法逾越青少年时期直接进入中壮年时期,那么,青少年时期就是人生中非常重要的一个具有普遍意义的、必经的阶段。因此,青少年保护、青少年犯罪预防,其实也是一个涉及以人为本、人道主义的基本问题,是一个涉及人类文明的普遍性问题。

(一) 未成年人

一般认为,"青少年"这个概念比"未成年人"这个概念更加具有不确定性,也更加具有至少在学术研究上的国际趋同性。

未成年人是指尚未达到成年年龄的人。至于"未成年人"的年龄上限是多少,则有一定的法定性、国别性,不同国家的规定各不相同。《未成年人保护法》[1]第 2 条明确规定:"本法所称未成年人是指未满十八周岁的公民。"《民法典》第 17 条明确规定:"十八周岁以上的自然人为成年人。不满十八周岁的自然人为未成年人。"

世界各国法律关于未成年人年龄的规定不一。成年的年龄设置当然与人在生理上成熟的年龄有关,但是世界各国关于成年年龄的规定差异甚大,有的国家地理环境、人口情况等基本相同,但是关于成年的年龄却不尽相同,这其实说明了一个很重要的问题,那就是关于成年年龄的设置,其实是一个国家意志问题,是一个立法、执法、司法等与法律有关的问题,是一个与承担法律责任的能力有关的问题。世界上规定 18 周岁为成年年龄的国家较多,一个普遍的原因是到了 18 周岁的人,就具

---

[1] 本书涉及我国法律直接使用简称,省略"中华人民共和国"字样,全书统一,后不赘述。

有了一定的、独立的、对法律的认知能力。联合国《儿童权利公约》规定,儿童指18岁以下的任何人,除非对其适用的法律规定成年年龄低于18岁。

(二)青少年

"青少年"是一个法学、心理学、社会学等学术研究上的范畴和概念,同时也是一个宪法学上的范畴、宪法上的概念,而在民法、刑法、社会法等部门法中,更多使用未成年人(如《未成年人保护法》)、老年人(如《老年人权益保障法》)、无民事行为能力人、限制民事行为能力人、完全民事行为能力人(如《民法典》)等概念。

青少年是指处于青春期的人,即处于婴幼儿期到中壮年期之间的自然人。无论未成年人的年龄规定如何,对青少年的范围划定都是有一定规律的,世界各国的划定基本都包括了未成年人(即少年儿童、青少年早期),以及成年之后一个小范围年龄段的人(即青年、青少年晚期)。在很多语境下,人们一般会将少年和儿童再进行区分,而将未成年人中年龄较大者称为少年,年龄较小者称为儿童。因此,可以说,从儿童到中壮年之间的那个阶段,都可以被称为青少年。

青少年犯罪心理研究中的青少年,是以生理、心理特征为基础来综合进行年龄段划分的。在这里,青少年包括青年和少年两个阶段。我国降低刑事责任年龄之前的犯罪心理学,一般认为青少年大约包括14周岁至25周岁的人。但是,由于我国刑法已经将承担刑事责任的最低年龄界定为12周岁,因此12周岁至25周岁的人应当被包括在青少年的范围之内。最高人民法院的统计数据中,也是将该年龄段的犯罪,作为青少年犯罪来统计的。

如果细分的话,青少年中的少年期,一般是指十一二岁至十五六岁,青年期一般是指十六七岁至二十五岁。另外,在其他学科的学术研究话语体系中,不同的研究者对青少年年龄段的具体界定可能还会略有不同,但基本上在全世界范围内,区别并不是很大。

(三) 怎样界定青少年犯罪案件

以上这种年龄界定,是为青少年犯罪心理研究提供帮助和便利的,而不是为青少年犯罪心理研究设置障碍和藩篱的。因此说来:

第一,由于《预防未成年人犯罪法》里面所说的未成年人,是指未满18周岁的人,因此青少年犯罪心理研究肯定要将所有的未成年人都囊括在内,否则就有违立法精神。

第二,在共同犯罪中,只要有一个犯罪人是未成年人或者青少年,那么这个案件就应当被纳入青少年犯罪心理研究的案例范畴。

第三,如果一个犯罪人有多个犯罪行为,其中只要有一个犯罪行为是在青春期所进行的,或者跨越青春期的,那么这个案件就应当被纳入青少年犯罪心理所研究的案例范畴。

第四,如果一个犯罪人在未成年,或者在青春期时,就有不良行为或者严重不良行为,那么这个案例也应当被纳入青少年犯罪心理学的研究范畴。

二、未成年人犯罪和青少年犯罪

(一) 未成年人犯罪和青少年犯罪的概念

未成年人犯罪是指未成年人所进行的违反刑法的,给社会造成一定危害的,应当受到刑罚处罚的行为。青少年犯罪是指青少年所进行的违反刑法的,给社会造成一定危害的,应当受到刑罚处罚的行为。二者的区别在于犯罪人的年龄。儿童在向成年人过渡时，必然经过青少年期，青少年期是一个人青春期发育的关键时期，在生理、心理上具有共同的特点，在世界不同国家中，未成年人的年龄可能略有不同，但是，青少年的年龄范围基本一致，因此研究青少年犯罪更具有广泛的应用价值。

犯罪既是一个刑法概念，又是一个刑法学概念。从刑法学意义上说，从基本特征上分析，犯罪是指违反刑法的，给社会造成一定危害的，应当受到刑罚处罚的行为。这个概念包括三个要素：其一，犯罪具有刑事违法性，即刑法上的否定性评价性；其二，犯罪具有一定程度的社会危害性，对个人、单位、社会大众或国家利益的损害性；其三，犯罪具有刑法上的应当承担法律责任性，即应受刑罚处罚性。当然，概括性的归纳总是笼统的、相对不清晰不明确的，因此很多国家，还会在刑法中，对犯罪的概念直接予以明确，这就是犯罪的刑法概念。例如《刑法》第13条就对犯罪直接下了一个定义："一切危害国家主权、领土完整和安全，分裂国家、颠覆人民民主专政的政权和推翻社会主义制度，破坏社会秩序和经济秩序，侵犯国有财产或者劳动群众集体所有的财产，侵犯公民私人所有的财产，侵犯公民的人身权利、民主权利和其他权利，以及其他危害社会的行为，依照法律应当受刑罚处罚的，都是犯罪，但是情节显著轻微危害不大的，不认为是犯罪。"

这个概念采用列举与归纳相结合的方法给犯罪下定义，显然更加具有可操作性。这里的"一切""都是"，表明了国家对犯罪的否定性评价，倾向性非常明显，体现了刑法对国家、集体、个人等一切合法权益的保护，以及对一切犯罪的打击都是态度明确的、毫不含糊的。根据《刑法》的规定，犯罪主体既包括自然人，也包括单位。

(二) 新的刑事责任年龄制度

青少年犯罪的犯罪主体仅指自然人。这是因为青少年是人，是有血有肉的，有人权——人身权、人格权、财产权等权利，而不是法律上拟制出来的人——法人。青少年犯罪人的犯罪主体条件包括两个方面：一是达到一定的刑事责任年龄；二是具备一定的刑事责任能力。刑事责任能力主要是指精神正常，但是间歇性精神病人在精神正常时被视为具有刑事责任能力。我国的刑事责任年龄分为两大类：一类是完全刑事责任年龄；另一类是不完全刑事责任年龄。

完全刑事责任年龄人是指已满 16 周岁的精神正常的人，他们对任何犯罪都应当负刑事责任。不完全刑事责任年龄又分为两大类：一类是已满 14 周岁不满 16 周岁犯有以下八种犯罪的——故意杀人、故意伤害致人重伤或者死亡、强奸、抢劫、贩毒、投放危险物质、放火、爆炸；另一类是已满 12 周岁不满 14 周岁的人，犯有故意杀人、故意伤害两个罪名，后果严重致人死亡或者以特别残忍手段致人重伤或者造成严重残疾，情节恶劣，经最高人民检察院核准追诉的。

已满 12 周岁不满 14 周岁的人犯有某些特定的罪，应当承担刑事责任，被称为降低刑事责任年龄，这是 2020 年通过的《刑法修正案（十一）》所规定的。降低刑事责任年龄是否有助于预防青少年犯罪？一方面，降低刑事责任年龄必然有利于依法严厉打击低龄化青少年犯罪，犯罪的、低龄的未成年人会深切地体会到自己所做的危害社会的行为所带来的法律成本，并为自己行为所产生的法律后果承担刑事责任；其父母或其他监护人、学校老师也将深切体会到这一点，这有利于未成年人家长和学校老师强化对子女和学生的法治教育，有利于惩罚和改造犯罪的未成年人，而不是仅仅停留在说服教育、社会道德舆论谴责、民事责任赔偿等层面。另一方面，我们也要继续坚持教育与惩罚相结合的未成年人刑事诉讼原则，能不捕的尽量不捕，能不判的尽量不判，尽量避免刑罚、监禁给未成年人带来的标签化负面作用，也避免未成年犯罪人在劳动改造场所因为交叉影响而染上坏的习惯。

正是由于未成年人的心理特点与成年人有所不同，可塑性比较强，可教育挽救性比较强，所以未成年人犯罪的法律规制必然具有与成年人不同的特点，如果不能充分注意到这个不同，仅仅依靠降低刑事责任年龄也很难达到预期的效果。

(三) 中国古代的刑事责任年龄

我们经常说汉唐盛世，汉朝和唐朝的强大有很多原因，其中法律制度的相对成熟是重要原因，即所谓的制度上的强盛、制度上的发达、制度上的领先、制度上的成熟。法律制度上的完善，能够保障和促进政治清明、社会稳定、文化繁荣，带来全方位的强盛。汉朝对我国的影响是很大的，中国的主体民族被称为汉族。我国"汉代法律中有关于刑事责任年龄的规定，但前后发生过几次变化，年龄下限一般为七岁、八岁或十岁以下。经学大师郑玄在引汉律对《周礼》注释时，将未满八岁者视为'幼弱'，'非手杀人，他皆不坐'"。[1]也就是说汉朝的法律，一方面明确规定了追究刑事责任的最低年龄，另一方面，这个最低年龄是根据不同的犯罪类型进行分类规定的，不是一概而论，这就具有一定的科学性，因为人对不同行为的性质和社会危害性的认识是不同步的。另外，这也体现了一定的"仁爱"思想，虽然这种"仁爱"思想仍然是与报应刑相对应的，但是考虑到历史的局限性是不可避免的，因此必须承认这已经是历史的进步了。

唐朝是我国在文化、军事等各方面都很强大的另外一个历

---

[1] 牛犇:"古代如何处置未成年人犯罪"，载《人民法院报》2021年2月26日。

史时期，直到现在中国在国外的很多聚居区都被称为唐人区。唐朝的法律是相当完备的、具有很大的国际影响力的，唐代的"《唐律疏议》对处罚未成年人犯罪作出了更为详尽和系统的规定，具体划分为十五岁以下、十岁以下和七岁以下三个年龄段，根据犯罪的轻重，减轻责任的程度也有一定区别"。[1]可见，唐朝的法律不仅规定了详细的刑事责任年龄，而且把刑事责任年龄划分为三个年龄段，这三个年龄段所对应的、应当被追究刑事责任的罪名，是根据犯罪的社会危害性、人身危险性等情节来斟酌划分、明确界定的。这就不得不让人为几千年前古人的智慧、理性，以及对青少年的体恤、仁爱和关怀制度设计而心怀敬意了。

如果说汉朝和唐朝法律制度的先进性，更多地体现了中国人的独立自主和守正创新意识，那么清朝晚期和民国时期的法律制度，同时还体现了中国人对其他国家法律制度的学习精神和适度借鉴意识。我国清末的《大清新刑律》规定："凡未满十六岁之行为不为罪，但因其情节，得命以感化教育。"中华民国《刑法》则规定："未满十四岁人之行为，不罚。""十四岁以上未满十八岁人之行为，得减轻其刑。"[2]可见，我国在清朝晚期和民国时期，刑法所规定的最低刑事责任年龄比历史上普遍有所提高，而且还规定了对一定范围内的未成年人犯罪进行一定的减刑、免刑，体现了对未成年人"仁爱"的程度有所提高。

总之，我国古代和近代关于青少年刑事责任年龄的规定，可谓既体现了儒家体恤幼小的"仁爱"思想，又体现了符合一

---

[1] 牛犇："古代如何处置未成年人犯罪"，载《人民法院报》2021年2月26日。
[2] 曾智湄："中国古代少年犯罪的处理"，载 https://bjgy.bjcourt.gov.cn/article/detail/2008/08/id/864285.shtml，访问日期：2023年4月1日。

定年龄的人都应当为自己的行为负责的"礼治"思想。《大清新刑律》对最低刑事责任年龄的规定过高，带有一定的不切实际性，但同时也体现了晚清政府的"慎刑"思想、妥协思想和法制借鉴、法制移植上的不成熟性。民国时期的刑法关于最低刑事责任年龄的规定，比清朝晚期的规定要低，与我国现代刑法降低刑事责任年龄之前规定的部分内容大致相同，具有一定的成熟度。

三、青少年犯罪心理

一般认为，心理是脑的机能。但是我们能否反过来讲脑的机能就是心理，所有脑的机能都是心理，或者干脆说心理学就是脑理学？

显然不能，因为心理只是脑机能的一部分，还有另外一部分属于生理学、生物物理学、生物控制论的研究范畴。这是一个非常重要的研究领域，对这个问题的研究也许需要很大的篇幅才能充分展开，因此本书在这里不作赘述。

(一) 心理和青少年犯罪心理

心理是人脑对客观世界的主观反映。心理现象包括心理过程和人格特征、行为特征等。人是有心理的，因此人对自己行为的掌控是有一定的主观能动性的。正因为人是有心理的，所以人的行为不是简单地对环境影响进行"膝跳反射"，而是受复杂"动因"（动态因素）的综合影响。

在犯罪心理研究领域，单纯的"经济人假设""法律人假设""生态人假设"，都无法精确地解释人的犯罪行为与犯罪心理的关系。这不仅是因为心理规律本身的复杂性，而且还因为人的心理既有正常的心理，又有反常的心理，有的人是有一定的人格障碍的，这就更增加了犯罪心理研究的难度。

犯罪心理是指促使犯罪行为人形成犯罪决意并支配犯罪行为实施的各种心理因素。这些心理因素很多，包括对犯罪的认识、情感、意志、动机等心理状态。广义上，还包括犯罪人的世界观、人生观、价值观。青少年犯罪心理是指青少年犯罪人形成犯罪决意，影响犯罪行为的各种心理因素。

（二）犯罪心理、犯罪行为、犯罪习惯和犯罪现象

犯罪心理不同于犯罪行为、犯罪习惯和犯罪现象。犯罪行为是犯罪人在一定的犯罪心理影响下所进行的，严重危害社会的、触犯刑法的、应当受到刑罚处罚的行为。犯罪习惯是指犯罪人由于长时间从事犯罪活动或者其他因素所形成的某种特殊的行为倾向。犯罪现象是指在一定时间一定地域范围内所出现的犯罪行为的总和及其倾向。

犯罪心理与犯罪行为、犯罪习惯和犯罪现象，既有区别又有联系。就其区别来说，首先，三者在时间上具有不同步性，一般来说，犯罪心理总是形成在先，具有预先性；犯罪行为、犯罪习惯和犯罪现象总是形成在后，具有延后性，因此带有时间顺序上的差异。这一点在故意犯罪中尤为明显。一般来说，犯罪心理停止，则犯罪行为和犯罪习惯也会停止，但犯罪行为和犯罪习惯停止，犯罪心理则不一定会停止，还可能会延续一段时间。因此，犯罪矫正既包括对犯罪行为和犯罪习惯的矫正，也包括对犯罪心理的矫正。其次，犯罪心理带有一定的隐蔽性，而犯罪行为、犯罪习惯和犯罪现象，相对来说则带有一定的显露性。就其联系来说，首先，一般来说，犯罪行为和犯罪习惯总是在一定的犯罪心理的影响指向下产生的。其次，犯罪行为的性质和罪名、犯罪习惯往往是由犯罪心理所决定的。犯罪心理情况是区分故意犯罪和过失犯罪以及是否属于惯犯的标志性要素。

（三）青少年犯罪心理学

青少年犯罪心理学是研究青少年犯罪心理的学问、学说、学科。为什么青少年犯罪心理值得研究？这主要是因为青少年时期是人的精力和体力的高峰期，此时人的体能最发达，精力最旺盛。我们可以想象一下，一个人在婴幼儿时期体能很弱，但是，在青少年时期却突然拥有了几乎在一生中最发达的体能，这对于青少年来说是一种前所未有的新奇体验。但是，人在这个阶段，却像阿喀琉斯之踵一样，具有不容忽视的弱点，即青少年时期的人的心理还不成熟、不稳定。

我们可以再想象一下，在人生的某一个阶段，大家都处于这样一个相对普遍的状态，即相对来说，体能最发达，精力最旺盛，但是心理却最不成熟、最不稳定，人生阅历最浅，人生经验最少，这又是怎样的一种矛盾状态！

因此，人在青少年时期需要特殊保护，是一个不难理解的问题。青少年保护、青少年犯罪预防、青少年犯罪心理研究，毫无疑问是具有普遍意义和社会性的。

青少年心理包括青少年的心理状态和行为特征。青少年心理比起中壮年心理、老年人心理，具有更大的脆弱性、环境致畸性、环境影响性、可塑造性等特征。现在科学上已经基本证明，人类文明其实并非起源于争斗，而是起源于互相关心和团结协作。考古学上已经发现，有人骨折后重新愈合，但这种重新愈合是需要有人在旁边，进行长达数月的精心照料的。古人类能互相照顾，现代人也能。对青少年的关爱，实际上就是一种互相照顾。因为现在的青少年，在将来也会承担起照顾其他人的责任。

人类幼儿比起其他动物的幼崽，需要父母照顾的时间更长。世界各国法律都规定，父母及其他法定监护人对于未成年人有抚养教育的权利和义务，而这种抚养教育，既包括物质抚育，也包括心理抚育。

青少年的心理抚养和教育特别是未成年人的心理抚养和教育，并不仅仅是父母及其他法定监护人的问题——家庭的问题，也是一个社会化的问题。例如，学校教育就应当包括对未成年人的心理教育。未成年人检察工作、审判工作、社区矫正工作，就应当包括对未成年犯罪嫌疑人、犯罪人的心理疏导和心理健康教育。

严格说来，"青少年犯罪心理研究"与"青少年犯罪心理学研究"并不完全相同。青少年犯罪心理研究只是碎片化的、横断面式的定向研究，而青少年犯罪心理学研究则是整体的、综合化的研究，是作为一门分支学科来进行的研究。相对来说，前者的研究历史悠久，而后者的研究历史短暂，属于非常"年轻"的研究领域。青少年犯罪心理研究越发达，越有可能推动青少年犯罪心理学的发展。另外，"青少年犯罪心理学"与"犯罪心理学"，也是既有联系又有区别的，青少年犯罪心理学是犯罪心理学的分支学科，可以说青少年犯罪心理学的研究历史与现状，与犯罪心理学的研究历史与现状是密不可分的。

四、"新文科"背景下的多学科交叉融合研究领域

（一）青少年犯罪心理学属于多学科交叉融合知识

党的二十大报告指出，加强交叉学科建设。2021年4月，习近平总书记在清华大学考察时强调，要用好学科交叉融合的"催化剂"，打破学科专业壁垒，推进"新文科"建设。新文科强调多学科交叉融合。

青少年犯罪心理学是指研究青少年犯罪人犯罪心理的形成和变化规律，以及青少年犯罪预防和矫正对策的心理规律的科

学。青少年犯罪心理学很显然是一个交叉学科,它首先是法学与心理学的交叉学科,具体来说是犯罪学与应用心理学的交叉学科。不仅如此,青少年犯罪心理学还涵盖社会学的知识,青少年犯罪心理学研究还要用到社会工作专业的社会调查方法。青少年犯罪心理学还涉及生理学、青少年学等学科。因此,可以说青少年犯罪心理学是一个不折不扣的涉及多学科的交叉学科、新兴学科。

(二)青少年犯罪心理研究能告诉我们什么

心理为什么是可知的?其原因在于,人的外部行为总是在一定的心理活动支配下进行的,而外部行为是可感知的、可收集的、可分析的。虽然其他动物也有心理,心理学的一个分支学科就是动物心理学,但是毫无疑问,人的心理在所有动物的心理中是最为复杂的。

虽然人的犯罪心理是看不见、摸不着的,但是,却并非不可量度,而是可以通过人的犯罪行为来进行分析、预测的,也是可以进行心理问卷测量的,或者通过其他方式予以揭示的。例如,通过"房、树、人"图画进行分析,或者通过已经掌握的犯罪大数据进行类比分析。

青少年犯罪心理学研究,作为一种交叉学科研究领域,符合国家当前提倡的"新文科"教育理念。这个领域的知识属于交叉学科知识,学生学习青少年犯罪心理学知识有助于成为复合型人才,既能学到法学知识又能学到心理学知识,还能丰富自己的理论知识体系,丰富自己的实践能力、分析能力。

青少年犯罪心理学能告诉我们很多预防青少年被害,以及青少年犯罪心理矫正的道理。例如,绝大多数犯罪人在犯罪时,都是把被害人"非人格化"的。被害人"非人格化"是指不承认被害人的人格,否认被害人与自己一样是应当得到尊重的、享有不容剥夺的权利的人,谨以此来减轻自己犯罪的罪恶感。而相对应的应对策略,则是"被害人人格化",也就是引导犯罪人把被害人当作和自己一样应当受到尊重的人来看待。

马某爵、药某鑫、林某浩、吴某宇,他们都是犯罪的大学生,他们虽没有专门学过法律,但他们在大学,甚至在中学、小学都了解过一定的法律常识,知道故意杀人的法律后果,因此,他们所欠缺的恐怕并不是法律知识,而是完善的法治心理、法律思维方式和法治信仰。青少年犯罪心理学知识有助于完善青少年的法律思维方式,有助于促进青少年的心理健康。

五、加强青少年犯罪心理问题研究的理论和实践价值

(一)青少年犯罪心理研究的理论价值

青少年犯罪心理学研究的社会价值,包括理论和实践两个方面。在理论方面,青少年犯罪心理学研究有助于推动心理学和法学的发展,推动"新文科"背景下交叉学科的融合发展。

知识具有开放性,所以只要我们认真学习,知识都是可以被掌握的。规律具有科学性,任何一个社会领域的规律都是可以被认知、掌握、运用甚至发展的——纯粹的玄学除外。玄学本来就建立在不真实的基础上,因此玄学无法再继续向前发展。犯罪心理学方面的某些国外学说,就带有一定的玄学色彩,我们要予以甄别,不能一概而论、拿来就用。

(二)青少年犯罪心理研究的实践价值

在实践方面,青少年犯罪心理学研究有助于为预防青少年犯罪和被害、教育惩罚和改造青少年罪犯提供心理科学依据;有助于预防青少年犯罪、减少青少年犯罪行为发生的频率;有助于提高未成年人侦查预审、检察、审判、改造和矫正等刑事司法的水平;有助于保护青少年的健康成长、维护家庭的幸福

和社会的稳定。

青少年犯罪心理学是一门科学。掌握青少年犯罪心理发展变化的规律，是预防青少年犯罪，进行青少年犯罪心理矫正的前提和基础。掌握青少年犯罪心理发展变化的规律，有利于预防青少年犯罪，预防青少年被害，保护青少年的心理健康。

(三) 犯罪心理痕迹和犯罪心理画像

我们经常听说根据犯罪工具、指纹、脚印等现场证据，来侦破和审理刑事案件，这些证据都是物理上的证据。但是，有时候犯罪分子反侦查能力很强，或者现场的物理证据遗失、损毁，导致现场基本上未留下多少有用的物理证据，也没有多少有用的其他刑事诉讼法上规定的证据，这个时候犯罪心理学家就可以根据犯罪分子作案的方式、作案的手段、作案的工具选择等行为特征，来对犯罪分子进行"心理画像"。

根据犯罪心理画像，可以基本确定犯罪分子的年龄范围、性别、心理和行为特点等，进而确定案件侦破的基本方向，这就是"犯罪心理画像"或称"犯罪分子心理画像""犯罪动机画像"的价值和意义所在。

顺便说一下，"犯罪心理画像"与"犯罪分子个人肖像模拟画像"是不同的。我们在电影、电视上经常看到，中国古代通缉犯罪嫌疑人时，往往会张贴通缉布告，通缉布告一般会有犯罪嫌疑人的肖像画。那么这个肖像画是哪里来的？古代又没有照相机、摄影机、监控摄像头。很显然，这是根据见过犯罪嫌疑人者的描述所进行的模拟肖像画，带有一定的想象的绘画。

在表现现代社会警匪片的电影、电视里，往往也会出现根据邻居、亲戚朋友、现场目击证人、被害人的陈述，对犯罪嫌疑人进行个人肖像的模拟绘画、想象绘画，但是这并不属于犯罪心理画像。

但是，又有多少人能精确地区分这两种画像？在对犯罪嫌疑人进行个人肖像的模拟绘画时，"绘画者"（画家）是否会根据他所认为的、从事某一类犯罪行为的人所共同具有的某些外在形体特征来进行绘画？这恐怕是很难进行区分和剔除的主观因素——这再次说明心理学是无处不在的，连"绘画者"（画家）画画也不例外。美术界有一种流派——印象派，印象派画家注重画出个人感受，这使得画家的内心体验、情感成为绘画的主要表现对象。

（四）犯罪心理藏在何处

犯罪心理究竟藏在何处？一般来说，犯罪本身大多既带有一定的外显性，又带有一定的隐秘性，大多数的犯罪分子总是既想进行犯罪行为，又想逃避法律的制裁。而犯罪心理则更加具有隐秘性和通过行为的间接体现性，其由外因通过内因起作用的规律性所决定，体现犯罪分子主观能动性所推动的人为主导性，这就更增加了犯罪心理测量的难度。

但是，既然犯罪行为是犯罪人在一定心理影响和支配下所实施的严重危害社会的、触犯刑律的、应当受到刑罚处罚的行为，那么，犯罪心理作为影响和支配犯罪人实施犯罪行为的各种心理因素的总和，可以反过来通过对犯罪行为的科学分析来对其进行揭示。

犯罪心理与犯罪行为可谓既有区别也有联系。就其区别来说，犯罪心理具有很强的内隐性，看不见、摸不着、听不到；而犯罪行为则具有一定的外显性，因为犯罪行为是可以被证人、被害人所看到的，是可以留下指纹、脚印等物理特征的。犯罪心理带有前置性、相对独立性，一旦产生并付诸实施，往往还具有相对稳定性和演变性，即使犯罪行为已经停止，犯罪心理也不一定会立即停止，而可能会继续存在一段时期或者犯罪分子想寻找其他的犯罪对象继续进行下一次犯罪。就其联系来说，犯罪行为对犯罪心理具有一定的依赖性。一般来说，没有犯罪心理的支配就不会有犯罪，犯罪行为总是在一定的犯罪心理的影响和支配下进行的。

分析到这里，另外一个区别也就顺理成章了，那就是犯罪心理形成在先而犯罪行为形成在后，这个规律不仅对于故意犯罪成立，对于过失犯罪亦是如此。故意犯罪包括直接故意和间接故意。直接故意犯罪是指明知自己的行为有社会危害性，并且希望和追求这种危害后果的发生。间接故意犯罪是指明知自己的行为可能有社会危害性，并且放任或漠视这种危害后果的发生。因此，无论是直接故意犯罪还是间接故意犯罪，都是先有"想犯罪"的心理状态，才出现故意犯罪行为。

有人说，激情犯罪只有犯罪行为没有犯罪心理，但是实质上，激情犯罪属于强烈的情绪性犯罪，也有短促的直接故意或者间接故意的犯罪心理状态。过失犯罪包括疏忽大意的过失和过于自信的过失，总是先有疏忽大意的心理状态和过于自信的心理状态，才有了过失犯罪行为。因此，过失犯罪也有一定的心理状态。

(五) 犯罪心理不是仅仅在心里想想

通过对犯罪心理与犯罪行为区别的分析，二者之间的联系基本上就可以被归纳出来了：形形色色的犯罪行为，总是在一定的犯罪心理的支配或者影响下产生。可以说，没有犯罪心理就没有犯罪行为，要想了解犯罪心理必须先了解犯罪行为。但是，反过来，如果没有犯罪行为也就无法对犯罪心理进行分析，所谓皮之不存毛将焉附。

而且，严格来说，如果从头到尾都未发生任何犯罪行为，包括犯罪预备行为，那么单纯的"心里想想"的心理活动，也是不应被追究任何法律责任的，换句话说，既然不存在"犯罪"，那么单纯的"就在心里想想"的心理活动，充其量只能算作"不良心理"而已。

中国古代曾经有一种罪名，叫作"腹诽罪"。所谓腹诽，就是在内心诽谤。汉朝时有一位大臣叫颜异，就是被冠以腹诽罪的罪名而处死的。当时，有人在他面前说国家法令的坏话，他既不敢随声附和，也不敢挺身而出制止，只是嘴唇稍微动了一下，就被人告发，说他作为国家的九卿之一，遇到有人"诽谤"国家的诏令，不仅不加制止，而且随声"腹诽"。最后，颜异被定罪处死。

但是，腹诽罪的存在及其定罪量刑，不仅是对言论自由的侵犯——不仅没有说话的自由，也没有不说话的自由；而且也是不科学的，违背了主客观相统一的原则，也许人家嘴唇动了动本来是想说制止的话，也许人家本来是有一定的神经官能症或者面部神经痉挛。

犯罪心理与犯罪行为的联系，还有一点，那就是犯罪行为的性质是由犯罪心理决定的，先有了故意犯罪的心理才有了故意犯罪行为，先有了故意杀人心理才有了故意杀人行为，因此，犯罪行为的类型和具体罪名取决于犯罪心理。

（六）犯罪心理知识是怎样用来侦破和审判案件的

有一个根据犯罪心理推理破案的真实例子：1940年及之后，在纽约发现了炸弹和恐吓信，后来炸弹、恐吓信不仅再次出现，而且炸弹还真的爆炸过，除了恐吓信和炸弹、弹片，没有其他有用的证据，当地警方一筹莫展，只好请来犯罪心理学家布鲁塞尔博士。布鲁塞尔博士仅仅根据炸弹和爆炸以后形成的弹片，以及恐吓信件，就分析出了犯罪嫌疑人的诸多特征：性别——男；年龄范围和性格特征——50岁以上的"偏执狂"；健康状况——曾经患有严重疾病；种族民族——斯拉夫后裔；居住的大致地区和宗教信仰——住在康涅狄格州布里奇波特的天主教徒；住宅和共同居住人的大致情况——独院独宅、与姐姐同住；以及犯罪嫌疑人在穿戴方面的习惯和特点——喜欢穿双排纽扣的西装。然后又使用激将法，将分析出来的这些结果，刊登在当地的主流报纸上，在群众中寻找见证人——如果分析得对，那么周围的群众会把这个犯罪嫌疑人给指正出来的，或者激怒犯罪人向警方打电话嘲笑、挑衅警方。最终，布鲁塞尔博士的犯罪心理分析方法奏效，犯罪嫌疑人真的被抓获。类似的侦破案件的实例，在中外警界不胜枚举。可见，犯罪心理分析确实具有一定的法治实践意义。

有人可能认为，心理学也许只能被应用在侦破案件的过程中，其实不然。在刑事审判、改造和矫正罪犯的过程中，心理学也大有用武之地。例如，在未成年人审判中的法治教育环节，不使用普通的刑事法庭而使用"圆桌审判"+"心理咨询"的方式审理未成年人案件，在司法实践中取得了良好的教育效果，达到了法律效果和社会效果的统一。

当前，青少年犯罪心理学作为研究青少年犯罪心理活动及其规律的一门科学，在青少年刑事司法工作特别是未成年人刑事司法工作中的作用，正在日益被人们认可和重视。

(七) 青少年犯罪能否预防

对于预防青少年犯罪来说，有一个必须解决的重要问题，那就是青少年犯罪为什么能够预防，怎样预防？

青少年犯罪在一定意义上是可以预防的，因为一切事情都有一定的规律可循，否则就陷入不可知论了。

说起青少年犯罪的预防，这里的犯罪预防是一个法律实践意义浓厚的概念。青少年犯罪预防是指预防青少年初次犯罪、预防青少年继续犯罪、预防青少年再次犯罪，有事先预防、事中预防和事后预防三种情形。事先预防，是指提前进行法治教育、道德教育和心理教育，避免青少年形成犯罪心理，避免青少年犯罪或再次犯罪。事中预防，是指通过说服教育避免青少年继续犯罪。事后预防，是指对犯罪的青少年进行教育、矫正和改造，预防其重新犯罪。

青少年犯罪是成长环境的不利、个人因素及其他情境因素综合作用的结果。研究那些在青少年成长过程中助长或者导致他们心理畸形的环境因素、个人因素等，有助于找出形成犯罪心理、作出犯罪行为的原因，进而反向采取措施，预防和减少犯罪。

需要注意的是，同一个刑事案例，对于不同的人来说，可能互为事先预防、事中预防和事后预防，例如对已经犯罪的青少年张三进行事后预防（教育惩戒），对未犯罪的李四来说，就是一种警示教育，就是对李四的事先预防，而对于正在进行犯罪的王五来说，就是一种事中预防。

（八）犯罪心理是主观和客观的统一

犯罪心理的过程可以分解为四个部分：其一，犯罪认知，就是犯罪人对犯罪的认识、直觉、感觉、察觉等；其二，犯罪情感，就是犯罪人对犯罪的态度、情绪；其三，犯罪意志，就是犯罪人在确定犯罪目的之后，对于犯罪的努力的心态，为了达到犯罪目的而自觉努力的、调节和支配行为的、一定程度上的、相对比较坚定的心理状态；其四，犯罪行为，就是犯罪人所表现出来的具体的、外显的活动。

前三个部分属于犯罪心理过程的内隐阶段，第四个部分属于犯罪心理过程的外显阶段。或者说，前三个部分属于犯罪心理的内部过程，第四个部分属于犯罪心理的外部过程。犯罪心理就是这样一个内部过程和外部过程、主观和客观的统一。

从这个意义上说,犯罪心理具有一定的客观性、实在性、外显性。当然,毫无疑问,犯罪心理也具有一定的主观性、非实在性、内隐性。

(九)青少年犯罪心理矫治的基本原则

青少年犯罪心理防治和矫正的基本原则,可以归纳为三个相结合:教育与惩罚相结合;防范与治理相结合;惩戒与矫正相结合。

第一,教育与惩罚相结合的原则。对于青少年犯罪,该惩罚的一定要惩罚,惩罚也是教育的一种特殊方式。但是,应当按照教育、感化、挽救的刑事政策,以及教育为主惩罚为辅的刑事诉讼特别程序基本原则,注重对青少年的教育、感化、挽救。在对青少年进行教育、感化、挽救时,就要用到青少年犯罪心理学的知识。

第二,防范与治理相结合的原则。把防范青少年犯罪放在前,是成本最小、效果最好的。但是,防范如果不与治理相结合就缺乏效果保障、缺乏威慑力。

第三,惩戒与矫正相结合的原则。对犯罪的青少年如果只给予惩戒,而没有帮助他们树立起正确的社会规范意识,没有帮助他们唤醒良知,没有帮助他们养成良好的守法习惯,那么很容易出现对惩戒不接受、不理解、不服气甚至怨恨社会和重新犯罪。因此,惩戒与矫正相结合的原则是"治本"的原则。惩戒如果不与矫正、治理相结合,那就仍然属于"报应刑"理论。

六、青少年犯罪心理的研究对象和研究内容

(一)青少年犯罪心理的研究对象

任何一个学科或者领域,都应当有自己独立的研究对象。

青少年犯罪心理的研究对象，是青少年犯罪心理、青少年犯罪行为和青少年犯罪人，主要内容包括青少年犯罪心理的成因、青少年犯罪心理矫正的规律等。

（二）青少年犯罪心理的研究内容

具体来说，包括以下研究内容：

第一，青少年个体犯罪心理，即追究青少年刑事责任的心理基础，包括但不限于犯罪动机的形成和演化。青少年个体犯罪心理主要包括犯罪心理的成因和不同犯罪心理的特征，犯罪心理和犯罪行为产生、发展和变化的规律，犯罪心理结构。判断一个人的行为是否构成犯罪，必须分析其行为是否符合犯罪的构成要件。犯罪构成要件是依照刑法的规定，某一具体的行为构成犯罪所必须具备的主观和客观要件的总和。犯罪构成包括犯罪主体、犯罪主观方面、犯罪客体和犯罪客观方面四个要件。其中，犯罪主观方面是指行为人在实施犯罪行为时对行为及其结果所持有的心理态度，包括犯罪故意和犯罪过失、犯罪目的和犯罪动机、认识错误等。可见，犯罪人的心理态度对于定罪量刑来说具有至关重要的构成要件式的意义和作用。

第二，青少年群体犯罪心理，主要是指共同犯罪心理，包括一般共同犯罪心理、犯罪集团中的犯罪心理、有组织犯罪心理等。我国2021年通过了《反有组织犯罪法》，规定有组织犯罪是指组织、领导、参加黑社会性质组织犯罪，以及黑社会性质组织、恶势力组织实施的犯罪。有组织犯罪是需要严厉打击的，有组织犯罪心理是一个具有重要实践意义的研究领域。

第三，研究有关青少年犯罪预防中的心理问题，包括但不限于青少年犯罪心理预测、犯罪侦查心理、犯罪检察心理和犯罪审判心理、犯罪心理的矫正与转化等。研究青少年犯罪心理，当然离不开研究青少年犯罪行为。通过对青少年犯罪行为的分析,才能掌握青少年犯罪的心理规律。研究青少年犯罪心理和青少年犯罪行为更离不开研究青少年犯罪人,青少年犯罪心理和犯罪行为归根到底都是人的心理和行为。问题是,究竟研究哪些人？答案是,青少年犯罪人,即做出具有一定社会危害性的行为、触犯刑律、应当负刑事责任的青少年。

第四,青少年犯罪人、一般违法人等,主要包括青少年犯罪人、不以犯罪论处的人、一般违法人、有严重不良行为的人、刑满释放、假释人员、最有可能犯罪的人等。除了研究犯罪人,青少年犯罪心理学还研究虞犯——最有可能犯罪的人,其法律依据是《预防未成年人犯罪法》第五章对重新犯罪的预防。此外还研究有不良行为、严重不良行为和一般违法行为的未成年人,其法律依据是《预防未成年人犯罪法》第三章对不良行为的干预以及第四章对严重不良行为的矫治。以下这一点很重要：青少年犯罪心理所研究的,不仅仅是青少年犯罪行为,还包括青少年违法行为,以及青少年不良行为、严重不良行为。因为从犯罪预防的角度看,不良行为、严重不良行为、违法行为与犯罪行为之间,往往没有不可逾越的鸿沟。正因为如此,《预防未成年人犯罪法》所规定的需要预防的行为不仅包括犯罪行为,还包括违法行为和不良行为、严重不良行为。

第五,青少年犯罪中的青少年被害人、青少年证人。青少年被害人心理特别是未成年被害人心理,是青少年犯罪心理学所研究的重要领域之一,这一点往往很容易被忽视。在犯罪人和被害人均为青少年的犯罪案件中,应当特别注意加强对青少年被害人特别是未成年被害人的心理疏导,防止被害人受到再次侵害、心理伤害,防止被害人留下不健康的心理阴影,产生不健康的心理,甚至由被害人转化成侵害人。青少年证人也是如此,青少年证人目睹了青少年犯罪行为的发生,必然会或多或少地在内心产生一定的心理反应，甚至留下心理阴影。因此，对于青少年证人的心理疏导和心理健康，也应当予以重视。

第六，与侦破青少年犯罪案件、惩罚青少年犯罪人，改造、矫正青少年犯罪人有关的工作人员。就人员范围来说，主要包括刑事侦查人员、刑事检察人员、刑事审判人员、犯罪监管改造场所工作人员、犯罪矫正工作人员、其他预防青少年犯罪的人员等。换句话说，青少年犯罪心理学还研究从事青少年司法工作的人员的心理素质、心理能力。因为，这些人是做好青少年犯罪心理矫正的人才基础、人力基础。其实，也不光是要单向研究侦破案件、打击犯罪、改造矫正犯罪人的工作人员的心理，还包括在侦破案件、惩罚犯罪、犯罪矫正过程中，双方或多方的心理互动规律。因此，就心理类型来说，主要包括青少年刑事侦查心理、刑事检察心理、刑事审判心理、监管改造心理、犯罪矫正心理等。

七、国外青少年犯罪的概况

（一）国外的青少年犯罪

青少年犯罪是一个世界性的问题，正因为如此，有人把青少年犯罪作为与环境污染、吸毒贩毒并列的世界三大害之一。相对来讲，中国的青少年犯罪率在全世界范围内是比较低的。

我们都知道美国是一个校园枪击案频发的国家，例如，2007年4月16日，在美国弗吉尼亚理工大学发生了一起校园枪击案，凶手是一位韩裔美国人，他开枪杀死了32名老师和学生，之后自己也开枪自杀。据统计，校园枪击案中的凶手一般都是男性，而且大多都受过家庭、学业、感情等方面的重大挫折或者委屈，存在一定的人格障碍，感到社会对自己不公。美国是青少年犯罪率最高的国家之一，连很多美国人都认为美国的自由持枪制度是一种失败的制度设计，大多数民众都担心自己会成为枪支暴力的受害人。但是，在军工复合体制下，控枪却举步维艰。校园枪击案每年夺去很多美国人的生命，使不少的美国家庭受害，同时也大大提高了政府在犯罪预防方面的财政支出，再加上法律对未成年人犯罪的处罚比较轻，未成年人罪犯被判处缓刑、假释的可能性比较大，致使刑罚难以起到足够的威慑作用。很多青少年把枪击当作看电影、打球赛一样稀松平常的事情，青少年作案数量达到成年人的两倍，甚至有人钻法律的漏洞，利用未成年人犯罪来达到自己的目的。"成人罪犯正利用美国青少年司法系统量刑较轻这一情况，诱导未成年人助其犯罪，从而逃避惩罚。""2020年，美国14岁以下杀人犯的数量达到了20年来的最高纪录。"[1]"美国儿童和青少年涉枪死亡率也从2019年的每10万人中2.4人死亡，上升到2021年的每10万人中3.5人死亡，增幅达到46%。"[2]美国长时间以来是世界强国之一，美国的法律对于释放生产力具有很大的制度保障作用，但是美国社会的种族歧视痼疾难改，贫富差距极其严重，文化冲突愈演愈烈，这些社会大背景无疑是激发青少年犯罪的不利因素。这告诉我们一个道理，任何一个国家无论多么发达，如果不能与时俱进，不断修法、革新，也会出现衰落。

"法国社会长期饱受青少年犯罪问题之苦。据统计，法国青少年犯罪率呈逐年上升的趋势。法国参议院一份有关未成年犯

---

[1] 王珊宁、禹椰柳："美警长：美国成年罪犯利用法律诱导孩子犯罪 因'法律站在罪犯一边'"，载 https://m.gmw.cn/2023-04/11/content_1303339163.htm，访问日期：2023年5月14日。

[2] 聂舒翼："海外网评：涉枪死亡未成年人激增，美国校园难容'平静的书桌'"，载 https://world.gmw.cn/2023-04/07/content_36483964.htm，访问日期：2023年5月14日。

罪报告中指出：1977~1992年，法国未成年人犯罪数量上升了20.4%……以2016年的数据为例，10岁~24岁的法国年轻人占刑事犯罪人数的36%。"[1]法国属于在经济、军事、文化等方面都比较发达的国家，而且与美国相比是老牌资本主义国家，联合国五大常任理事国之一，法兰西文化是世界文化宝库中的重要组成部分，但是，法国的青少年犯罪却很严重，原因何在？法国也面临着经济发展缓慢、失业率高、两极分化等严重的社会矛盾，法国在历史上长期以来是一个单一民族国家，但是后来非裔越来越多，种族歧视问题成为困扰法国的一个顽疾。2023年6月27日，法国发生了警方射杀17岁非裔少年事件，引发了持续的社会动荡。"根据法国内政部发布的数字，6月30日晚上至7月1日凌晨，法国发生2500多起纵火事件，1350辆车和234座建筑物被纵火，79名警察在骚乱中受伤。按照最新更新的数据，警方在这一晚的骚乱中逮捕了1300多人。""法国内政部长达尔马宁告诉媒体，目前被逮捕的骚乱者平均年龄只有17岁。法国司法部部长莫雷蒂在接受媒体采访时说，有些纵火者是未成年人，骚乱人群的年轻化令人担忧。达尔马宁之前透露，6月29日被捕的近1000名暴徒中，有三分之一是未成年人，最小的只有13岁。此前法国总统马克龙在讲话中指责社交媒体和电子游戏在此次事件中起到了煽动民众情绪的作用，尤其是对未成年人。他敦促家长担负监管责任禁止孩子上街参加示威活动，同时要求社媒平台删除敏感内容。"[2]这次骚乱的起

---

[1] 苏元琪："法国的青少年犯罪预防项目"，载《现代世界警察》2023年第6期，第50~53页。

[2] "一夜逮捕超1300人，平均年龄仅17岁！法国骚乱持续，外交部刚刚再发提醒"，载 https://view.inews.qq.com/k/20230702A02LPI00? no-redirect=1&web_channel=wap&openApp=false，访问日期：2023年7月2日。

因是青少年被警方射杀，这个起因很容易引起其他青少年的心理共鸣，另外，青少年正处于青春期，比较容易受暗示，比较容易冲动，比较容易在群体性事件中做出过激行为。

（二）犯罪率与刑事责任年龄

犯罪率是指一个国家或地区，在一定的时间范围内，所有的刑事案件或者犯罪人的人数与该国家或地区人口总数的比例，一般用万分之几或十万分之几来表示。

很多国家的刑事责任年龄起点比我国低，虽然刑事责任年龄的起点不能完全说明犯罪率的多少，但是一个明显的客观事实是刑事责任年龄的起点越低，那么可能触犯刑律的青少年的范围越大。根据最高人民检察院网站上发表的文章，我国是世界上犯罪率最低的、人民群众安全感最高的国家之一。"人民群众安全感指数由2012年的87.5%上升至2021年的98.6%"。[1]可见，我国的社会治安是很好的，社会秩序是稳定的，广大人民群众是感到放心和满意的。当然，我们也要居安思危，见贤思齐，见不贤而内自省，关心、关爱青少年，净化社会环境，切实预防和减少青少年犯罪。

（三）恶意补足年龄制度

还有一些国家，虽然没有降低刑事责任年龄，但是，却规定了一种变通的制度作为刑事责任年龄制度的补充，那就是恶意补足年龄的原则和制度。一般认为，恶意补足年龄的原则和制度起源于英国，后来也主要是在英美法系国家使用。

恶意补足年龄制度的做法是，虽然处于某一年龄段的未成年人——一般是低龄化的未成年人，不被认为具有刑事责任能

---

[1] 王冬："五年来追诉刑事犯罪583万余件，我国已成为犯罪率最低、安全感最高的国家之一"，载 https://www.spp.gov.cn/spp/zdgz/2023_02/t20230215_601758.shtml，访问日期：2023年2月15日。

力,没有达到追究刑事责任的年龄,但是,如果有足够的证据能够证明,这个未成年人在进行犯罪时具有主观上的某些较强的恶意,那么,这种恶意,就可以用来反推这个未成年人在进行犯罪时,已经具备了辨别是非、善恶的能力。这表明这个未成年人知道自己的行为的性质,要不然他(她)是不会做出这样具有恶意的行为的。我们不是常说,小婴儿能有多大的恶意吗?小婴儿可能没有多大的恶意,但是,某些青少年可能会有很大的恶意,因为他们有做出恶意行为的能力,这种能力补足了其由于年龄较小,而原本被认为不具有刑事责任的能力。

我国在降低刑事责任年龄前,也有一些学者主张制定"恶意补足年龄"制度来代替降低刑事责任年龄。但是,后来这种意见和建议没有得到立法机关的采纳。

八、我国青少年犯罪的概况

(一) 马克思主义犯罪观

青少年犯罪行为和青少年犯罪现象并不是凭空产生的,任何一个国家青少年犯罪的状况,都是与该国政治、经济、文化等方面的发展变化,特别是法律制度的发展变化相关联的。犯罪绝不单单是对法律的破坏和对被害人的侵害,既然我国的《民法典》规定了公民有生命权、健康权、人格权等不容侵犯的合法权利和利益,那么任何人侵犯这些合法权利和利益,严重的都可能会构成犯罪。因此,不仅应当根据《民法典》承担民事责任,而且还应当根据《刑法》承担刑事责任。

马克思、恩格斯说过:"犯罪——孤立的个人反对统治关系的斗争,和法一样,也不是随心所欲地产生的。相反地,犯罪和现行的统治都产生于相同的条件。同样也就是那些把法和法律看作是某种独立自在的一般意志的统治的幻想家才会把犯罪看成单纯是对法和法律的破坏。"[1]可见,根据马克思主义的观点,犯罪的产生是一个社会问题,犯罪绝不仅仅是犯罪人和被害人之间的冲突。

(二) 青少年犯罪防治成效显著

在中华人民共和国成立之初,青少年犯罪在整个刑事犯罪总量中所占的比重并不大,基本上不会构成严重的社会问题。在文化大革命期间,青少年犯罪呈现出明显的上升趋势,由此开始成为一个严重的社会问题。

改革开放之初,青少年犯罪率一度上升到所有刑事案件犯罪人总数的70%以上,成为令人担忧的严重社会问题。随着1983年至2001年我们国家三次"严打"(严厉打击各种刑事犯罪活动)的进行,青少年犯罪率大大降低。

(三) 青少年犯罪防治任重道远

未成年人犯罪率近年来也有所波动,2020年6月1日,最高人民检察院发布的《未成年人检察工作白皮书(2014—2019)》指出:"我国未成年人犯罪数量连续多年下降趋于平稳后,又于近年有所回升。"[2]虽然未成年人犯罪率在一定范围内的波动属于犯罪学上的常见现象,但是,如果我们不重视分析其背后的原因和制定预防未成年人犯罪的有效策略,而是像鸵鸟一样把头扎在沙子里,想对危险、危机眼不见心不烦,那问题是永远无法解决的。

2022年10月28日,最高人民检察院党组书记、检察长在全国人大常委会会议上作关于人民检察院开展未成年人检察工作情况的报告,指出"近年来,未成年人犯罪和侵害未成年人

---

[1]《马克思恩格斯全集》(第3卷),人民出版社1960年版,第379页。
[2] 耿学清:"未成年人犯罪量连续多年下降趋稳后有所回升",载《中国青年报》2020年6月3日。

犯罪均呈上升趋势，未成年人保护工作须与时俱进，法治建设须不断加强"。[1]这样的呼吁，具有很重要的警醒作用。提出问题、发现问题是解决问题的基础。

九、当前我国青少年犯罪的新动向与主要特点

综合来看，当前我国青少年犯罪的主要特点，可以归纳为：低龄化、暴力化、智能化、团伙化、贪利性、反复性、突发性、偶发性等。

（一）年龄上的低龄化

随着经济社会的快速发展，生活节奏的加快，社会的多元化越来越明显，青少年越来越早地接触到网络等高科技媒介，受到社会影响的时间越来越早，程度越来越大，犯罪年龄呈现出低龄化的趋势。正是由于低龄化现象越来越明显，我国才于2020年12月26日通过《刑法修正案（十一）》修改刑法，降低刑事责任年龄，将追究刑事责任的最低年龄，从原来的14周岁降低为现在的12周岁。不过，全国人大常委会这次修改《刑法》降低刑事责任年龄，是非常谨慎甚至"克制"的，新规定的适用门槛是相当高的，只有当已满12周岁不满14周岁的人犯有故意杀人、故意伤害这两大罪名，造成致人死亡或者以特别残忍手段致人重伤或者造成残疾后果、情节恶劣的，才追究刑事责任，而且必须经过最高人民检察院核准，才能追诉。

（二）犯罪手段上的暴力化和智能化

如果说暴力化不仅指手段，而且还涉及性质，那么智能化指的就是手段和形式，主要体现为计算机犯罪、互联网犯罪、物联

---

[1] 彭瑶："中国发布 | 最高检：未成年人犯罪和侵害未成年人犯罪均呈上升趋势"，载 http://news.china.com.cn/2022-10/28/content_78490609.html，访问日期：2023年7月14日。

网犯罪等。有人可能认为，犯罪手段上的智能化和暴力化是不是有些矛盾？其实不然。举个例子，机关枪显然比大刀、长矛更加智能化，但是机关枪杀人的暴力、血腥程度，一点也不亚于大刀、长矛，且在同样时间内所造成的危害后果，远远大于后者。

（三）从犯罪动机上看，具有满足物欲的贪利性特征

随着经济的快速发展，人们的经济状况普遍得到很大的改善。但是，贫富差距也在加大，而有些青少年对于财富和获得财富的手段的正确态度，却没有树立起来，拜金主义对某些青少年的影响是客观存在的，再加上由于人们的经济状况普遍好转、物价提高等因素，现在基本上盗窃任何一部稍好一点的手机、任何一台稍好一点的电脑，都会构成盗窃罪。因此，青少年物欲型犯罪数量增多，并不难理解。

（四）从犯罪的组织形式上看，具有团伙化特点

比起老年人犯罪、中壮年犯罪，团伙化其实一直是青少年犯罪的特征之一。原因在于，青少年正处于青春期、逆反期，普遍不喜欢长辈的指点教育——"食指教育"，但是，光有赞赏教育——"拇指教育"也不行，那样会把青少年给"夸"坏，所以，青春期教育变得比儿童期更加困难。青少年喜欢和同龄人相处，原因在于，平等者之间无管辖权，同龄人不会给自己那么大的压力。因此，相比之下，青少年犯罪更加具有团伙化特点。事实上，我们确实很难看到老年人进行团伙化犯罪，而中壮年犯罪里面的贪污犯罪、渎职犯罪等职务犯罪，又基本上和青少年特别是未成年人关联性不大，青少年的社会阅历相对来说普遍比较浅，团伙化犯罪更加有利于互相壮胆、互相模仿。

（五）从犯罪的次数上看，具有反复性特点

有的青少年犯罪人屡教不改，原因何在？这主要是由于青少年正处于思想道德修养与法治修养形成的时期，道德修养与

法治修养具有很强的可塑性，但是这种可塑性其实是一把双刃剑，意味着青少年很容易受到环境因素的不利影响，所谓"三分钟热血"就是这个意思。因此，青少年犯罪具有反复性特点。有的青少年犯罪人反复无常、易复发。青少年的情绪往往时好时坏，像钟摆一样摆来摆去（钟摆效应），具有两极性。

（六）从犯罪的发生上看，未成年人犯罪具有突发性、偶发性特点

突发性和偶发性都强调出人意料。但是，突发性更加侧重强调犯罪行为发生地急促，没有经过长时间的预谋，也没有什么明显的征兆，多为激情性犯罪、应激性犯罪。但是，突发性犯罪的危害性却比较大，往往在突然之间爆发，时间极其短暂，被害人和其他周围群众缺少应对、反应时间。而且，犯罪人大多不计后果，其行为破坏力极强。而偶发性青少年犯罪，更加强调犯罪行为是由某种偶然因素所引发的。偶发性犯罪是指当出现了有利于犯罪的偶然情境或者偶然条件、偶发事件时才发生的犯罪，又被称为机会性犯罪。而且，突发性犯罪和偶发性犯罪有可能是交叉的，即出现偶发性激情犯罪或称偶发性应激犯罪。偶发性应激犯罪的青少年，往往是遇到了出乎意料的压力、焦虑情绪或者挫折，在极其愤怒、焦虑、恐惧的情绪下，突然爆发，出手不知轻重，后果难以预料。

十、我国当前青少年犯罪的典型原因

（一）从"治病"到"治人"

古代西方医学的鼻祖希波克拉底，有一个著名的观点，那就是他认为作为一名医生，不仅要"治病"还要"治人"。这个观点与我国中医的"身心同治"理念相契合，中医认为病由心生，七情六欲过度都会使人生病，喜怒哀乐过分都会使身体

出现健康问题，所以中医主张将身体的调理和心理的调理同时进行，甚至更加强调"治心"，认为治病先治心。这个观点，也与现代医学将"治病"与"治人"相结合的原则，从"治病"转到"治人"的理念相契合，换句话说，医生所追求的不仅应当是治愈患者疾病，延续病人生命，更应当追求使患者有更高质量的生活。

治病尚且需要综合治理，青少年犯罪防治更不能头疼医头、脚疼医脚，需要综合分析青少年犯罪形成的原因、规律，找到防治青少年犯罪的科学方法。

(二) 从"治罪"到"治理"

我国的青少年刑事司法，已经从过去的"治罪"变成了"治理"。2018年10月，最高人民检察院向教育部发送检察建议书，针对校园安全管理规定执行不严格、教职员工队伍管理不到位，以及儿童和学生法治教育、预防性侵害教育缺位等问题，提出三项具体建议。这是历史上首次以最高人民检察院名义发出的检察建议，被称为"一号检察建议"。法治建设既要抓末端、治已病，更要抓前端、治未病。在习近平法治思想指导下，检察建议作为助推国家治理体系和治理能力现代化的重要手段，正在发挥积极作用，也受到各方称赞。北京青少年法律援助与研究中心主任佟丽华一直关注着未成年人检察工作。在他看来，用真抓实干、改革创新与责任担当三个词评价"一号检察建议"再恰当不过。[1] 青少年刑事司法从过去的"治罪"变成了现在的"治理"，就是强调青少年刑事司法工作，不仅要追究犯罪的青少年的刑事责任，而且要帮助他们找到犯罪的根源，认识到自己行为的社会危害性，使他们在矫正行为习惯的同时，健全

---

[1] 崔晓丽："从治罪到治理，能动践行'人民至上'"，载《检察日报》2023年2月12日。

自己的思维方式，完善自己的人格，避免重新犯罪。

（三）"综合动因论"视域下的犯罪原因

青少年犯罪的原因往往极其复杂，很多青少年都是在内因和外因综合作用下，产生了犯罪心理，进行了犯罪。这种分析方法被称为"综合动因论"。

我国当前青少年犯罪的典型原因主要有：

第一，从内在原因方面分析，青少年由于学业压力的加大，焦虑、委屈等不良情绪的累积而行为失控，这属于心理焦虑、心理委屈。心理焦虑等问题长期郁结会形成抑郁、躁狂、躁郁等心理问题，产生长期的心理扭曲；心理焦虑等问题短期内突然出现，会产生短期的心理扭曲，如果得不到正确引导可能会引发应激性违法犯罪行为。正所谓心理扭曲的人，用扭曲的方式表现情绪和行为，用扭曲的方式与他人和世界打交道。心理扭曲作为一种扭曲、弯曲，考验的是当事人的心理承受能力，当扭曲、弯曲达到一定程度而得不到释放时，就会产生心理崩溃。心理崩溃是一种崩断、塌陷，会使青少年部分或者完全无法进行正确的、周密的思考。这时，原本属于理智的高地，被情绪所攻占，人就会以一种非常紧张的应激状态去"备战"，消耗更多的蛋白质、免疫力等身心能量。由于人的身心能量已经被情绪煎熬、情绪扭曲所耗尽，所以当人需要理智来控制自己的行为时，已经找不到足够的能量来进行这样的操作了。正因为如此，所以我们说，当一个人心里极端痛苦时，他是无法控制自己的面部表情的，当一个孩子正在哭泣时，父母要求他笑一个，他又怎么笑得出来呢？根据生物学、生理学和心理学，在人类的大脑中负责情绪的是杏仁核，位置大约在两耳之间、颞叶深处，所以我们经常形容一个人气得或者急得抓耳挠腮。颞叶也负责处理听觉信息，属于相对发育成熟较早的一个部位，所以人类在小婴儿时期就会哭、会笑,会进行情绪的表达。额头后侧的前额叶部位是人类大脑中的高级认知中心,所以我们在思考问题时,经常会摸一摸甚至拍一拍自己的脑门儿,这是与大脑中前额叶这一组织系统所在的位置有关的,轻轻地抚摸和拍击脑门儿有助于唤醒和促进前额叶工作。前额叶是高级认知功能的控制中心,负责进行理性分析、逻辑判断,是相对发育成熟较晚的一个部位。所以,人要长到一定的年龄,才能形成理性分析的能力。

第二,从内在原因和外在原因相结合的角度分析,不少青少年沉迷电子游戏甚至网吧、游戏厅、歌舞厅,会形成所谓的"心瘾",荒废学业事业,产生大量的金钱需求,产生浮躁的、不愿意踏踏实实学习和工作的,甚至拜金主义的心理。

第三,从青少年家庭教育和学校教育的角度分析,由于青春期教育引导的匮乏,形成未能及时排解的青春期心理问题。

第四,从社会交往环境的角度分析,有的青少年交友不慎,在亚文化群体中各种不良习惯互相影响,最终影响到人际交往心理,排斥主流文化和社会主义核心价值观,产生不良心理、不良行为,甚至是犯罪心理和犯罪行为。

在改革开放之初,我国的大学生犯罪还大多为盗窃、打架斗殴等较轻的犯罪。后来,随着我国经济社会转型速度的加快,社会财富的普遍增加,社会竞争压力的加大,社会信息化程度的提高,逐渐出现了重大盗窃、伪造假证、故意伤害致人重伤或者死亡、故意杀人、报复投毒、计算机网络犯罪等严重危害社会的案件,以及新型的刑事案件。犯罪大学生的范围也在扩大,除一般的高等院校之外,重点大学、名牌大学犯罪的人数也在增加。

究其原因,甚为复杂。随着市场经济的快速发展,社会价值逐渐多元化,这大大冲击了大学生的人生观、价值观。某些大学生的法治意识和道德意识,未能跟上时代发展的步伐。受某些社会不良文化包括某些网络不良文化的影响,一些大学生虽然具有一定的法律常识,但是,并没有将法律制度内化为自己内心的信念,然后再外化为自己外在的行为方式,反而对法律有一种轻视,甚至藐视的不良心态。

再加上有些家庭里家教的缺失,有些学校教育体制的不完善,导致品德教育和法治教育未能跟上。而青少年正处在心理不完全成熟的阶段,心理相对脆弱,控制情绪、应对压力的能力较差,遇到事情难以进行冷静正确的分析和处理,喜欢随性而为。这些主客观因素综合在一起,导致了犯罪心理和犯罪行为的产生。

(四)心理学定律有利于预防犯罪

心理学中的情绪定律告诉我们,从某种意义上说,人都是情绪化的。即使在我们理性地分析思考问题的时候,我们也是受到一定的、稳定的情绪和心态支配的,所以理性的思考本身,只是说明思考者正处于一种较理想的情绪状态而已。实际上,随性而为看起来固然很"潇洒"、很"自由",但是,理智地思考和处理问题是一种更大的自由,否则,犯罪之后人将失去本来习以为常的自由。因此,自由从来都是相对的、辩证的,没有无限制的自由,越是追求无限制的自由越会失去自由。

累积定律告诉我们,虽然青少年都想做一番大事情,但是在和平年代里,本没有多少大事。天下大事其实都是从小事做起的,小成就积累多了也就成了大成就。当然,从预防犯罪的角度来说,如果不注意个人修养,小错积累多了,量变引起质变,也会成为大错。从预防被害的角度来说,大的危机往往是从小的危机开始的,那些对小危机不敏感的人往往不得不直接面对大的危机。

　　惯性定律告诉我们,好的习惯,只要坚持不懈地去做,其终究会成为一种习惯成自然的惯性行为模式,如依法办事、依法维权的思维方式和行为习惯。

第二章
青少年犯罪心理形成理论

科学理论是科学实践的指南，指导实践的理论有多接近真理，实践就有多接近科学。当我们分析青少年犯罪心理和犯罪行为时，我们需要用到理论工具。青少年犯罪心理学的理论有很多，这些理论共同构成研究犯罪心理学的具体理论"工具箱"。我们的理论"工具箱"里的理论越丰富，能够给我们提供的选择就越多，偏差、误差就越少。本章主要分析青少年犯罪心理学的研究内容、研究历史和研究现状、研究意义，以及青少年犯罪心理学形成理论等。

一、国外青少年犯罪心理研究的起源、发展和现状

古代的研究虽然离现在比较远，但也能给我们以启发，能够告诉我们，历史上有多少人在这个领域进行过思考，他们为什么会有这样的或那样的观点、理论。好的理论，我们可以继续使用；不好的理论，也可以供我们进行反思。

（一）面黑的人有"为恶"的倾向吗？

在古希腊，有人根据人的骨骼和外貌等身体的外在特点，来分析判断一个人的心理状况是善还是恶，以及是否有犯罪心理。例如，古希腊学者苏格拉底认为，面部皮肤黑的人有"为

恶"的倾向。这种观点属于生物学原因论的范畴，或者称为生理学原因论，注重从生物学特征找原因。这种观点很显然是偏颇的，而且如果在现在适用，还会有种族歧视的嫌疑。

（二）人有三种属性

西方还有学者主张普遍人性论，认为人有三种属性：动物性、人性、神性。该观点认为天使与恶魔同时存在于我们每一个人身上，但是，更多时候我们既不是天使也不是恶魔，而是一个人，因为神性和动物性都没有体现出来。后来，英国的约瑟夫·康拉德（1857~1924年）还说："不用去相信超自然的恶，人本身就囊括了所有的恶。"这种观点直到现在还有人在用，但是，既然每个人都既可能做天使，也可能做恶魔，还可能做人，那么，这种观点的意义又何在？无非是能够提醒我们，要加强个人修养，加强社会物质文明建设、精神文明建设，不让我们每个人身上的"恶魔"跑出来。所以，这个理论虽然也有一定的警醒作用，但是，作用毕竟有限。

（三）柏拉图金、银、铁三性论

古希腊的哲学家柏拉图主张差异的人性论，把人分为金质、银质、铁质等。金质的人，理性发达；银质的人，意志刚强，勇敢好斗；铁质的人，富有感情和各种欲望。柏拉图还认为，教育可以使人"存善去恶"，注重外部社会环境的作用。分类研究或称类型研究，是学术研究的一个重要方法，直到现在仍然是犯罪心理学的一个重要的研究方法。这种研究的一个优点就是将复杂的事物、无规律的事物，按照一定的方法进行分类，进行对比。柏拉图的研究方法值得借鉴，但是其研究结论已经很少有人在用了。问题是，按照这种方法是很难进行有效的分类的。

（四）犯罪是被魔鬼附身吗？

还有一点很重要，那就是在科学不发达的古代社会，还有一种犯罪行为成因论,也可以称"迷信"论。很多人是将犯罪作为一种变态行为来认识和研究的,他们认为犯罪是犯罪人被魔鬼附身、被神汉巫婆附身或者中了巫蛊之毒,需要进行驱魔或者去除巫蛊之毒。这种迷信超自然力量的犯罪原因论及其后续的预防、矫正犯罪手段,往往表现得更加极端,可能会对犯罪嫌疑人造成重大的人身伤亡,而且按照这种思路,如果在驱魔的过程中造成犯罪嫌疑人死亡,会更加强化人们先入为主的印象,人们会更加认为这个犯罪嫌疑人是被恶魔附身了。因此,这种理论会陷入一种来来往往互相证明的、无法"证伪"的结局。

(五) 单一原因论和先验论的困境

在科学并不发达的古代社会,人们对于犯罪心理的研究,首先,主要侧重对犯罪原因的探讨;其次,要么从人自身找原因,要么从外部找原因,大多是单一因素论。如果说他们也有犯罪心理分析的理论"工具箱"的话,那么他们所使用的理论"工具箱"里面的理论,首先是极其少的,其次也是单一使用的、捉襟见肘的、先验论的、很难"证伪"的。不过,任何一个研究领域学科的产生和发展都凝聚了很多学者的心血,也都与社会对该研究领域、学科的需求有密切的关系。不管历史上诸位学者们的研究结论如何,他们毕竟发现了问题,并且对该问题进行过思考。

在18世纪末期、19世纪初期,犯罪心理学研究就出现过一个活跃期,其间产生了德国人明希编写的《犯罪心理学在刑法制度中的影响》(1790年)、德国人绍曼编写的《犯罪心理学论》(1792年)。但是,那时科学心理学还未正式诞生。因此,那时的犯罪心理学,尚未通过实验来进行系统的定量研究。

(六) 犯罪心理学诞生的三大标志

到了19世纪中期,第二次工业革命大大促进了经济的发展、科学技术的进步。而且，由于欧洲的社会生产力加快发展，社会矛盾加剧，犯罪率急剧上升，对犯罪心理进行科学研究的社会需求大大增加。特别是随着19世纪后期，生物学、化学、物理学等自然科学的快速发展，1879年，威廉·冯特（Wilhelm Wundt, 1832~1920年）在德国莱比锡大学建立了世界上第一个心理实验室，标志着科学心理学的正式诞生。与此同时，学者们开始运用"解剖""项目实验"等实证研究的方法研究犯罪心理，这种解剖等科学实验方法，比起得出人面黑、面白结论的观察法，看起来似乎具有更大的"实证"力量，因而一度大行其道，取得了很多被认为具有"突破性"的成果，使得犯罪心理学得以被认为正式产生。

1872年，德国精神病学家K. 埃宾（K. Ebing, 1840~1902年）出版了第一本以"犯罪心理学"为书名、主要从精神病态的角度研究犯罪人的专著——《犯罪心理学纲要》，因此K. 埃宾被后人称为"犯罪心理学的鼻祖"，也被称为古典犯罪心理学的奠基人。

同年，意大利的教授、军医、犯罪学家、精神病学家龙勃罗梭（Cesare Lombroso, 1835~1909年）发表了《对400名威尼斯犯人的人体测量》，第一次提出了"天生犯罪本能"的学说。后来，1876年，龙勃罗梭出版了主要研究犯罪人的著作《犯罪人：人类学、法理学和精神病学的思考》（《犯罪人论》），被认为是犯罪心理学正式产生的标志之一，龙勃罗梭后来被称为"实证犯罪心理学的鼻祖"。1889年，奥地利的检察官、法学家、犯罪学家、侦查学家汉斯·格罗斯（Hans Gustav Adolf Gross, 1847~1915年）出版了着重研究犯罪人人格的专著《犯罪心理学》。

一般认为，K. 埃宾的《犯罪心理学纲要》、龙勃罗梭的

《犯罪人论》、汉斯·格罗斯的《犯罪心理学》这三本专著的问世，共同代表着犯罪心理学的诞生。它们共同撑起了科学犯罪心理学这个重要研究领域的天空，初步确定了这个研究领域的基本研究对象和研究方法。这种贡献，具有不可磨灭的历史地位和作用。他们的很多理论，到现在还在被人借鉴使用。

可见，近代犯罪心理学产生初期，主要集中在对犯罪人的生理因素、精神因素、心理因素的分析研究。

到了20世纪初期，学界对犯罪心理学的研究范围和研究视角明显扩大了，不仅对犯罪人的生理因素、心理因素和环境因素进行综合研究，而且还扩展到对犯罪治理对策的心理研究。到20世纪30年代，犯罪心理学从犯罪学中独立出来，成为法学的一门独立的分支学科。独立出来之后的犯罪心理学已经与犯罪学不同了，犯罪学主要研究犯罪行为和犯罪现象，而犯罪心理学则主要研究犯罪行为和犯罪现象背后所体现出来的犯罪人的心理状态情况。

（七）西方犯罪心理学的发展趋势

当前，西方犯罪心理学的研究趋势是研究理论的多元化、整合化，研究视角的多样化，研究方法的实证化，研究的深层次化，研究的司法应用化等；主要研究犯罪动机、犯罪决策、犯罪预测等。其中，青少年犯罪心理及其预防、青少年犯罪心理矫治是西方犯罪心理学界的热门话题。犯罪心理学的常用研究方法有科学实验法、心理测验法、观察法、社会调查法、案例分析法等。

现代犯罪心理学已经成为研究犯罪主体的心理与行为，以及犯罪对策的一门非常重要的学科，它有自己独立的研究对象和独特的研究价值。作为犯罪科学与心理科学的交叉学科，犯罪心理学为揭露犯罪、侦破案件、惩治犯罪、改造矫正罪犯、预防犯罪和被害,提供了重要的心理科学依据。犯罪心理学研究的一个重要领域,就是青少年犯罪心理。

我们现在所使用的分析、研究青少年犯罪心理的理论,有很多是来自国外研究的成果,当然,中国青少年犯罪心理学家也为世界贡献了很多具有中国特色的理论结晶。

二、国内青少年犯罪心理研究的起源、发展和现状

在我国古代,早就有根据面相、骨相、手相判断人是非善恶的学说。这是在科技不发达的历史时期,也许是所有的民族都曾经用过的一种分析方法。这也属于生物学或生理学原因论的范畴。

(一)骨相学与犯罪预测

在我国著名的古典小说《三国演义》中,就有蜀汉的军师诸葛亮根据骨相判断将来魏延会谋反。在《三国演义》第53回"关云长义释黄汉升,孙仲谋大战张文远"中,关羽取长沙时,黄忠为了报恩,没有用百步穿杨箭法射杀关羽,因而被太守韩玄怀疑通敌,喝令手下人将黄忠推下去杀掉。正在这千钧一发之际,有一员大将从外面跑来,手起刀落,杀了韩玄,救下黄忠,并打开城门向刘备投降。这个人正是魏延。紧接着诸葛亮就要杀已经投降的魏延,他给出的理由是自己看到魏延脑后有反骨,说他以后会造反。这是典型的根据人的骨相来对人的未来行为进行预测的做法。如果诸葛亮真是这样认为的,那就属于生物学、生理学原因论的范畴。当然,也可能是因为诸葛亮对于魏延背叛自己上司的做法有些看不惯,担心他投降以后背叛刘备,才故意用这种做法,来提前敲打魏延而已。不过人的认识水平总是受到一定的历史环境和科学技术条件的影响,在当时的历史条件下,诸葛亮有一些迷信的想法和做法,也是完

全有可能的。[1]

有人可能认为《三国演义》是小说不足为证,毕竟在《三国志》等正史中没有这样的记载。但是,在正史《汉书》中,确实有关于刘邦根据骨相、面相,准确预测判断他人未来行为的记载。这又该怎样解释?

根据《汉书·荆燕吴传》记载,刘邦为了更好地镇守吴郡及会稽郡,曾经封他的侄子刘濞为吴王,管辖三郡五十三城。但是,封王典礼已经完成了,大印都已经交给刘濞了,刘邦却担忧了,理由是他在召见刘濞时,看到刘濞的面相"有反相"。然而,刘邦又不能轻易反悔,于是,他摸着刘濞的后背说:汉朝50年以后东南方向有叛乱,不会是你吧?一笔写不出两个刘来,你还要谨慎行事,不要造反。吓得刘濞连连磕头说自己不敢造反。但是,在历史上,刘濞后来还是造反了,这就是历史上真实的"七国之乱"或者称"七王之乱"。[2]

这简直像是一场被提前预告、预测的谋反。但是,刘濞是否真的只是因为面有"反相"而谋反?肯定不是,主要是因为

---

[1]《三国演义》原文:玄德待黄忠甚厚。云长引魏延来见,孔明喝令刀斧手推下斩之。玄德惊问孔明曰:"魏延乃有功无罪之人,军师何故欲杀之?"孔明曰:"食其禄而杀其主,是不忠也;居其土而献其地,是不义也。吾观魏延脑后有反骨,久后必反,故先斩之,以绝祸根。"玄德曰:"若斩此人,恐降者人人自危。望军师恕之。"孔明指魏延曰:"吾今饶汝性命。汝可尽忠报主,勿生异心,若生异心,我好歹取汝首级。"魏延喏喏连声而退。

[2]《汉书·荆燕吴传》原文:吴王濞,高帝兄仲之子也。高帝立仲为代王。匈奴攻代,仲不能坚守,弃国间行,走洛阳,自归,天子不忍致法,废为合阳侯。子濞,封为沛侯。黥布反,高祖自将往诛之。濞年二十,以骑将从破布军。荆王刘贾为布所杀,无后。上患吴会稽轻悍,无壮王填(镇)之,诸子少,乃立濞于沛,为吴王,王三郡五十三城。已拜受印,高祖召濞相之,曰:"若状有反相。"独悔,业已拜,因拊其背曰:"汉后五十年东南有乱,岂若邪?然天下同姓一家,慎无反!"濞顿首曰:"不敢。"

汉景帝刘启失手杀死了刘濞的儿子，后来汉景帝又接受晁错的建议削藩，损害了刘濞的既得利益，再加上刘濞那种敢于冒险的性格，主客观综合因素结合在一起，促成了刘濞的谋反。这个案例，倒是符合现在的"综合动因犯罪论"。

但是，让很多人感到疑惑的是，刘邦到底是根据什么理论，看出他的侄子刘濞面有反相的。

第一，很显然，当时应该是在社会上有一套并不复杂，当然也并不怎么准确，稍加学习就较容易掌握的面相学理论的，而刘邦的侄子刘濞的面相可能确实符合面相理论中的"反相"，否则刘邦如果凭空说他的侄子刘濞有"反相"，肯定是难以服众的。

第二，我们也绝不要低估了古人的智慧，刘邦应该不是第一次看见他的侄子刘濞，又怎么会不记得他的长相？难道他的侄子刘濞一夜之间改变了面相？人的面相很显然是会随着年龄的增长而改变的，这是一个不争的事实，正因如此，每隔一段时间我们参加同学会就好像需要重新认识我们早已熟悉的同学，因为他们的面貌已经发生了一定的改变，在电影、电视中，也会用三个演员来分别饰演一个角色的三个年龄段，分别称为：少年某甲、中年某甲、晚年某甲。但是，随着年龄变化，一个人的相貌变化再大，也总有一定的关联性，不会出现天壤之别的容貌变化。显然，更加合理的解释是：一来，刘邦自己对当时流行的面相学理论并不完全相信，有点半信半疑；二来，刘邦本来就对他所熟知的侄子刘濞的性格不放心；三来，刘邦要将他的侄子刘濞封去做王的那个地方，本来社会矛盾就比较复杂，难以管理，矿产资源比较丰富，可以发展军事实力，民风比较彪悍，难以驾驭，因此，才有意提前借当时的"面相"学说和他侄子的面相特点，敲打他侄子一下。这样做的好处是，能让他的侄子刘濞在一个极其重要的场合,在大庭广众之下,公开承诺不会造反,公开给自己贴标签,以此来对他的侄子刘濞进行道德约束,也便于让社会舆论督促他的侄子刘濞信守承诺。古人曰:"疑人不用、用人不疑。"但是,很多时候这只能是一种理想化的状态,如果可用的人选很少,就只能退而求其次——既疑又用。那么,这时候,必要的制约(包括自我制约)、社会舆论监督机制,就显得很重要了。

其实这一招,在历史上有很多人用过。例如,三国时期蜀汉的皇帝刘备,就曾经在弥留之际,跟诸葛亮说过:"如果我的儿子刘禅没有才能当皇帝,你可以自行取代他称帝。"可以想见,刘备当时的心情肯定是复杂的,不排除有试探、敲打诸葛亮的意思。事实上,诸葛亮听到刘备的话之后,跪着哭着,一个劲儿地磕头,表示请皇帝陛下放心,自己一定会效忠继位的刘禅,绝无不臣之心。这番操作,确实取得了良好的道德约束作用,以及良好的社会舆论监督效果。

(二)管仲的犯罪原因论

在我国古代的思想家中,也有不少人认为人的行为——包括犯罪行为——是和环境因素密切相关的。

有的思想家认为贫富程度是守法行为和违法、犯罪行为产生的原因。早在春秋时期,齐国著名的政治家管仲就曾经说过,当仓库充实时,人就会明白什么是礼节,当人的生活富裕、衣食富足时,人就会明白荣辱。从而把"富国"作为治国的重要指导思想和核心的价值观之一。[1]

管仲还说,如果粮仓空虚,诸侯国的国君不知变通,那么

---

[1]《管子·牧民》:"凡有地牧民者,务在四时,守在仓廪。国多财,则远者来,地辟举,则民留处;仓廪实,则知礼节;衣食足,则知荣辱……不务天时,则财不生;不务地利,则仓廪不盈。"

依靠盗窃、抢夺、抢劫、故意伤害等行为来满足自己的人就会纷纷而起。那么诸侯国内部也会出问题，朝廷上就没有好的大臣，军队里的士兵就不听指挥，国家还会受到外敌的侵犯，那么国家就岌岌可危了。所以说，应当根据本国、敌国、盟国的具体情况，量入为出进行上层决策。观察人民的财产是富裕还是不足，就可以知道一个诸侯国能够生存下去还是将要灭亡。[1]可见，管仲很敏锐地认识到了物质基础对上层建筑和意识形态的决定作用；认识到了物质文明建设在所有文明建设中的基础性作用。现代研究已经证明消除贫困有利于预防和减少犯罪。"贫困是导致极端思想和恐怖主义滋生和蔓延的重要因素，极易被人利用制造和激化矛盾，危害社会稳定。消除贫困，不仅可以改善群众物质生活，促进精神文明建设，也可有效抵御极端思想和恐怖主义的传播。"[2]管仲在几千年前，就想到了物质文明和精神文明之间的关系，显然是非常超前的、有一定见地的。这不得不让我们感慨中国古代思想家的睿智。

（三）孟子的性善论

战国时期的儒家代表人物孟子，主张性善论，认为犯罪心理不是人天生就有的，在丰收的年头青少年中懒惰的多，在歉收的年头青少年中残暴不仁、违法犯罪的多。[3]这种理论当然有一定的道理，在贫困、饥饿的状态下，有的人会忍受、忍耐，宁可饿死也不做违法、犯罪的事。但是，有的人就会铤而走险，

---

[1]《管子·八观》："……困仓空虚，如是而君不为变。然则攘夺窃盗，残贼进取之人起矣。内者廷无良臣，兵士不用，困仓空虚，而外有疆敌之忧，则国居而自毁矣。故曰：'计敌与，量上意，察国本，观民产之所有余不足，而存亡之国可知也……'"

[2] 武文扬："以消除贫困抵御极端思想和恐怖主义"，载《人民日报》2018年10月15日。

[3]《孟子·告子上》："富岁，子弟多赖；凶岁，子弟多暴。"

先把社会行为规范放置在一边，优先满足活下去的最低层次的需求。在电影《投名状》中，有一个场景，一帮饥饿的民众要去打劫军粮，这时护粮的官兵问，这是军粮你们都敢劫？打劫的人说："饿都饿死了，还管它是谁的粮。"这是典型的"肠胃"决定"脑袋"，主宰行为的例子，充分说明了大饥荒会诱发犯罪行为。在冯小刚导演的电影《一九四二》中，河南发生了大饥荒，饿死了很多人，也发生了很多聚众抢粮食、吃大户的犯罪行为。这其实是符合美国著名的心理学家亚伯拉罕·马斯洛的需求层次理论的。吃饱肚子、不至于饿死，这是低层次的生理需求，遵纪守法是稍高一点层次的社会需求，当低层次的温饱需求无法被满足时，遵纪守法的社会需求的重要性是很难被充分重视的。

（四）"孟母"为什么重视居住环境

在"孟母三迁"的故事中，孟子的母亲曾经为了给孩子选择一个良好的居住、生活特别是学习环境而三次搬家，最后定居在一所学堂附近。有人说这是孟母为孩子找了一个"学区房"，这当然只能被看作一种戏谑之言，"孟母三迁"当然不是为了入学方便的学区房，那时哪里会有学区房？孟母为孩子选择的是：好的邻居、好的居住环境。可见，孟母敏锐地发现并且极为重视环境对人的行为的影响。

（五）孟子与商鞅

我国战国时期著名的政治家、思想家、改革家、法家代表人物商鞅，认为盗贼之所以向上违反法律，做君上所禁止的行为，向下失去臣民之礼，置名誉受辱、身体危险而不顾，违法乱纪不止，都是因为贪财好利。[1]可见，商鞅认为人之所以违

---

[1]《商君书》："今夫盗贼上犯君上之所禁，而下失臣民之礼，故名辱而身危，犹不止者，利也。"

法犯罪,是由物质诱惑所导致的。

孟子对商鞅"人性好利"的思想进行了激烈的批评,孟子主张"性善论",认为人的本性是善良的,人在人性上是平等的,"人之初,性本善"。孟子说,人如果没有恻隐之心、羞恶之心、辞让之心、是非之心,那他就不是人。[1]孟子是继孔子之后,儒家最重要的代表性人物之一,被尊称为"亚圣",因此孟子的话影响很大,也许就是从孟子之后,中国人骂一个人最恶毒的话就是:"你不是人!"这句话的潜台词是,人里面没有像你这样的,你的这种做法不符合人的行为规范,不符合人必备的善良特质。

(六)荀子的"性恶论"

荀子主张"性恶论",荀子认为,"人之初,性本恶"。[2]但是,荀子并不是完全的悲观主义者,他认为,对于人性之恶是可以有所作为的。虽然荀子认为"人之性恶",但是同时又认为"其善者伪也",伪就是人为,不单单指伪装。换句话说,荀子认为,后天的教化、学习、修养等,可以改变人的"恶"的本性。

(七)董仲舒的"性三品"说

西汉思想家董仲舒的"性三品"说,把人按照人性分为"圣人"之性(生来就是善的,一般人做不到)、"中民"之性(可以经过教育感化变成良善)和"斗筲"之性(生来就是恶的)三种。董仲舒还认为,善和性是既有联系,又有区别的。他说:"善如米,性如禾。禾虽出米,而禾未可谓米也;性虽出善,而性未可谓善也。"意思是说,人性就像是禾苗,善良就像

---

[1]《孟子·公孙丑上》:"无恻隐之心,非人也;无羞恶之心,非人也;无辞让之心,非人也;无是非之心,非人也。"

[2]《荀子·性恶》:"人之性恶,其善者伪也。"

是米，禾苗长出来米，但是不能直接把禾苗叫作米；同样的道理，人性可以生出良善，但不能直接认为人性就是良善的。可见，董仲舒在坚持儒家"性本善"理论的基础上，又进行了一定的理论创新，认为有的人是"性本善"的，但有的人不是"性本善"的。

（八）韩愈的"性三品"说

我国唐朝著名的文学家、思想家韩愈，曾经提出过关于人性的"性三品"之说。这种学说，把人品分为上中下三等，韩愈认为上等人品的人，人性善良，生来如此，不会改变；中等人品的人可以经过引导而变成上等人品或者下等人品的人；下等人品的人，人性丑恶，生来如此不可改变。[1]可见，韩愈认为，人分为三类，上等人品的人不会变坏，不过越学越明；下等人品的人不会变好，要用惩罚来规范、约束他们；只有中等人品的人，才可上可下，可好可坏，可以通过教育变好，或者通过不良影响而变坏。

这有点像古希腊哲学家柏拉图的"性三品"说，不过他们两位的"性三品"说也有不同，韩愈的"性三品"说更多地是一种道德品质的高低评价，柏拉图的"性三品"说，更多地是一种性格和人格的划分。

无论是"性善论""性恶论"还是"性三品"论，都是先验论，属于唯心主义认识论，属于基因决定论、遗传决定论、生物学原因论、生理学原因论的范畴，是偏颇的、不全面的。

综上所述，可以看出，我国从春秋时期开始，就有一些思想家非常注重从经济状况、社会社区环境、居住教育环境等社会化的角度，去分析犯罪心理形成的原因以及发生变化的规律，

----
[1]《原性》："性之品有上中下三。上焉者，善焉而已矣；中焉者，可导而上下也；下焉者，恶焉而已矣。"

而不是仅仅关注犯罪人本人的生物学、生理学因素，这种综合分析研究的方法，在世界范围内影响深远，也值得我们今天在研究犯罪心理时继续继承、发扬。

(九) 相信人性的光辉

综合来看，我国古代犯罪成因研究，仍然大多是单一因素论，将人的行为包括犯罪的原因，要么归结为人的遗传特征，要么归结为人的人品，要么归结为环境因素。

但是，中国古代思想家的学说，大多能给我们一定的启发。人性中具有光辉的一面，人性本来是纯善、向善、完善的。但是，人生下来也就必然具备自然的各种本能和生理欲望，即恶的生理基础，任何人（包括青少年在内）如果不加以法治和道德约束，很有可能会做出不良行为甚至违法、犯罪行为。

(十) 从周礼的"五听"到孔子的"无讼"

我国古代犯罪心理研究中，还有很多关于审判心理的内容。例如，《周礼》提出了用"五听"法来进行审判，"听"就是判断、审理的意思。孔子曾经担任过鲁国的大司寇，是负责司法工作的最高官员，他说："听讼，吾犹人也，必也使无讼乎！"意思是说，审理诉讼案件我和别人没有什么区别，但是我追求让诉讼案件根本不发生。这是非常先进的司法理念，有一点类似于现在的从"治罪"变为"治理"的刑事司法改革。有人可能会说，孔子在这里说的有可能是民事诉讼，因为中国古代把民事诉讼称为"讼"，而把刑事诉讼称为"狱"。不过，本书认为，在春秋时期并没有严格的民事诉讼法和刑事诉讼法的区分，也没有严格的民事审判庭和刑事审判庭的区分，因此一切的诉讼都可以称为"讼"。

"五听"是指辞（语言表达）、色（面部表情、脸色）、气（呼吸、气息）、耳（听觉、听力情况）、目（目光、眼神）五种听讼方法。这五种感官表现出现异常，均可归类为说谎，有点类似于现在的测谎技术，不过仅限于观察、倾听和感受，没有测谎仪作辅助。当然，这种假说是否准确以及准确的程度就是另外一回事了。仅仅靠察言观色来分析判断犯罪人（犯罪嫌疑人、被告人）陈述、被害人陈述、证人证言的证明力，显然是不够科学的，很容易导致冤假错案。特别是在古代的审判制度下，刑讯逼供是合法的（虽然在比较开明的朝代刑讯逼供会受到一定的限制），而且，又没有完善的辩护制度，因此，当一个犯罪嫌疑人被怀疑在法庭上说假话时，他的下场就几乎是可以被预料的了。正所谓当你怀疑一个人的时候，真相就不那么重要了。当你要去试一个碗结实不结实的时候，它注定是要碎的。正如刑讯逼供所检验的并不是证据的真实性，而可能只是被刑讯逼供人的身心承受能力一样，"五听"检验的也不一定是证据的真实性，而可能只是被检验者的心理承受能力。顺便说一下，我们也不要低估了古人的智慧，相信古人也不会完全根据"五听"来断案，应该也只是将其作为一种辅助的判断真伪的方法而已。因此，将通过"五听"制度得到的证据真伪性结论作为定案的根据，无疑是缘木求鱼。但是，如果将其作为一定的参考，那么，还是具有一定的借鉴意义的。

（十一）借鉴与发展

在20世纪20年代之前，我国已经有学者翻译外国的心理学著作了。但是，一般认为，我国的现代心理学研究开始于20世纪20年代，因为那时一些大学开设了犯罪心理学课程，甚至开设了心理系，例如，1917年，陈大齐教授在北京大学建立了我国第一个心理学实验室；1920年，东南大学设立了我国第一个心理系；1921年，中国心理学会成立。在抗日战争爆发前我国已经有10多所大学设立了心理系。后来，我国的学者也逐渐出版了"犯罪心理学""变态行为"等专著,发表了"青年犯罪之心理"等研究犯罪心理学的文章和研究报告。

中华人民共和国成立之后,全国的高等学校院系进行了调整,很多高等师范院校先后设立了心理学方面的教研室,将心理学作为师范类学生的必修课程,北京大学还开设了心理专业。1955年,中国心理学会重建;1956年,全国科学规划将心理学作为基础学科之一。高等院校普遍重视研究学习辩证唯物主义和苏联的心理学。1962年,朱智贤教授出版了《儿童心理学》,其被认为是第一部贯彻马克思列宁主义思想的、具有较高学术水平的儿童心理学教材。文化大革命期间,我国的心理学包括犯罪心理学的发展处于停滞状态,一直到党的十一届三中全会以后才逐渐得以恢复和发展。

党的十一届三中全会之后,我国犯罪心理学开始了大发展。改革开放之后,犯罪心理学发展速度很快。标志是1979年中共中央转发了中央宣传部等单位发布的《关于提请全党重视解决青少年违法犯罪问题的报告》,要求各研究部门特别是政法工作部门加强对青少年违法犯罪的原因规律的研究与探讨,更好地指导青少年违法犯罪预防工作。1980年12月,中国社会科学院专门研究青少年问题的机构——中国青少年研究所成立。1982年6月,中国青少年犯罪研究学会成立,标志着我国开始有组织、有计划地研究青少年犯罪问题。1983年,党中央又进一步做出了依法从重、从快严厉打击刑事犯罪的战略部署,对社会治安进行了包括犯罪预防在内的综合治理。1984年9月,司法部设立了预防犯罪与劳动改造研究所。1985年,党中央又发出了第20号文件,强调指出,加强青少年教育,预防和减少青少年犯罪是一项综合治理的系统工程。1991年,黑龙江省率先开始进行罪犯心理矫治试点工作。1992年,中国犯罪学研究会正式成立，北京等地区还成立了罪犯矫治心理专业委员会，有的省还成立了犯罪心理学会。1997年，江泽民在接见中国法学会第四次会员大会全体代表时指出，法学界要重视研究犯罪心理学，为了预防犯罪，需要掌握犯罪心理学方面的知识。这一讲话在犯罪心理学研究领域引起了巨大的反响。可见，我国的犯罪心理学包括青少年犯罪心理学研究，在党的十一届三中全会之后，不仅发展迅速，而且取得了丰富的研究成果。

（十二）新时代科学理论指导下的守正创新

党的十八大之后，中国共产党以习近平总书记为主，逐步创立了习近平法治思想，非常重视法治理论研究。[1]现在，我国各高等院校中的法学院、公安与政法院校，甚至一些教育科学学院的心理系，也开设了犯罪心理学课程，有不少高校还招收犯罪心理学硕士研究生、博士研究生。全国各级人民法院都设立了少年犯罪审判庭，在全国形成了一支包括青少年犯罪心理学在内的研究队伍。包括青少年犯罪心理研究在内的犯罪心理学研究学术团体，也发挥着越来越重要的作用。相关期刊有《青少年犯罪研究》《青少年犯罪问题》《犯罪与改造研究》《犯罪与对策》等。出版了《犯罪心理学》《青少年犯罪心理》《青少年法学》等专著，相关的学术研究论文更是数以千计，灿若群星。青少年犯罪心理知识被大量应用在青少年刑事案件的侦破、审查起诉、法院庭审、犯罪矫正等工作中。

我国一段时间以来，对犯罪心理的研究发展迅速，出现了很多著名的青少年犯罪心理研究专家，出版了不少青少年犯罪心理研究专著，发表了大量青少年犯罪心理研究论文，学术界

---

[1] 2021年，习近平总书记在主持中共中央政治局第35次集体学习时指出："要加强法治理论研究和宣传，加强中国特色法学学科体系、学术体系、话语体系建设。"

向法律实践部门提供了大量的、有价值的青少年犯罪心理理论。理论学说主要有犯罪综合动因论、不良环境决定论、本能异化论、不良因素聚合反应论、"犯罪场"理论、社会失调论、特殊群体犯罪原因论等。

犯罪综合动因论仍是我国目前应用较为广泛的理论，该理论认为犯罪的原因具有整体性、系统性、动态性等特征，不是单一因素所造成的，也不是复杂因素的简单拼盘。这种理论的优点是，犯罪的各种综合因素的影响不是"冷切拼盘"，甚至也不是"西红柿炒鸡蛋"，而是互相影响、融为一体的"蛋炒饭"。但是犯罪综合动因论也并非没有需要完善的地方，例如，影响犯罪形成的各因素之间的关系本身就是一个需要继续完善的方面。

青少年犯罪心理学研究领域的重要性，已经没有多少人质疑了，青少年犯罪心理学是研究青少年犯罪人的心理与行为特征，以及预防、惩治和矫正的犯罪对策的一门学科，主要的研究方法有科学实验法、社会调查法、心理测验法、案例分析法、跟踪观察法等。

三、青少年犯罪的生物学原因论

（一）单一原因论和复合原因论

关于青少年犯罪的原因论，其实一直以来有一元论、二元论等不同的学说。一元论认为青少年犯罪的原因只有一种，要么是先天的原因，要么是后天的原因。二元论认为，青少年犯罪的原因既有先天性的因素，又有后天性的因素。

其实，无论是一元论还是二元论都失之偏颇，青少年犯罪的原因十分复杂，既有先天的影响因素又有后天的影响因素，但这些先天的因素和后天的因素，也仅仅是影响因素而不是决定因素。另外，这些先天的因素和后天的因素是综合地、动态地起作用的。

生物学原因论，也叫生理学原因论，这种理论认为犯罪的原因在于或者主要在于犯罪的人在生理因素上，或者说生物学意义上与众不同。

（二）古希腊智者先验主义的生物学原因论

古希腊学者苏格拉底认为，脸色黑的人大多有作恶的倾向。但是，他认为这只是一种倾向，他相信作恶的人并不是真的想作恶，而是因为缺乏区分善恶的知识，无法区分什么是善、什么是恶。亚里士多德认为犯罪人头骨的形状与正常人不同，他的《动物志》被称为生物学方面的一部奠基性著作，其中提到人的前额形状不同则行为习惯和品性不同。瑞士观相大师拉法特尔（Lavater，1741~1801年）认为，人的面部构造、面部表情等面部生理特征与人的反社会行为、犯罪倾向之间具有密切的关系。

（三）龙勃罗梭实证主义的生物学原因论

在生物学原因论中，最著名的学者是意大利医生、精神病学家、犯罪学家、犯罪心理学家龙勃罗梭，他在19世纪70年代创立了自己的学说。这个学说也被称为"天生犯罪人论"，即犯罪人是天生的。

当时，意大利出现了严重的犯罪现象，龙勃罗梭被邀请去对犯罪人的特征、犯罪的原因进行实证分析研究。龙勃罗梭没有仅靠抽象思辨来解决问题，他是一位外科医生，通过解剖学研究，他测量了很多犯罪人的头骨，他发现这些头骨与正常人有明显的不同，头面部有"返祖"现象——类似于远古人的头骨，龙勃罗梭认为犯罪的原因就隐藏在这里，这属于生理退化现象，属于野性的、劣等的遗传特征；具有这些特征的人很难遵守社会道德、法律规范，具有一定的反社会性。龙勃罗梭进而认为，犯罪就是一种向人类原始、野蛮阶段倒退的返祖现象。所以，他认为犯罪人的心理活动、犯罪心理的形成是由于犯罪人的生理特征所决定的。这种理论所依托的基础，是生理、生物遗传决定论。龙勃罗梭在1876年出版的《犯罪人论》中对此进行了详细的分析论证。

天生犯罪人论一经提出，就引起了很大的社会反响，支持者和反对者都不少。龙勃罗梭本人倒是一位严谨的学者，后来也一直在不断完善自己的观点，从最初认为自己的理论适用于所有犯罪，改为将犯罪分为自然犯罪和法定犯罪两大类，自然犯罪就是指那些几乎在所有国家都毫不费力地被认定为犯罪的行为，例如杀人、抢劫、强奸等，应当适用该理论；法定犯罪——就是指那些在一些国家被认为是犯罪，在另外一些国家不被认为是犯罪的行为，例如通奸罪，则不适用该理论。而且后来龙勃罗梭不断降低该理论的适用率，甚至降低到了40%。到了晚年，龙勃罗梭认为遗传和环境对于犯罪的形成共同起着作用，遗传不再是决定性的因素。

后来，又有一些学者在龙勃罗梭天生犯罪人论的基础上，进一步提出了体型体态异常理论、染色体异常理论、内分泌异常理论、脑电波异常理论等。这些理论直到现在还具有很大的影响力，不但很多普通人相信，而且某些外国的司法机关也将这些理论应用于预防犯罪和矫正罪犯。例如，在某些国家，对频繁地进行性侵犯的犯罪人，会进行"化学阉割"，即通过注射一些化学针剂，使得犯罪人的荷尔蒙降低。其所依据的，其实就是生物学、生理学原因论，认为这些罪犯在生物学、生理学上与常人不同，所以需要进行生物学、生理学意义上的矫正。

（四）反对先天主义的社会学原因论

反对者认为，根本没有所谓的天生犯罪人，没有人生来就想犯罪，犯罪不是先天因素决定的，而是后天因素、社会化因素决定的，即所谓的社会学原因论。

可以说在新理论层出不穷的当代社会，任何单一的犯罪原因论，包括生物学原因论即天生犯罪人论在内，都已经不再被单一使用了。这倒主要不是由于社会学派等其他理论的强大，而是随着现代生物学的发展，科学已经证实了生物学因素、基因因素不能完全决定一个人的性格特征和行为特点。当然，还有一个原因是观察法所带来的贡献，那就是：同样是双胞胎或者多胞胎，基因因素基本相同，但是性格特点和行为特征迥然不同的也大有人在。另外一个原因是大量的心理学实验证明，不同的环境因素会较大地影响一个人的心理特点和行为模式。

美国著名的积极心理学家、社会心理学家、心理治疗学家、比较心理学家亚伯拉罕·马斯洛认为，人生来就具有积极的心理动机，这些心理动机包括互爱、共济等。一个人如果遇到良好的环境，那么他的需求就会得到满足，他就会实现真正的自我发展。否则，他就会发生心理创伤，良好的、内在的、积极向上的能力就会受到损害。亲情满足上的失衡、个性认知上的失衡、需求上的失衡都可能导致心理创伤的发生。

自从生物学原因理论诞生以来，围绕着是否有"天生犯罪人"、怎样看待"天生犯罪人"的辩论就一直如影随形。人们对这个问题的回答，也可谓"仁者见仁，智者见智"。

本书认为没有天生犯罪人。原因主要在于，生物学原因论的理论基础是有一定缺陷的，那就是，龙勃罗梭通过对人类中一部分人的外部特征的实证研究——对犯罪人的外部特征的研究，发现了一定的规律，那就是这些犯罪人在外部特征上具有一定的共性，然后他将这种共性反推回去适用于全人类，认为只要具有这些特征的人就是天生犯罪人。但那些更加大量的、未犯罪的人当中，又有多少人会具有这些同样的外部特征，却并没有犯罪？换句话说，生物学原因论提倡者的统计样本，即使再庞大，也不可能涵盖全人类。将一个根据小范围内的实证研究所得出来的结论，推而广之适用于全人类，显然在推理上是有问题的——因为这种推理是"不完全推理"，有以偏概全的缺点。

退一万步讲，假使全世界自古以来所有的犯罪人在面部上都有某些共同的特征——而首先由于研究样本的限制，这显然是不可能的——也不能反向得出结论，面部上有某些共同的特征的人都是罪犯，这是一个违背逻辑推理的科学性的问题。

（五）相由心生吗？

亚伯拉罕·林肯（Abraham Lincoln，1809~1865年）说过，一个人到了40岁要为自己的长相负责。他的意思是说一个人的人生经历、道德修养等许多内心、内在的东西，会通过长相表现出来。这句话当然是唯心主义的。相是由心生的吗？答案是否定的。这句话里也许是有一丁点智慧的碎片的，所以才会有人相信。试想一下，如果一个人凡事斤斤计较，动不动就跟人瞪眼，那他的面部表情、神态大概率是不会慈祥的。而一个慈祥和蔼、与人为善、与世无争的人，他的面部表情、神态大概率会是慈祥的、宁静的、柔和的。

但是，无论如何，人的长相与善良的关系仅仅是带有"或然性"的一种说法，毕竟还有很多人虽然长相不好，但是心地很善良，所谓"人不可貌相"说的正是这个道理。

（六）生物学原因论有的属于唯心主义，有的属于机械唯物主义

生物学原因论在认识论上，是否一定是唯心主义？那倒也不一定。有的生物学原因论在认识论上，属于先验论，是唯心

主义的认识论。但是,龙勃罗梭的天生犯罪人论,是通过解剖学得出来的结论,使用的是科学心理学的方法——实证研究法,因此,在认识论上,这应当属于机械唯物主义认识论。

四、青少年犯罪的社会学原因论

(一) 犯罪的社会学原因论

犯罪的社会学原因论认为,形成犯罪的主要因素是社会化的因素。犯罪心理的形成和发展,均受到社会化因素的影响。

犯罪的社会学原因论是犯罪社会学派的理论。德国的刑法学家、犯罪学家、国际法学家弗兰茨·冯·李斯特(Franz von Liszt, 1851~1919年)是犯罪社会学派的代表性人物之一。犯罪的社会学原因论强调,在进行犯罪原因分析、犯罪预防和矫正时,应当进行社会环境分析,也就是要分析犯罪人的社会关系、当时的社会环境社会结构等客观因素。总之,犯罪的社会学原因论认为,犯罪心理产生和发展的主要因素是社会化因素。

让我们来分析一个案例:这是最高人民法院发布的未成年人审判工作典型案例,关键词是"接触特定人禁止令"。

基本案情:2012年4月16日19时30分左右,被害人陈某乙途经福建省清流县人民法院门口时,被告人林某、陈某、吴某等人便上前殴打陈某乙,并用一把西餐刀捅了陈某乙的背部,致其轻伤。案发后,被告人林某、陈某等人赔偿被害人陈某乙医疗费等人民币2.6万元,并取得被害人谅解。

裁判结果:福建省清流县人民法院经审理认为,被告人林某、陈某、吴某无视国家法纪和社会公德,随意殴打致人轻伤,情节恶劣,其行为均已构成寻衅滋事罪,判处被告人林某、陈某、吴某有期徒刑8个月,缓刑1年;被告人林某、陈某、吴某在缓刑考验期内，禁止互相来往接触。

案例评析：本案例典型意义在于适用刑法有关"接触特定人禁止令"的规定。未成年人辍学后经常聚集在一起，讲哥们儿义气，这些都是当前诱发未成年人犯罪的常见因素。法院考虑到三被告人主要是因经常聚集在一起，为哥们儿义气诱发了共同犯罪。将被告人互相隔离，禁止其互相接触有利于家长和社区在缓刑期间对其进行有效管教，预防其再次犯罪。被告人犯罪时不满18周岁，平时自我控制能力较差，对其适用"接触特定人禁止令"的期限确定为与缓刑考验期相同的1年，有利于其改过自新。[1]

这里的一个关键词就是"接触特定人禁止令"。"接触特定人禁止令"在我国最早的、最高级别的、规范性的出处是2011年最高人民法院、最高人民检察院、公安部、司法部联合出台的《关于对判处管制、宣告缓刑的犯罪分子适用禁止令有关问题的规定（试行）》。对判处管制、宣告缓刑的犯罪分子，人民法院根据犯罪情况，认为从促进犯罪分子教育矫正、有效维护社会秩序的需要出发，确有必要禁止其在管制执行期间、缓刑考验期限内从事特定活动，进入特定区域、场所，接触特定人的，可以根据《刑法》第38条第2款、第72条第2款的规定，判处管制、宣告缓刑，同时宣告禁止令。禁止犯罪分子在管制执行期间、缓刑考验期限内从事特定活动，接触特定的人。

根据该规定第5条，首先，有权宣告禁止令的机关是人民法院。其次，禁止令的适用对象（被禁止者）是判处管制、宣告缓刑的犯罪分子。再次，禁止令适用的时间是管制执行期间、

---

[1] 侯裕盛："林某、陈某等寻衅滋事案"，载 https://www.chinacourt.org/article/detail/2014/11/id/1491145.shtml，访问日期：2023年5月4日。

缓刑考验期限内。复次,禁止令适用的例外——经对方同意。也就是说,未经对方同意禁止接触,经过对方同意可以接触。最后,禁止令所保护的对象是以下五种人:被害人及其法定代理人、近亲属——主要担心被打击报复;证人及其法定代理人、近亲属;控告人、批评人、举报人及其法定代理人、近亲属——主要担心被打击报复;同案犯——主要担心串供、灭口等;其他可能遭受其侵害、滋扰的人或者可能诱发其再次危害社会的人——这是一个兜底性的规定,主要担心再次诱发危害社会行为的发生。

(二) 近朱者赤,近墨者黑

西晋的傅玄在《太子少傅箴》中说:"近朱者赤,近墨者黑。"其意思是靠着朱砂的变红,靠着墨的变黑,比喻接近好人,可以使人变好;接近坏人,可以使人变坏,指的是客观环境对人有很大影响。《荀子·劝学》中"蓬生麻中,不扶而直;白沙在涅,与之俱黑"的意思是,蓬生长在麻中,不用支扶就可以长得很直,白色的沙子在淤泥中,也会变黑,结论是,外界因素影响人的心性。

(三) 中华民族优良传统与育人环境

在2015年中央电视台的春节联欢晚会上,张丰毅、段奕宏、朱亚文演唱了一首歌曲《中华好儿孙》。《中华好儿孙》的歌词和歌曲旋律都积极向上、慷慨激昂,歌词说:"爷爷在移山,奶奶在磨杵,奔跑的夸父,日行两万五,精卫衔石来,女娲把天补,是谁卧薪尝胆,吃的是苦中苦……"中华民族非常重视发挥民族精神、神话传说、励志故事的教育作用,这是有理论根据的,是符合社会学理论的。文化也是一种环境,人是可以从文化环境中进行学习、借鉴的。

《中华好儿孙》中"高堂之上教我做人的是岳母和孟母"

所讲的就是"孟母三迁"这一脍炙人口的故事。[1]《三字经》里"昔孟母,择邻处",说的也是孟母三迁的故事。孟子很小的时候,父亲就去世了,孟子的母亲为了祭祀方便就把家搬到了父亲的墓地附近,对孟子进行基础知识的家庭教育。墓地是悲戚之地,由于周围环境是墓地,经常有人办理丧事,孟子就学着那些人进进出出、挖掘造墓、披麻戴孝、跪拜哭坟。孟子的母亲观察到了这一点,并且为此感到很忧虑,孩子正处于模仿学习的关键期,她担心这样的环境不利于孟子的成长,于是就搬家了。新家在一个集市边上,集市是热闹之地,各种大小商贩都有,每天叫买叫卖,热闹非凡,孟子也无法安心跟随母亲学习,他经常学着小商小贩们的样子摆摊卖菜、招揽顾客、讨价还价、称重收钱,孟子的母亲认为这个地方也不利于孟子的成长,于是就又一次搬家,将家安在了一个学堂附近。学堂是一个文化气息浓厚、书声琅琅的地方,孟子就模仿学生给老师作揖,模仿学生读书,孟子的母亲认为这才是理想的居住环境,于是就在此地安顿了下来,后来孟子也进入学堂读书,终于成为一位学富五车的大学者、思想家。这个故事确实有很强的教育意义,说明家庭居住环境对青少年言行举止的影响是客观存在的。

同时,我们也要正确认识这个故事的意义,孟子的成才是否仅仅是居住环境的影响和功劳?当然不是,孟子的母亲对孟子的家庭教育、孟子所接受的学堂教育、孟子自己的个人努力

---

[1]《列女传·母仪传·邹孟轲母》记载:邹孟轲之母也,号孟母。其舍近墓。孟子之少也,嬉游为墓间之事,踊跃筑埋。孟母曰:"此非吾所以居处子也。"乃去,舍市傍。其嬉戏为贾人衒卖之事,孟母又曰:"此非吾所以居处子也。"复徙,舍学宫之傍,其嬉游乃设俎豆,揖让退进。孟母曰:"真可以居吾子矣。"遂居之。及孟子长,学六艺,卒成大儒之名。

甚至孟子家族的遗传基因，对孟子的成才都具有不容忽视的作用。当然，这些综合因素或者说因素群的影响，并不能否定孟子的母亲是孩子成长中的积极因素。

环境对人的影响是客观存在的，至于影响的大小则是第二个问题了。有人可能会说，荷花出淤泥而不染，人有定力的话，即使在污浊的环境中仍然能够保持高洁的品格、高尚的人格。但是，其实荷花的生长对于水质环境也是有一定的要求的。所以，在遭受严重污染的水质环境中，荷花也是无法健康生长甚至存活的。现在网上还有些人调侃孟母三迁的故事，说孟母也许是最早买"学区房"的人了。这种调侃历史故事、历史人物的做法是不值得提倡的。

孟母三迁的故事告诉我们：首先，青少年的言行举止、行为习惯与社会环境有很大的关系。孟子小时候居住环境的变化引起行为习惯的变化，就说明了这一点。其次，未成年人的父母或其他监护人应当学会善于观察未成年人言行举止、行为习惯的变化，并且善于分析产生这些变化的因素，找到解决问题的办法。孟子母亲"择邻处"的做法就说明了这个道理。再次，人在生活中应该善于独立思考，不能完全被生活环境所影响甚至控制。但是，在经济条件许可的情况下，还是应当尽量选择对养成良好行为习惯有积极作用的生活环境。最后，任何公共场所的经营者，都应当尽量规范经营，抑制经营场所不良环境影响的溢出效应。

孟子的成功，自然有其母亲的功劳。英国诗人乔治·赫伯特（George Herbert，1593~1633年）说过，一位好母亲抵得上一百位教师。中国人是擅长学习的，孟母三迁不仅促进了孟子的健康成长，而且这个故事还对中国的家庭教育发挥了一定的正面借鉴作用。孟母是中国古代著名的四大名母之一，有人甚至倡议,孟母应当作为中华母亲节的形象代表,主张将孟子出生的那一天4月2日作为中华母亲节。

(四)班杜拉的学习理论

美国当代著名心理学家、斯坦福大学心理学系教授阿尔伯特·班杜拉(Albert Bandura,1925~2021年)是新行为主义的主要代表人物之一,社会学习理论的创始人。他创立的社会学习理论认为,人类社会化行为习惯的形成是习得的,人类不仅可以通过观察行为的结果进行学习,还可以通过观察榜样的示范进行学习。有句话说:"是你教会了别人怎样对待你。"如果你不喜欢别人与你有关的社会化行为,那么,你一定要告诉他,否则,他以后还会那样对待你,因为他的行为没有得到否定性的反馈结果。在家庭暴力中,如果家庭暴力的受害人没有及时对家庭暴力的加害人说不,或者当加害人就家庭暴力进行道歉之后,受害人就原谅了他,那么家庭暴力大概率是会继续发生的。原谅将会导致这样一种结果:发生家庭暴力——道歉——原谅。这将会使加害人观察并习得这样的一种行为习惯模式:暴力——道歉——原谅——和好如初或基本上和好如初,这就相当于形成了一个360度的首尾相接的闭环,无论如何,最后的结果是得到了"原谅"。

而正确的做法是:不原谅,一次也不原谅,使得家庭暴力无法形成一个360度的闭环回路,使得加害人知道家庭暴力是不会得到原谅的,最后的结果是不原谅。这更加有利于避免家庭暴力的再次发生。一来,并不是所有的道歉都能取得原谅;二来,道歉是必须的,承担责任(包括道德责任和法律责任)是必须的,道歉并不以能够被原谅为条件,道歉应当是无条件的。

班杜拉主张攻击行为不是与生俱来的,而是后天习得的。

班杜拉认为，包括人的攻击行为在内的社会性行为是通过观察学习和模仿而习得的。在观察学习中，有决定性影响的是环境，人们只要能控制这些条件，就可以使儿童的社会行为向着社会预期的方向发展。

社会环境对青少年特别是未成年人的健康成长是非常重要的。他人尤其是父母或其他监护人的纵容是形成违法犯罪行为的一个重要的环境影响因素；他人尤其是父母或其他监护人的阻止是阻止危害犯罪行为形成的一个重要的环境影响因素。

特别是处于模仿期的未成年人，很容易从他人那里学习运用攻击的言语和行为解决冲突。我们经常会说某人脾气好，某人脾气不好、爱发火甚至有攻击倾向，其中不可否认有性格秉性方面的差异，但还有一个很重要的原因，那就是有些人会故意把发火、攻击作为一种解决问题的方式，他们可能有意无意地从某些事件中发现发火甚至攻击能够达到自己的目的，也可能看到过他人通过发火甚至攻击达到自己的目的。从此，就形成了一种通过发火、攻击解决问题的行为习惯。正因为如此，中国自古以来就有惯子如杀子的说法。试想一下，在家里父母也许能一味地顺从孩子，但是在外面，他人、社会、政府、国家不可能一味地顺从孩子。所以，如果对孩子过于娇生惯养，甚至可能会给孩子带来杀身之祸。

(五) 亚文化的影响

在青少年违法犯罪团伙等亚文化群体里，往往会形成攻击性的文化，在攻击性的文化氛围里，那些好斗的特别是因好斗而为亚文化群体作出较大贡献的成员，会受到欣赏、鼓励甚至奖励，因此在这样的青少年违法犯罪团伙中攻击行为的发生率非常高。

在这样的亚文化群体里，还会形成具有攻击性的符号文化，即所谓的符号暴力。例如"打""杀""弄死"等带有攻击性的词汇，粗俗的黄色笑话，刀剑、枪支等具有攻击性的图画。

有一些文化符号可能是青少年特别是未成年人所自创的。我们可以观察到，在学校的集体宿舍中，即使相邻的两个集体宿舍，也往往会有很多不同的亚文化词汇，这些词汇在其他的宿舍中是不常被用到的，或者即使被用到但是被赋予的含义也大相径庭。可以想象，在具有攻击性的亚文化群体里待久了，或多或少会受到一定的影响，而这种影响往往是潜移默化的，正所谓群体无意识。

(六) 文化符号的育人作用

无数事例已经证明，喜欢观看暴力性的电影、电视、短视频，或者喜欢玩暴力性的电子游戏，可能造成人短期的攻击性言语、行为的增加。这些事例有的是观察到的，有的是通过心理学实验所得到的数据。同样地，积极的、和谐的文化符号，也可以对青少年特别是未成年人的言行举止产生很大的影响。这同样证明了，青少年特别是未成年人具有可塑性比较强、可以教育好的特点。

总之，青少年犯罪的社会学原因论的启示是，务必重视青少年特别是未成年人的家庭环境建设、学校教育环境建设、社区社会环境建设对青少年的影响。当然，环境建设是一种文化氛围影响，更重要的是春风化雨的家庭教育、学校教育和社会教育。

(七) 犯罪社会学派影响较大的其他主要观点和启发

犯罪社会学派敏锐地观察到社会环境对人的行为以及行为习惯的影响，因此这个学派产生之后，得到了很大的发展。后来出现了一些因深入研究而形成的分支学派，形成了很多广为人知的学说，例如社会失范理论、亚文化理论、社会控制理论、文化冲突论、模仿论、不同接融论或差异结交论、异化交往论、不同联系论、社会异常论、标签理论等。

1. 社会失范理论

社会失范理论一般认为是由法国社会学家涂尔干在《社会分工论》中提出的，美国社会学家默顿对其进行了发展，用来解释社会越轨行为。该理论认为，失范就是"缺少规范"、失去规范的病态无序的状态。在理想的社会结构中，人们实现自我理想的目标和手段之间的关系是协调的、合法的。也就是说，人们能够通过合法的手段去实现这些合法的目标。但是，当社会结构功能出现问题，人们不能通过合法的手段去实现合法的目标时，失范就出现了。当失范发生时，人们要么用遵从来适应这种失范，要么通过反叛等越轨行为去适应它，后者中的越轨行为就包括违法犯罪行为。犯罪行为是最严重的越轨行为，有一些轻微的越轨行为不属于违法犯罪行为。

这种理论把犯罪行为视为社会结构控制的失范，这是一个很有意义同时很有意思的研究视角。不仅经济结构失调会出现问题，社会结构失调也会出现问题。社会结构是指一个国家和地区社会成员之间的关系以及社会组成方式，包括经济政治等各方面的结构状况，可以细分为社会分工结构、社会收入结构、社会消费结构、社会阶层结构、城乡关系结构等很多方面。不同的时代，可能会有不同的社会结构、不同的核心价值，而社会结构与文化价值、核心价值的最佳状态是相互适应，而且都比较正向。但是，实际上，社会结构的变化和文化价值的变化，在历史的绝大多数时期，并不是完全一致的，其变化的速度不会完全相同。当社会规范不能继续规范社会成员之间的行为、社会的制度化法治化程度差时，社会缺乏有效的整合，会陷入混乱无序的、社会道德等控制离散的状态，人与人之间就缺乏具有法律意义和道德意义的社会关系了，人类社会就会变成弱肉强食的丛林社会，个人的道德和法律意识丧失，无法克制个体的欲望，不再顾及集体的共同目标、共同利益和共同荣誉，这就是失范。根据社会失范理论，青少年犯罪产生的原因是社会没有给青少年提供明确的社会规范来指导青少年的行为。

美国社会学家、结构功能主义的代表人物之一默顿，在20世纪30年代进一步发展了该理论，认为失范是"规范的缺席"，即人们对现存的社会规范缺乏广泛认同，导致其丧失控制人的行为的权威和效力。这其实是一个社会的文化目标与制度化手段之间的不平衡。文化目标是指在一定的社会文化体系中被认为有价值、有意义的东西，制度化手段是指被社会认为获得文化目标的合法的手段和方式。社会通过形成文化价值，确立起社会发展目标，同时又根据社会中的共同价值、社会的发展和进步为人们规定和提供合法的手段和方式。本来，社会的文化目标与制度化手段之间的关系应当是平衡的，社会成员能够用社会所容许的手段达到社会所肯定的目标，这对社会成员而言就是合规的行为。相反，在失范发生时，一方面，人们无法用社会承认的合法的手段实现自己的文化目标；另一方面，由于社会化教育匮乏，人们不知道社会所肯定的目标到底是什么，或者对社会所肯定的目标并不赞同甚至并不感兴趣，或者不重视达到社会所肯定的目标所应该遵循的合适的手段。这时，社会所肯定的目标与社会所肯定的手段之间就发生了不平衡，因此，就容易产生越轨行为。他所说的越轨行为是广义的，方式包括创造创新、革新造反、形式主义等。

社会失范理论给我们的启发是，在社会快速发展的历史时期，或者在社会转型期，要特别注意不要造成"规范的缺席"，要及时建立与新的社会形势相适应的道德体系。习近平总书记在中央深改组第一次会议上提出的"凡属重大改革都要于法有据",讲的就是先立后改,用立法引导改革,避免改革所导致的社会规范的失序。家长在家里,老师在学校,要及时给青少年制定必要的行为规范,并且要维护这种行为规范的运行,避免失范。

2. 青少年亚文化理论

青少年亚文化理论也称青少年副文化/次文化理论,美国犯罪学家阿尔伯特·科恩(Albert Cohn,1918~2014年)在他的著作《越轨男孩:团伙文化》中分析了亚文化的起源。

亚文化是指与主流文化相对应的,不够主流化的、不够大众化的,由非主流的、小众的人群所遵从的价值观念、行为规范。亚文化群体构成亚文化群,而亚文化群又对群体成员具有一定的影响甚至塑造作用。因此,亚文化理论是从一个人所处的文化背景着手,分析包括犯罪行为在内的越轨行为形成的原因的,这种理论也属于社会学的原因论。

犯罪亚文化理论把犯罪也当作一种文化,认为社会文化分为主文化与亚文化,犯罪人所遵从的是与社会主流文化相冲突的犯罪亚文化,犯罪在广义上也是一种文化——只不过是一种变异的文化,违反主流社会文化规范的"亚"文化。青少年犯罪人在与主文化相对应的亚文化群里,受亚文化的影响而产生的与社会规范相冲突的行为,就包括犯罪行为。因此,青少年亚文化理论认为青少年犯罪是受一个人所处的环境影响的,是习得的。

青少年亚文化理论给我们的启发是,家庭、学校和社会要关注青少年成长的人际环境,青少年本人也要注意结交好的朋友。

3. 差异交往理论

美国现代犯罪学家埃德温·萨瑟兰（Edwin Sutherland, 1883~1950年）的差异交往理论，认为人的行为决定于他周围的人对他的期望。包括犯罪行为在内的越轨行为，与其他社会行为的学习过程是相同的。人之所以守法或违法，是由于他置身于一个亲密的群体中，并在其中学会了对守法行为或违法行为的态度。因此，犯罪行为是在与他人的交往过程中通过学习而获得的。这正应了中国古人所说的"近朱者赤，近墨者黑"。

这种交往包括语言的，也包括行为的。这种学习过程主要发生于周围的亲密群体当中。由于这种学习经常发生，就使得他接受了犯罪的行为，疏远了对抗犯罪行为的理由和社会规范。因此，犯罪行为是习得的。这种学习包括赞成或不赞成犯罪的态度、犯罪的动机、犯罪的技能、犯罪的合理化解释等诸多方面。这种学习的效果到底如何，取决于人际交往的频率、强度、持久性、先后次序等。因此，先入为主的情况也是存在的。当然，埃德温·萨瑟兰也承认个人的主观能动性，他认为一个人做出守法行为，是因为他认为守法比不守法更有利；一个人做出犯罪行为，是因为他认为犯罪比不犯罪更加有利。

社会学家的视角与法学家有所不同，他们的视角是社会学的视角，认为犯罪是对社会上绝大多数人的良知的冒犯，惩罚犯罪是为了维护大多数人的利益，而让犯罪人付出社会化成本。未成年犯罪人不同于成年犯罪人，其中一个主要的区别是，对未成年犯罪人进行监禁并不利于降低社会成本。其原因在于，未成年犯罪人在正常的社会环境中——非监禁刑环境下，更加容易被改造。监狱里的未成年罪犯容易互相影响，进而对改造带来不利的影响。因此，对于未成年罪犯适用非监禁刑才更加有利于减少未成年人犯罪，降低改造的社会成本。而未成年罪犯如果不能有效被改造好，很容易变成重犯。

美国的著名犯罪学家、宾夕法尼亚大学的马汶·E.沃尔夫冈（Marvin E. Wolfgang）曾经提出著名的"6%定律"，即不加管教的少年犯有6%会重新犯罪，并犯下当地51%以上的犯罪案件。美国犯罪学90%的研究是针对青少年犯罪的。我国的很多研究数据也表明，青少年群体实施的犯罪数量，在所有犯罪总量中占有很大的比例。可见，预防青少年犯罪特别是未成年人犯罪，具有非常重要的社会实践意义。

差异交往理论给我们的启发是，我们要为青少年的成长创造好的社会环境，对于犯罪的青少年如果能不关押尽量不要关押，尽量通过社区矫正来矫治其行为模式，但是绝不能不加管教。

4. 社会控制理论

社会控制理论是近代以来的一种著名的犯罪理论，是实用主义犯罪学三大理论之一。社会控制理论主要包括特拉维斯·赫希的社会联系理论和雷克利斯的遏制理论，主要用来解释人为什么"不犯罪"。

社会控制理论认为，人都有犯罪的倾向，但最后并不是所有的人都犯罪，也不是大多数人都犯罪，而只是少数人犯罪。原因在于，绝大多数人都受到了有效的社会控制，包括内心的自我控制和外部的社会化控制，所以不犯罪。既然犯罪人是社会中的少数人，因此，与其去研究少数人为什么犯罪的问题，不如去解释绝大多数人为什么不犯罪。社会控制理论认为，大部分人之所以不犯罪，是因为其内心或外部，有良好的控制因素。

社会控制理论假设人们在日常生活中会面临各种诱惑，通过犯罪行为可能得到更多的报酬或快乐。如果没有社会规范的约束和对犯罪行为的有效惩罚，越来越多的人就可能选择通过犯罪来谋求个人利益。人们同他人的交往越少，特别是他们在活动时越少被他人所目睹，那么他人控制其行为或阻止其犯罪行为的可能性就越小。

在中国古代，儒家讲慎独。《礼记·大学》："此谓诚于中，形于外，故君子必慎其独也。"内心真诚，会流露于言表，所以品德高尚的人，在独自一人时也会慎重。《礼记·中庸》说："道也者，不可须臾离也；可离，非道也。是故君子戒慎乎其所不睹，恐惧乎其所不闻。莫见乎隐，莫显乎微，故君子慎其独也。"大体意思是道是不可分离的，而分离开来的东西，就不是道了。所以，君子在别人看不见的时候，在别人听不到的时候，也要言行谨慎。

美国犯罪学家赫希于1969年提出社会联系理论，认为人都有潜在的犯罪倾向，但社会联系可以防止个人犯罪。赫希认为人与动物行为无异，都具有犯罪的倾向。因此，需要依靠社会联系（social bond）来减少人犯罪的倾向。社会联系可分为四种：依附（依恋），即与父母、朋辈及学校的联系，个人对这些人的依附程度较高，则会受彼此共有的规范约束，他们犯罪的机会便较少；奉献，即个人在日常生活中愿意对事情作出承担及努力，个人的奉献程度较高，他们犯罪的机会便较少，因为其会考虑由此而付出的代价；参与，即个人对非违法行为的投入时间，个人投入于非违法行为的时间较多，便没有时间和精力感知诱惑、考虑和从事犯罪活动；信念（信仰），即社会公民共同分享的价值观及道德标准，健全信念能强化个人的自我控制力，减少犯罪的机会。

社会控制理论、社会联系理论给我们的启发是，社会性是人的根本属性，社会监督是使人不做坏事的保障，所谓阳光是最好的防腐剂，我们要重视青少年社会支持系统。

5. 冲突理论

冲突理论于20世纪50年代崛起，并逐渐成为理论主流。冲突理论认为，社会是由不同的利益集团构成的，这些集团为了各自的利益相互冲突。该理论认为，具有较高社会地位的集团会通过法律的形式肯定本集团的价值规范，把它作为社会的一般行为标准。也就是说，社会规则和法律是社会权势参与制定的，并未反映无权无势群体看待事物的特殊方式。冲突犯罪学的流派包括文化冲突论、价值冲突理论和利益冲突理论（又称集团冲突理论）。

冲突理论给我们的启示是，无论家庭、学校，还是社会，都应当民主地与青少年交往，立法应当民主、科学，尊重客观规律。法治国家应当是良法、善治的国家，而不是警察国家。

6. 标签理论

标签理论是美国学者埃德温·利默特1951年在《社会病理学》一书中提出的。标签理论认为，社会中之所以会有犯罪行为，是因为社会中的群体或权力集团对某些社会成员及其行为贴上了犯罪的"标签"。根据标签理论的观点，违法犯罪是他人根据法律规范惩罚犯罪人所致，不要随意为偶尔犯错的青少年贴上坏的标签。埃德温·利默特认为，如果越轨者的越轨行为被其他社会成员发现并公之于众，就要被贴上越轨者的标签。越轨者自己在思想中可能会形成一个新的自我概念，即认定自己是越轨者并按越轨者的方式去行动。越轨行为从初级越轨转化为次级越轨，即习惯性地、持久地、程度严重地越轨（犯罪），最终加入越轨（犯罪）群体。

媒体报道过一个真实的事件——《两少年偷鸭被抓 村民强迫"咬鸭"跪路边》。2014年8月25日，宜州市庆远镇六坡村两名约 14 岁的少年，拿着编织袋窜到村里乘机作案偷鸭子被发现了，村民们抓住二人后没有报警，而是对两少年进行体罚……据村民们说，这两少年平时游手好闲，抽烟喝酒成性，手头紧就小偷小摸，不惩罚不足以平民愤。公安机关特别提醒，对违法犯罪嫌疑人私自处置或使用暴力，必须承担法律责任，受法律制裁。[1] 公安机关的提醒特别有用，如果没有这样的提醒，可能还会有人去效仿那些惩罚两位少年的人的做法。

标签理论给我们的启发是，我们不要轻易给青少年贴上负面的标签，而要给他们贴上正面的标签。被贴上负面标签的青少年，很容易出现破罐子破摔的负面情绪，也很容易激发仇恨心理。

7. 中和技术理论

中和技术理论是当代西方社会有关青少年犯罪的主要理论之一。中和技术理论（或称中立技术理论、中立化理论）是美国犯罪学家塞克斯和马茨扎提出的关于青少年犯罪者如何对其越轨行为进行合理化的一种理论。

塞克斯和马茨扎在 1957 年联合发表的文章《中和技术：青少年犯罪的一种理论》中，归纳出青少年犯罪者对其越轨行为进行合理化的五种中立技术：一是否认责任（denial of responsibility），少年犯罪人认为自己是行为客体，只是环境的受害者；二是否认损害（denial of injury）；三是否认被害人（dinial of viction）；四是谴责那些谴责他们的人（the condemnation of the condemners）；五是高度效忠群体（the appeal to higher layalties）。青少年对整个社会要求的破坏，被一个人以忠诚和顺从的名义对

---

[1] "广西宜州：两少年偷鸭被抓　村民强迫'咬鸭'跪路边"，载 https://news.cctv.com/2014/08/28/VIDE1409183522584152.shtml，访问日期：2023 年 3 月 20 日。

小集团所做的一切中和了。中和技术理论认为，少年犯罪人的犯罪行为就是通过中和技术将其非法行为合理化，从而使自己摆脱从童年起就习惯了的道德的结果。中和技术理论提出的少年常用的五种中和技能启示我们要加强对少年的教育，采取相应的措施从源头上杜绝犯罪动机的产生。对于少年犯罪人否认责任的思想，应该让他们认识到每个人都是行为主体，由他引起的一切行为他都负有责任。人人都是社会群体中的一员，每个人的行为都会对他人造成影响，一个正常的有理性的人，要认识到自己有控制自己行为的义务。马茨扎指出，有些青少年犯罪人否认自己的行为给他人造成了损害。对此，我们应当使其正确认识到，任何违法行为都会对社会及他人的法益造成损害。如何评价自己的行为应站在社会的角度，而不能以自己的认识程度为标准。在青少年犯罪人的认识中，被害者都是有过错的，受到攻击也是理所当然的。因此，具有这种观念的青少年就不会把他们造成的危害看成是违法的。这就需要他们明确，在法治社会中任何人都无权对他人的财产或人身造成伤害，否则就应受到法律的谴责。中和技术理论指出，青少年犯罪人通过对谴责者进行谴责来将谴责转嫁给他人，从而消除自己内心的罪恶感。

在鲁迅先生的小说《阿Q正传》中，阿Q在调戏吴妈后，并没有意识到自己行为的社会危害性，还若无其事地偷偷跑去看吴妈为什么哭。当得知吴妈要自杀时，阿Q居然说："她不会上吊的，她假正经。""假正经"的说法就是阿Q对自己行为的社会危险性的否认。再往前，阿Q还当众调戏过小尼姑，当小尼姑问他为什么动手动脚时，他居然说："和尚动得，我动不得？"这种说法也体现了阿Q对其行为的社会危害性的否认。这些否认都是阿Q的"中和技术"。

中和技术理论给我们的启发是，我们要引领青少年认识到每个达到一定年龄和条件的人，都应当学会对自己的行为负责。一个人的违法犯罪行为会影响到国家的、社会的、集体的或他人的利益。

8. 不同接触论（差异交往理论）

不同接触论是美国犯罪学家埃德温·萨瑟兰提出来的，强调造成犯罪的社会原因是在与他人的交往中习得的。人的犯罪行为是在交往的互动中习得的，所以要重视人们之间的相互影响和交往。

不同接触论认为，犯罪主要源于文化冲突和社会解组，并与接触频度和持续时间有关，而与遗传无关。社会解组是指一个社会的行为规则与制度失去了正常的功能，影响社会安全或团体生活，呈现出纷乱的状态。埃德温·萨瑟兰认为，犯罪行为是在与他人交往过程中习得的，犯罪行为主要是在与个人关系密切的团体内习得的。犯罪行为学习的主要内容，包括犯罪技巧与动机、态度、理由两方面。犯罪动机与内驱力的学习，从法律的观点来看，认为犯罪比不犯罪有利，当违反法律的想法战胜遵守法律的想法时，人就会犯罪；不同接触的习得，随着接触的频率、时间的长短、顺序、强度的不同而异。

不同接触论给我们的启发是，要引领青少年树立正确的人际交往模式，尽量切断青少年进行犯罪学习的环境和犯罪传播的途径。

一般来说，英美国家的犯罪实证研究首先是提出一些犯罪学理论，并以此为基础预先提出理论假设，再相应创设调查问卷与测量工具，待调查完毕、问卷回收后，再运用西方业已较为成熟的系统软件进行分析，最后得出结论以验证与前期的理论假设是否相符。这种实证研究方法对于我们具有一定的参考价值。

青少年犯罪形成理论中的社会学原因论,在反对遗传决定论、强调造成犯罪的社会原因、重视犯罪的社会预防等方面是具有很大的积极意义的。但是,社会学原因论无法解释为什么在同样的社会环境下,有些人会犯罪,而有些人却不会,也不能解释激情犯罪的原因。因此,青少年发展形成理论中的社会学原因论,与青少年发展形成理论中的生物学原因论一样,都是具有一定的局限性的。对于任何理论,都不能盲目相信。我们既要反对遗传决定论,又要反对社会决定论。但是,有条件的影响论是可以接受的。

五、青少年犯罪的精神分析学犯罪原因论

(一) 精神分析学及其对于青少年犯罪心理研究的意义和启示

1. 精神分析理论及其分析工具

精神分析法是西格蒙德·弗洛伊德(Sigmund Freud, 1856~1939年) 研究和治疗癔病即神经症的方法。西格蒙德·弗洛伊德是奥地利精神病医师、心理学家、精神分析学派创始人。精神分析学说产生于19世纪末20世纪初,又称精神动力学,译自英文"psychoanalysis"或"psychodynamics"。其他代表人物还有西格蒙德·弗洛伊德的弟子C. G. 荣格、女儿安娜·弗洛伊德等。到20世纪20年代,这个流派的理论逐渐扩展到社会科学的各个领域,发展为无所不包的哲学观,构成了现代西方一种主要的社会思潮——精神分析心理学(psychoanalytic psychology)。它既是一种精神病症的治疗方法,也是在医疗实践中逐渐形成的一套心理理论。

19世纪末,西格蒙德·弗洛伊德以精神分析理论为人们开辟了一个新的研究视角。他的精神病症、潜意识、梦的机制、本能、人格的发展与结构、焦虑论等理论,为解释人类行为提

供了一系列的分析工具。西格蒙德·弗洛伊德虽然没有系统地对犯罪原因进行专门研究，但是，他的理论对犯罪原因的解释，在今天看来还是具有很大的价值的。

奥地利心理学家 A. 阿德勒和瑞士心理学家 C.G. 荣格等人对西格蒙德·弗洛伊德过分强调生物本能的理论作了修改和补充。西格蒙德·弗洛伊德的女儿安娜·弗洛伊德，提出的防御机制定义是：自我对于本我冲动的对抗作用就是防御机制。详细地讲，就是自我和本我的某些冲动进行对抗，这些防御包括压抑、合理化、反向等方式。奥地利心理学家阿德勒认为，自卑感是人的行为的决定因素，这可能促进人奋进达到优越的目标，也可能使人得神经病。人的出生次序影响着他的生活风格的形成。美国的精神分析理论家艾瑞克·弗洛姆（Erich Fromm，1900~1980 年）主张将文化与政治、经济、社会和思想等方面联系在一起分析。

2. 精神分析理论对于青少年犯罪心理研究的意义和启示

西格蒙德·弗洛伊德开创了精神分析学说，并提出了潜意识、人格结构等理论，探讨人类深层的心理活动，同时也为犯罪心理的研究提供了一种独特的视角。人的早期心理创伤会以潜意识的方式存在并影响某些成年期的犯罪心理。人格结构中，本我是人格结构的基础和动力，自我与超我则是制动阀，与犯罪有关的人格障碍必然是由动力与制动的不和谐所导致的。

在西格蒙德·弗洛伊德的精神分析理论中，人的早期经历往往诠释着一些隐匿的犯罪心理问题。这种理论告诉我们，人的早期经历与其后来的心理活动有着密切的内在联系。西格蒙德·弗洛伊德特别强调人的早期经验的重要性，人在记忆中保留着儿时最重要的经验，随着岁月的流逝而成为潜意识的一部分。如果人在儿童时期心理极端脆弱，在儿童时期遭遇重大痛苦，很容易因过度的刺激而受到创伤，并且这种心理上的创伤很可能是永久性的。心理创伤的结果之一，是"失败的痛苦"被压抑到潜意识之中，从而导致个体在以后的生涯中出现病态的反应模式。西格蒙德·弗洛伊德在治疗癔症病人时，通过让病人自由联想和宣泄，让病人以言语来表达释放那些创伤性经历中的恐怖体验，使症状减轻。这就是所谓的治疗"心伤"。心理创伤的结果还包括使个体出现心理发展的停滞，即个体的心理活动拒绝适应新的变化，拒绝发展，从而出现"执着"甚至"退缩"现象。这种创伤性刺激会使人的心理不再随着经历去关注新的刺激，学习新的东西，发展新的能力，而是纠结于过去"失败"的事件，不能摆脱或自拔，在心理上出现一处"心结"。有心结的，应当解开心结。

"无差别杀人"行为的出现，一般与心理创伤长时间得不到缓释有关。"无差别杀人"是指犯罪嫌疑人和被害人没有仇怨，但是却有预谋地杀人，随机选择作案目标、在作案现场见谁杀谁的杀人案件。作案的目的甚至是报复社会、挑起社会仇恨等。"无差别杀人"这个词在日本出现较早。2008年6月，日本东京秋叶原发生血案，造成7死10伤，就属于"无差别杀人"案件。一名叫加藤智大的25岁男子在秋叶原商业区驾车撞人后，又下车用刀刺向路人及警察，造成7人死亡、10人受伤。此后，加藤智大以杀人等罪名被起诉。据日本《朝日新闻》报道，相关人士表示，2008年日本东京秋叶原杀人事件凶手加藤智大于2022年7月26日被执行死刑。[1]这个案子的主要特点是犯罪人是年轻人，内心孤独，罪行十分凶残，给社会造成了很大的负面影响，被告人对社会不满，沉迷网络论坛，在工作单位因找

---

[1] 林丽爱：《狂徒闹市杀7人！14年前东京秋叶原血案凶手今天被执行死刑》，载 https://new.qq.com/rain/a/20220726A0305700，访问日期：2023年3月20日。

不到工作服而爆发积怨，失去家人、朋友、工作，产生了强烈的孤独感。后来，"无差别杀人"在中国也出现了。例如，据"安福公安"微信公众号发布警情通报，2022年8月3日10时22分，安福县发生一起命案。一歹徒戴鸭舌帽及口罩持械窜至安福县城某私立幼儿园行凶伤人，造成3死6伤。[1]

四川师范大学抑郁症大学生杀人案，是一起情绪障碍患者犯罪的案例。[2] 2016年3月27日晚上，事后经法医精神鉴定患有抑郁症、具有部分刑事责任能力的犯罪嫌疑人滕某将室友芦某清叫到宿舍旁边的学习室杀害。抑郁症是情绪障碍的一种，可能伤害自己、他人。情绪障碍是指因个人、家庭、环境等因素而处于情绪不正常的状态。

西格蒙德·弗洛伊德的精神分析理论给我们的启发是，我们对于情绪障碍患者，包括抑郁症患者要予以关注、关护。关注情绪障碍患者包括抑郁症患者，有利于预防和减少其犯罪。

(二) 古典精神分析学说的犯罪原因论及其启示

1. 潜意识理论

西格蒙德·弗洛伊德把意识也称为精神层次，分为意识、前意识和潜意识三个层次。第一个层次是意识，即自觉，凡是自己能察觉的心理活动都是意识，它属于人的心理结构的表层，它感知着外界现实环境和刺激，用语言来反映和概括事物的理性内容。第二个层次是前意识，又称下意识，是调节意识和无

---

[1] 刘亮："江西一男子幼儿园行凶伤人造成3死6伤　警方通报：正在全力追捕"，载 https://news.cctv.com/2022/08/03/ARTIVadBdT2YjIXVD63N88Z5220803.shtml，访问日期：2023年3月20日。

[2] 马丽、赵竹青："四川师范大学凶杀案：花季少年为何惨死室友刀下？"，载 http://edu.people.com.cn/n1/2016/0421/c1006-28292507.html，访问日期：2023年3月20日。

意识的中介机制。前意识是一种可以被回忆起来的、能被召唤到清醒意识中的潜意识，因此，它既联系着意识，又联系着潜意识，并使潜意识向意识的转化成为可能。但是，它的作用更体现在阻止潜意识进入意识，它起着"检查者"的角色，绝大部分充满本能冲动的潜意识被它控制，不可能变成前意识，更不可能进入意识。当其放松警惕时，潜意识内容有时就通过伪装渗入到意识中。第三个层次是潜意识，又称无意识，是在意识和前意识之下受到压抑的没有被意识到的心理活动，代表着人类更深层、更隐秘、更原始、更根本的心理能量。潜意识是人类一切行为的内驱力，它包括人的原始冲动和各种本能（主要是性本能）以及同本能有关的各种欲望。由于潜意识具有原始性、动物性和野蛮性，不见容于社会理性，所以被压抑在意识阈下，但并未被消灭。它无时无刻不在暗中活动，要求直接或间接的满足。正是这些东西从深层支配着人的整个心理和行为，成为人的一切动机和意图的源泉。

西格蒙德·弗洛伊德认为，当一个人潜意识里的内容过多的时候就以症状表现出来。西格蒙德·弗洛伊德把人的心理活动比作漂在大海上的一座冰山，潜意识虽然不被自己所觉知，但它对人的心理活动和行为却起着巨大的作用，就像海面下庞大的冰山主体部分，人的大部分心理活动是在潜意识中进行的，大部分的日常行为也是受潜意识驱动的。而那些露出水面的小部分才是意识。潜意识是精神分析学派的理论基石，它认为人需要隐藏的潜意识是人类活动的内在驱动力。人在幼年时期容易因为本我与自我的冲突而遭受挫折，这种挫折及结果随着人格发展而变为潜意识，影响着人成年后的意识活动甚至是犯罪心理。潜意识虽然并不是西格蒙德·弗洛伊德最早提出的，但心理学界公认是西格蒙德·弗洛伊德使这个概念成了无人不知的心理学术语。最早西格蒙德·弗洛伊德提出的是"无意识"概念,后来改称"潜意识"。西格蒙德·弗洛伊德在他70岁生日的时候说:"在我之前的诗人们和哲学家们就已经发现了无意识,我发现的只是研究无意识的方法。"

2. 性本能理论

西格蒙德·弗洛伊德认为人的精神活动的能量来源于本能,本能是推动个体行为的内在动力。人类最基本的本能有两类:一类是生的本能;另一类是死亡本能或攻击本能。西格蒙德·弗洛伊德是泛性论者,认为性本能冲动是人一切心理活动的内在动力,当这种能量(西格蒙德·弗洛伊德称之为力比多)积聚到一定程度就会造成机体的紧张,机体就要寻求途径释放能量,如性犯罪人在性本能的驱使下或在反社会意识的支配下,为满足性欲而对异性或同性故意采取的侵犯他人的性权利,妨害、破坏社会秩序和社会人际关系的性交或非性交性行为。

3. 释梦理论和催眠治疗

西格蒙德·弗洛伊德是一个心理决定论者,他认为人类的心理活动有着严格的因果关系,没有一件事是偶然的,梦也不例外。释梦(梦的分析)是精神分析的核心。西格蒙德·弗洛伊德把梦看作通往无意识领域的捷径,认为梦是无意识冲突或愿望的隐晦的表达。

催眠已有数千年的历史,早在古埃及、中国等地,就有古老的祝由术、导引术,同时巫术中也有催眠的痕迹。

《西游记》中的孙悟空,是一位运用生物武器的高手,他使用瞌睡虫达五次以上而且全部奏效,比如大闹蟠桃宴和在灭法国夜里剃君臣头发等。

催眠术(mesmerism or hypnotism)在18世纪中叶的奥地利就已经有了,甚至在更早的古希腊神话中,睡神住在冥界,左手拿罂粟花蕾，右手持牛角，牛角中的液体就能令人进入睡眠。催眠原理在于，脑波有β、α、θ、δ波四种。人在一般情况下所呈现的是β波，被称为一般状态。人在心情平静、放松状态下所呈现的是α波，人在打盹状态下所呈现的是θ波。催眠是在α波和θ波状态下进行的。催眠的目的和作用在于，根据医学报告，当脑波呈现α波也就是催眠状态时，潜意识才能打开，同时也带动人的间脑，有助于找到甚至解决人紧张的原因。这里讲的是治疗心理疾病。

不同的药物和治疗方法的效果能够到达人体不同的位置，《扁鹊见蔡桓公》一文中就有过记载，扁鹊三次拜见蔡桓公，发现其病情由"腠理"（汤熨之所及）、"肌肤"（针石之所及）、"肠胃"（火齐之所及）不断恶化，屡屡劝其医治，都遭到拒绝，最后，蔡桓公病入"骨髓"，无药可救。这里讲的是治疗身体疾病。

弗洛伊德学派主张："梦是否能预示未来呢？这个问题当然并不成立，倒不如说梦提供我们过去的经历。"[1]弗洛伊德学派认为，多数人的幻听、幻视、幻想，来自对自己内心压抑的反射与反映，是为了解除或发泄平日累积压力或内心深处的恐惧、创伤而形成的一种脑部舒压的自然现象，与做梦是为了发泄压力的原理相同。就像一个人总是做梦梦到自己能飞起来，一般来说，这表明他过去和现在的压力很大，在其潜意识中就有逃避日常生活压力的心理需求。

4. 古典精神分析学说犯罪原因论的启示

古典精神分析学说的犯罪原因论给我们的启示是，要重视人的潜意识和性本能。在邱某华特大杀人案中，邱某华童年丧

---

[1]［奥］西格蒙德·弗洛伊德：《图解梦的解析》，叶凡编译，中国华侨出版社2014年版，第439页。

父，母亲有间歇性精神病。他在童年这一人生成长生活过程中社会化最为关键的基础阶段，丧失父爱，不能感受正常母爱的温暖，其内心形成了低信任感、自卑、很少发脾气、多疑、心神不定、经常生闷气、无法有效控制自己的情绪、向内攻击等性格特征和歪曲的心理，一旦足够量的刺激出现，这样的潜意识就会浮出水面，不良的心理体验会迸发出来，就会形成冲动性、报复性、攻击性心理，出现向外攻击的行为。据邱某华自己交代，他残忍地杀害10人的理由是他认为铁瓦殿的住持欺负他的老婆，对他的老婆进行性骚扰，但他自己也承认没有确切的证据，他的老婆也否认这一点，不过他坚信自己所认为的就是事实，这明显属于多疑的、固执的、不自信的性格特征，我们还是要尊重事实，当然也不能忽视生活中遇到的一些值得怀疑的事项，对这些事项要依法进行有效的核实，在没有确切的证据证明自己的怀疑是真实的之前不能贸然采取危害他人合法权益的行动。我们在生活中经常会看到某些人的性格看起来非常懦弱、安静、平和，像个老好人，这样的人往往遇到问题会在心里琢磨来、琢磨去，具有内倾性性格特点，但是一旦他们认为自己受到欺负，就可能会向外攻击。

（三）新精神分析学说的犯罪原因论及其启示

1."三我"人格结构理论

西格蒙德·弗洛伊德在潜意识研究的基础上，提出了人格结构理论。该理论被称为"三我"人格结构理论："本我"，遵从快乐原则，对应潜意识，是由自然的、本能的和欲望的我组成，其核心内容是与人的生存繁衍密切相关的欲望，它遵循快乐的原则而追求快乐，释放紧张。"自我"，遵从现实原则，对应意识层面，是来自本我经外部世界影响而形成的知觉系统，它遵循着现实原则，为更好地适应外部环境，选择性地配合和控制本我。"超我",遵从理想原则,是人格结构中最远离本我的部分,最具理性,遵循着道德的理性原则,从而审查本我,指导自我,追求完美。西格蒙德·弗洛伊德认为一个人的本我、自我、超我,应当是统一、和谐、平衡的,否则,人就会处于失调状态,出现心理疾患。

2. 潜伏性青少年犯罪理论

1925年,瑞士精神分析学家、精神病学家艾希霍恩(August Aichhorn,1878~1949年)在《刚愎的青少年》中提出潜伏性青少年犯罪理论,认为潜伏性青少年犯罪的人格特征是以冲动的方式寻求欲望的即时满足。潜伏性青少年犯罪人认为满足自我的需要比满足他人的需要更为重要。满足本能的需要而不考虑对与错,缺乏罪恶感。艾希霍恩认为,除非个人已有犯罪倾向或禀赋,否则就不会产生犯罪行为,外部的社会压力只能对个人造成伤害。

3. 从"依恋"到"同一性危机"

英国精神病学家约翰·鲍尔比(John Bowlby,1907年~1990年)1969年最早提出了"依恋"这一概念,认为婴儿和他的抚养者(一般为母亲)之间存在一种特殊的感情关系,儿童在出生后前五年中与母亲的长期分离,是形成少年违法犯罪的最大原因,这种理论被称为母爱剥夺论。英国学者安德里认为父亲对子女的影响更深、更长远。美国精神病学家阿伯拉哈姆逊提出了家庭紧张论,认为家庭紧张是犯罪行为的基本原因,紧张的家庭导致儿童充满敌意、心理紧张、情感与行为紊乱。新精神分析学派心理学家埃里克森提出同一性危机论,认为青少年在成长中不能获得心理上的同一性,就会产生角色混乱。消极的同一性使青少年产生不良行为。汉斯·J. 艾森克(Hans J. Eysenck,1916~1997年)提出的抑制理论认为,犯罪是个人内在控制能力和社会中存在的外在控制因素缺乏的结果。控制因素包括内部抑制和外部抑制因素。

4. 新精神分析学派对犯罪预防对策的启示

新精神分析学派对犯罪预防对策的启示是：父母对待子女的行为和态度决定子女是否有安全感，子女也会从父母的行为中学习怎样应对社会上的现实问题；应当重视潜意识；应当帮助青少年完善人格，使青少年有归属感。

精神分析理论有合理的内容，有重大的学术贡献，它是现代心理学的奠基石之一，开创了无意识心理的研究，提出人有意识和潜意识等不同的意识层次，推动了心理学学科建设；提出人格结构理论，包括本我（快乐）、自我（平衡两者）和超我（道德）。精神分析理论提出心理治疗法，即自由联想、梦的解析、移情，以及根据以上观点引申出来的"防御机制"等观点。该理论在心理服务领域长时间独领风骚，开辟了重视心理咨询与治疗的临床心理学新途径。西格蒙德·弗洛伊德重视心理的能动作用和揭示作用，他认为"对于成功的坚信不疑，时常会导致真正的成功""没有所谓玩笑，所有的玩笑都有认真的成分""没有口误这回事，所有的口误都是潜意识的真实的流露""当你瞧不起一个人的时候，这种轻视一定能够感觉得到，那他/她就会做出某些事情来自卫"。

但是，该理论也有不够客观的成分。研究方法的主观色彩浓厚，研究对象是精神病人，这样将研究结果适用于所有人就会出现不适应。在方法论上，把人的高级心理活动简单地归结为低级的生物、物理的运动，是典型的庸俗唯物论的表现，具有很强的生物学倾向，夸大人的本能的作用，有"泛性论"色彩。该学说夸大潜意识的作用，把潜意识视为人的心理的根本动力。该学说的主观色彩能浓厚，被有些人称为心理玄学，无法通过实证研究进行证伪。

六、青少年犯罪的其他原因论

青少年犯罪的其他原因论主要包括：

（一）道德发展阶段理论

美国儿童发展心理学家劳伦斯·科尔伯格（Lawrence Kohlberg，1927~1987年）提出了道德判断能力的发展有三种水平、六个阶段。带有冲突性的交往、生活情境、假设性道德两难问题的讨论，最适合于促进个体道德判断能力的发展。道德发展受到自我实现和认识现实认知需要的推动，在道德发展过程中，儿童主动构建道德判断，进行道德推理，从而形成道德信念，做出道德行为。

（二）发生认识论

瑞士儿童心理学让·皮亚杰（Jean Piaget，1896~1980年）提出了发生认识论，认为人类的知识都可以追溯到人的童年时期。儿童的道德发展需经历无律、他律、自律三个发展阶段，如果未能循序渐进或停留在无律阶段，则可能导致个体违反社会规范，形成犯罪或偏差行为。

（三）条件作用论（心理条件反射理论）

英国心理学家汉斯·J.艾森克提出的条件反射论认为，犯罪行为就是经由各种刺激的强化作用而建立的在刺激和反应之间的一种条件反射，认为人在社会化过程中应当学习社会规范，对道德性和社会形成条件反射，如果没有完成这个过程，就容易犯罪。这个条件反射理论，指的是心理条件反射，与巴甫洛夫的生理条件反射相对应。因此，应当通过奖励、惩罚来帮助培养个人良心。内向的人自律神经系统有较高的兴奋性，行为受良心的约束，遵守社会规范，不易犯罪；外向的人自律神经兴奋性低，极力寻求外力刺激，行为不为规范所制约，较易犯罪。对犯罪人的有效矫治方法，是实行药物治疗，以改变自主神经系统的结构或强化条件反射。

(四) 人本主义心理学的观点

美国心理学家卡尔·罗杰斯（Carl Ranson，1902~1987年）和亚伯拉罕·马斯洛认为人生来就具有成长、互爱、发展等积极的动机。个体如果具有良好的心理和心理环境，就会实现真正的自我，否则自我就会受到创伤，良好内在的能力就会受损。

(五) 挫折—攻击理论

美国耶鲁大学的心理学家多拉德（Dollard，1900~1980年）和米勒（Miller，1909~2002年）提出该理论，认为一方面挫折可能导致攻击，另一方面由攻击的发生可以推知其挫折。心理挫折与犯罪行为之间存在着一定的规律，挫折体验程度与犯罪意识强度成正比。

(六) 行为心理学的理论

行为心理学认为，人际交流＝40%言语沟通+60%非言语沟通。因此，非语言沟通比语言沟通更重要。美国心理学家约翰·华生（John Broadus Watson，1878~1958年）创立的行为心理学，认为心理学和其他自然科学处于同样的地位，应当研究看得见、摸得着的客观东西，也就是行为，而不是意识。行为心理学的理论在美国联邦调查局（FBI）很多行动中得到了验证。当FBI接到即将在某公共场所发生恐怖袭击的情报时，他们会在该公共场所布置人员，密切观察行为不正常、漫无目的、来回游荡、东张西望的人，他们的理论就包括行为心理学和微表情等。

(七) 混沌理论

1963年，美国气象学家爱德华·诺顿·洛伦茨（Edward

Norton Lorenz，1917~2008年）提出混沌理论，解释了决定系统可能产生随机结果。混沌理论认为，个体适应新环境并得以发展的转折点就是在有序与混沌的边缘地带，这是每一个复杂系统必须经历的阶段，在此阶段，系统会从一个相对简单的状态向一个复杂的状态演化。犯罪心理也是这样一个由混沌到有序的动态演化过程，犯罪个体从一开始萌发犯罪意向到犯罪心理形成，再到犯罪动机产生，最后是犯罪决意。这时个体的心理处于不稳定的状态，外界一个微小随机的扰动，都会通过相关作用对其产生影响，推动系统从一个不稳定状态跃迁到一个新的稳定有序的状态。青少年犯罪心理的产生具有偶然性和突发性，其变化符合非线性原理，犯罪行为也大多表现为情绪型、冲动型、情境型。混沌理论非常重视系统或者事物对于初始条件的敏感依赖性。[1]

青少年犯罪的其他原因论给我们的启示是，我们要重视青少年的心理健康建设，要重视对青少年所受到过的心理创伤和挫折并进行及时的、必要的心理疏导。

七、青少年犯罪心理的综合研究趋势

当前，青少年犯罪心理研究呈现出以下几个方面的发展趋势：其一，研究领域的广泛性；其二，研究视角的多样性；其三，研究方法的实证化；其四，研究的深层次性；其五，理论研究与实际应用密切结合；其六，对犯罪原因进行综合分析；等等。主要形成了以下理论：

（一）多元犯罪原因论

该理论认为，犯罪心理的形成和犯罪行为的发生并非由单

---

〔1〕 单钰淇："基于混沌理论的犯罪心理生成机制研究"，载《系统科学学报》2019年第1期，第126~129页。

一因素所导致的,而是多种因素作用的结果。心理学家卡特·勒温(Kurt Zadek Lewin,1890~1947年)认为人的行为随着人与环境这两个因素的变化而变化。他提出公式是 $B=f(P, E)$,B 是人的行为,P 是个体特性,E 是环境,f 是函数。心理学家阿伯拉哈姆逊提出的犯罪行为公式是 $C=(T+S)/R$,C 是犯罪行为,T 是个人的犯罪倾向,S 是外界对犯罪诱因的诱惑状态,R 是对犯罪诱因的心理抗拒力,其认为犯罪行为与犯罪诱因即个人的犯罪倾向和当时的情境呈正相关,与心理抗拒力呈负相关。美国当代著名犯罪学家杰弗利提出的公式是 B(犯罪行为)= G(生物因素)×E(环境),其认为犯罪行为的形成是社会因素、生物因素及心理因素交互作用的结果。多元性犯罪原因论,相对于单一犯罪原因论更加完善,更能全面反映导致犯罪心理形成、犯罪行为发生的各种因素之间的关系。但是,这一理论并未分清本质和非本质因素、主要和次要因素、偶然和必然因素,因此仍然具有一定的局限性。美国的心理学家艾伯特·班杜拉(Albert Bandura,1925~2021年)认为,犯罪行为不是与生俱来,而是后天习得的,犯罪心理的形成主要有三个方面影响因素:观察学习、凭直接经验学习、生物学因素。

(二)犯罪综合动因论

犯罪综合动因理论是中国学者提出的,一种整合单一因素论和多元因素论的综合理论。该理论认为,影响犯罪的主体内外因素是一个整体系统,而且各因素互为动力,具有整体性、层次性、结构性和动态性。主张将各种影响现阶段犯罪增长的因素按罪因层次排列,并强调犯罪增长的结果是这些不同的犯罪因素彼此联系、相互作用的聚合效应的结果。[1]

---

〔1〕 王顺安:"现阶段我国犯罪现象增长的综合动因论",载《法学杂志》1998年第4期,第14~15页。

青少年犯罪心理的综合研究趋势给我们的启示是，青少年犯罪产生的原因是复杂的，我们对于任何一种单一的原因论都应当持有清醒的怀疑态度。学术界对于青少年犯罪原因的探讨，经历了单一原因论和多元原因论两个阶段。单一原因论（单因论）注重研究的深度，从最深层次挖掘青少年犯罪原因的思路，但是这种理论割裂了事物之间的普遍联系性，无法正确指导青少年犯罪预防和矫正。犯罪心理的形成应当是多种因素综合作用的结果，犯罪心理形成、变化和发展原因是复杂的，不同案件，各影响因素之间也具有先后次序、重要性层次上的差异。

第三章
犯罪心理的年龄差异

马克思主义认为，物质决定意识，人的心理发展的物质基础是生理因素。犯罪自然人的犯罪心理的产生，离不开其生理基础。而自然人的生理基础主要包括年龄、性别、生理发展成熟的程度、神经类型、异常生物学因素等。因此，犯罪心理的年龄差异确实是客观存在的。通过对犯罪心理的年龄差异进行比较研究，有助于发现不同年龄的人犯罪心理的不同、青少年犯罪行为和犯罪心理的特征，以及防范犯罪的策略。

犯罪心理的年龄差异是指犯罪率、犯罪数量、犯罪类型等在不同年龄段人口中分布规律上的不同。

一、"君子三戒"的现代启示

（一）孔子的"君子三戒"

中国古代有君子三戒的说法，来源于论语。《论语·季氏》中记载："君子有三戒：少之时，血气未定，戒之在色；及其壮也，血气方刚，戒之在斗；及其老也，血气既衰，戒之在得。"孔子认为君子有三种事情应当引以为戒：少年主要戒色、壮年主要戒斗、老年主要戒得。

(二)"君子三戒"怎么戒?

孔子关于君子三戒的说法,是很有道理的。那么,到底怎么戒?孔子并没有给出答案。给出答案的是宋朝的朱熹,他在《论语集注》中引用范氏的话说:"少未定,壮而刚,老而衰的是血气;戒于色,戒于斗,戒于得的是志气。君子养其志气,故不为血气所动。"这实际上也就是《孟子·公孙丑上》中,孟子所说的"持其志,无暴其气"。也就是说,用意志、志气控制血气,目标坚定、理想笃定就是"志",坚持不懈、一鼓作气就是"气",就是坚持不懈的信念,理想指引的方向就是"向",因此就是用科学的、高尚的理想信念控制冲动、控制意气用事。理想信念既包括做事方面的理想信念,也包括做人方面的理想信念。

(三)"君子三戒"的现代启示

君子三戒的说法,对于我们现在来说也有很大的借鉴意义。我们应当明确生理年龄对青少年特别是未成年人身体、心理的影响,头脑清醒,有所戒惧。

人在不同的年龄阶段面临的主要矛盾各不相同。因此,在不同的人生阶段,人生修养中应当重点注意的事项必会有所不同:年少的时候,血气尚未成熟,主要应当戒除对美色的迷恋。戒的主要是性的问题,要注意避免性违法犯罪。家庭、学校、社会和网络平台等,都要注意共同避免青少年受到黄色淫秽文学影视作品、黄色网页、黄色网站的不良影响,引领青少年保持身体和心理的健康发展,引领青少年平安度过青少年时期,维护家庭的稳定、社会的稳定。等到人身体成熟了、到了壮年了,血气正盛,应当注意戒除的点又转移了,主要在于避免与人争斗、打斗、打架斗殴、争强好胜。这些方面处理不好,则有可能会引发违法犯罪。等到老年,血气已经衰弱了,应当注意戒除的点，主要在于避免贪得无厌。

二、犯罪心理的年龄差异概述

犯罪心理的年龄差异是指犯罪人由于年龄差异而产生的犯罪心理差异。

（一）犯罪率方面的年龄差异

一般来说，青少年包括未成年人的犯罪率较高；处于更年期的人的犯罪率也会出现一定的上升趋势。这是由于更年期时性激素波动或减少，会产生一系列以自主神经系统功能紊乱为主，伴有神经心理症状的综合征，使人出现以下心理特点：情绪不够稳定，容易激动、易怒、容易紧张焦虑；注意力不够集中，无法集中思想；心理敏感性大大增强，容易敏感多疑；等等。在法国，对于每一种犯罪，犯罪者的人数在特定的年龄达到顶峰：性攻击在 14 岁时较为常见，盗窃和暴力在 16 岁时较为常见，毒品犯罪在 18 岁时较为常见，道路交通犯罪在 22 岁时较为常见。[1]

（二）犯罪类型上的年龄差异

这种差异是相比较而言的特点，实际上绝大多数犯罪是所有年龄段的人都可能有的。但是，一般来说，在少年期，犯罪大多是两类，一类是较为简单的常见罪行，例如盗窃及其他轻微的罪行，另一类是计算机犯罪即网络犯罪。在青年期，暴力性犯罪包括较严重的侵犯人身权利的犯罪的数量和比例增加。在中年期，犯罪多为专业性较强的罪。在老年期，犯罪多为窝藏、教唆、奸淫幼女、传授犯罪方法及纵火等。

---

[1] 苏元琪：“法国的青少年犯罪预防项目”，载《现代世界警察》2023 年第 6 期，第 50~53 页。

(三) 犯罪手段上的年龄差异

这种差异也是相比较而言的,实际上,绝大多数的犯罪手段是所有年龄段的人都可能采取的。但是,相比较而言,青少年的犯罪手段和方式往往带有情景性、冲动性、体能性、团伙性、缺乏预谋性等特点。中壮年人的犯罪手段和方式,往往带有预谋性、欺骗性、智力性等特点。老年人的犯罪手段和方式,往往带有非体能性、单独性和情景性等特点。

三、中壮年犯罪心理的对比分析

2006年发生的邱某华特大杀人案属于较为典型的中壮年人犯罪。邱某华残忍地砍死了九男一女,后被人民法院以故意杀人罪判处死刑并被依法按照程序执行枪决。

(一) 中壮年犯罪心理内涵

中壮年犯罪心理是指中壮年犯罪人的犯罪心理结构特征和产生、发展、变化规律。从发展心理学角度看,中壮年是壮年期和中年期的统称,年龄从26周岁至60周岁。从犯罪形态看,中壮年人犯罪是犯罪的最典型的形态。从犯罪数量来看,中壮年人犯罪在全部刑事犯罪中仍占有较大的比例。中壮年人犯罪,特别是职务犯罪,直接关系到廉政建设和社会风气。

(二) 中壮年犯罪人的心理和行为特征

一般而言,从生理发育特征方面来说,进入壮年期,人的生理、心理基本上发育成熟,并长时间保持着较高的水平。从认识特征方面来说,中壮年人的认识范围广,理解能力强。从情绪情感特征方面来说,情绪较为稳定,中壮年人犯罪的理性色彩较重。从意志特征方面来说,中壮年人意志坚定,一旦确定某种犯罪目的后,就会不惜一切代价。从个性特征方面来说,中壮年人的个性基本定型。首先,需要复杂多样;其次,性格逐渐定型,能力强、知识经验丰富。所以,他们的犯罪手段非常隐蔽、高明,充满了智能化特征。

中壮年犯罪人的犯罪行为大多具有以下三个典型特征:预谋性、独立性、功利性。相较于青少年犯罪的突发性和偶然性,中壮年人犯罪更多的是经过深思熟虑的,预谋性和智能性更强,犯罪类型一般表现为对财富事业的贪欲和现实可能性的冲突。[1]

(三) 中壮年人犯罪心理的预防和矫正

中壮年人一般身强体壮、年富力强,家里上有老、下有小,是家庭的顶梁柱,在家庭中的影响力比较大;在工作中正处于事业上的黄金期,在单位一般处于相对比较关键的岗位。而且,中壮年人是社会的中坚力量,又要忙事业,又要忙家庭,所面临的压力种类多、分量大,如赡养老人、教育子女等等责任和压力。因此,家庭、社区、社会对中壮年人的心理健康应当给予应有的重视。中壮年人也要学会自我排解,管理好自己的健康,包括心理健康,要依法办事,依法解决各种矛盾和纠纷。中壮年人犯罪心理的矫正有劳改场所矫正等。

有不少犯罪心理学家,都分析过邱某华犯罪心理形成的原因。邱某华犯罪主要的原因有:童年的不幸遭遇;生活上不如意;社会关系处不好;妒忌妄想;被害妄想等。形成邱某华的犯罪行为的直接因素是他情绪与心理的失控,这最终让他不堪心理重负,产生犯罪行为。邱某华特大杀人案发生后,关于邱某华是否有精神病,是否有完全的刑事责任能力,精神病专家、犯罪心理学家们还曾经有过激烈的争论。邱某华的犯罪手段极

---

[1] 单钰淇:"基于混沌理论的犯罪心理生成机制研究",载《系统科学学报》2019年第1期,第126~129页。

其残忍，对其中一位被害人剖腹挖心、切成丝下锅炒熟放在一个盘子里，这应当属于"变态人格"。但是，邱某华杀人后逃跑，具有逃避惩罚的意识和能力，在看守所还会写诗甚至准备写书，表示自己愿意当反面教材，教育下一代知法守法。综合分析，他应该具有刑事责任能力。

邱某华的案件再次印证了孔子的话："君子有三戒……及其壮也，血气方刚，戒之在斗……"邱某华怀疑别人欺负他妻子，怀疑妻子对不起自己，甚至怀疑孩子不是自己的。有怀疑、有纠纷、有矛盾一定要依法解决，不能好勇斗狠，违法犯罪。

四、老年人犯罪心理的对比分析

（一）老年人犯罪心理内涵

老年人犯罪心理是指老年犯罪人的犯罪心理结构特征和产生、发展、变化规律。

分析老年人的犯罪心理，主要是进行对比性研究，目的还是为了突出对青少年犯罪心理特点的认识。按照《老年人权益保障法》第1条的规定，老年人是指60周岁以上的人，因此老年人犯罪心理是指60周岁以上犯罪人的心理。

进入老年期，人的身心会发生一系列的变化。如果老年人不能有效地调节和适应这些变化，那么就有可能出现歪曲的解脱方式，甚至产生违法犯罪行为。

根据最高人民检察院网站的报道，2018年夏天，年近九旬的老袁在上海虹桥火车站盗窃商铺内的行李箱后，并若无其事地将偷窃来的行李箱带到厕所，而这并不是他第一次盗窃。老袁从2006年开始第一次盗窃，随后隔几年就有一次盗窃行为。为此，老袁曾经多次被公安机关行政拘留，2010年，其被上海市浦东新区法院以盗窃罪判处管制；2018年，其又因盗窃被上海市徐汇区法院宣告缓刑。[1]怪不得,孔子说老年人要戒除"得",不能贪得无厌。实际上,所谓君子三戒,只不过是比较而言的,所有年龄段的人都应当戒除贪得无厌。

(二)老年人犯罪的生理、心理和行为特征

第一,一般来说,老年人的体能普遍有所退化,感觉系统、智力系统甚至神经(精神)系统的功能以及性机能也会发生退行性变化。这就决定了老年人不太可能像青少年那样实施暴力性犯罪。即使老年人使用暴力,所侵害的对象往往也是儿童、残疾人(特别是精神残疾人)和其他老年人。

第二,每一位老年人体能方面的退化,感觉系统方面、智力系统方面甚至神经(精神)系统的退化以及性机能的退化的速度并不均衡,不同的老年人之间情况也并不一致,还要具体情况具体分析。

第三,老年人可能会发生老年智力障碍,甚至神经性(精神)障碍,可能导致认识发生错误,甚至无法认识自己行为的社会危害性。因此,在必要的情况下,需要通过司法鉴定来确定老年人的刑事责任能力。上述盗窃案中,经过司法鉴定,老袁患有血管型的痴呆。同时,证明他在案发时以及现在都处于发病期。也就是说,老袁案发时没有刑事责任能力,目前也没有受审能力,检察机关依法未追究他的刑事责任。[2]

第四,老年人随着年龄的变化,逐渐退出工作岗位,子女以及原来工作中的同事逐渐离开自己,不仅各种基本的认识能力逐渐下降衰退,而且会发生情绪情感的变化,容易产生消极的情绪,情绪体验强烈,情感需要经常得不到满足,往往情感变化剧烈,具有疑心病。在意志特征方面,机体控制能力和精

---

[1] 周强、谢文英:"老人涉案'不为财'",载《检察日报》2019年7月2日。
[2] 周强、谢文英:"老人涉案'不为财'",载《检察日报》2019年7月2日。

神控制能力可能变低，长期的行为方式难以改变，具有保守性、固执性，因此老年人犯罪往往难以矫正，复发率较高。

第五，从行为特征上来说，老年人已经不再具有良好的体能了，老话说"树木老叶儿稀，人老猫腰把头低"，因此，一般来说，老年人的犯罪手段具有非暴力性。老年人相对较少受到亚文化群体的影响，因此，老年人的犯罪形式一般具有单独性。淮南市检察院办理的老年人犯罪案件中，单独犯罪人数46人，占全部老年人犯罪人数63.01%；共同犯罪人数27人，占比36.99%，同时罪名相对集中在故意伤害和故意毁坏财物两罪。[1]

第六，老年人犯罪心理产生的原因也是各不相同的，各种动机都有：追求享乐、斤斤计较、精神空虚、倚老卖老、蔑视法律。但是，老年人的社会需求毕竟越来越少，因此，能够引发老年人犯罪的因素也相对较少，这就使得老年人犯罪的种类相对比较集中。淮南市检察院还披露，截至2015年10月，办理的老年人犯罪案件中涉嫌故意伤害、杀人等暴力性犯罪12名，占比16.44%；涉嫌贪污案贿赂案件9人，占比12.33%；涉嫌盗窃、诈骗和敲诈勒索8人，占比10.91%；涉嫌性犯罪（包括强奸、猥亵等罪名）和故意毁坏财物犯罪各5人，分别占比6.85%；涉嫌职务侵占犯罪3人，占比4.11%；涉嫌其他罪名5人，占比6.85%。财产类犯罪、职务犯罪和故意伤害、强奸等暴力性犯罪人数占老年犯罪总数的比例总体上升。2003年至2007年分别占5.48%、1.37%、5.48%；2008年至2012年分别占2.74%、9.59%、12.33%；2013年至2015年10月分别占12.33%、

---

[1] 李媛媛："老年人犯罪分析"，载http://www.huainan.jcy.gov.cn/swyj/201601/t20160121_1746112.shtml，访问日期：2023年3月20日。

5.48%、6.85%。[1]

第七，部分老年人犯罪是由于家庭关系或者社会关系障碍。在老年人犯罪中，有一部分是因为人老被冷落、家庭生活适应障碍、空巢生活无人照料、生活无着落、遭受家庭成员的虐待，还有一部分是因为对退休生活的社会适应障碍。著名的美国电影《肖申克的救赎》里，就有一位不适应社会，喜欢待在监狱里的老年人——监狱图书管理员布鲁克斯，后来出狱后，无法适应社会，自杀了。

因此，全社会要加强对老年人的关爱。老年人应当有意识地多参加有益的活动，与时俱进，多学习新知识、新技能，常出去走走。老年人的晚辈、近亲属应当尊敬老人、爱护老人，常回家看看。大家对丧偶老年人的再婚应理解和尊重。全社会在加强普法工作时，不能忽视老年人群体，这样才能使老年人的法治意识水平与社会同步。有关部门应当加强对老年人社区矫正工作的重视和支持力度。

全社会应当加强对老年人的心理关爱，加强对老年人的监护。同时，应当加大老年人思想道德教育和法治教育，帮助其树立正确的人生观和价值观。事实上，从我国的实际情况来看，绝大多数老年人文化程度不高，法治观念淡薄。因此，要加大对老年人普法教育的力度，可以根据老年人的特征，采取老年人喜闻乐见、愿意接受的方式，加大新闻宣传力度，对老年人进行深入浅出的法治教育，加强其法治理念，使其知法、学法、懂法。[2]

---

[1] 李媛媛："老年人犯罪分析"，载 http://www. huainan.jcy.gov.cn/swyj/201601/t20160121_ 1746112. shtml，访问日期：2023 年 3 月 20 日。

[2] 李媛媛："老年人犯罪分析"，载 http://www. huainan.jcy.gov.cn/swyj/201601/t20160121_ 1746112. shtml，访问日期：2023 年 3 月 20 日。

五、青少年犯罪的心理行为特征和原因分析

我国青少年犯罪心理学中的青少年时期,主要是指12周岁至25周岁,广义上也包括12周岁以下。

(一) 充满心理冲突的青春期

一般来说,人在青少年时期快速发育,身高和体重迅速增长,第二性征开始出现和形成,内分泌系统变化很大,身体的各项机能发育都接近成熟。但是伴随着成长,青少年也出现了很多的身心矛盾,主要体现为:旺盛的体力、脑力、精力与调节能力低之间的矛盾;身体、精神的兴奋性高与意志控制能力低之间的矛盾;性发育逐渐成熟与道德法治观念缺乏之间的矛盾;个体逐渐萌发的独立性意识与经济上、精神上、经验上的依赖性之间的冲突;对于各项事务的好奇心强烈与辨别能力、判断能力相对较低之间的冲突;强烈的情绪冲动、情绪爆发特点与理智控制相对较弱之间的冲突;等等。

(二) 没人管的史进和自卑嫉妒的贾环

《水浒传》中的九纹龙史进史大郎,出场时约有十八九岁、身上纹身面积很大很显眼(九条龙),属于典型的正处于青春期的青少年,因为他正处于逆反期,所以他妈妈批评他,他不听,导致他妈妈怄气死了。本来九纹龙史进继承了他父母的遗产,作为一个庄主生活得衣食富足、无忧无虑,但因为年少无知、江湖义气,受到少华山三个土匪头领"神机军师"朱武、"跳涧虎"陈达、"白花蛇"杨春的诱骗,与土匪勾结到一起,最后落得个家业破败、亡命天涯。后来,又被妓院里的相好李瑞兰出卖一次。最后,史进死时也才大约30岁。可以说,害他的就是"江湖义气"思想。另外,由于父母双亡,史进的社会支持系统出现了问题,使他不仅守不住父母留下的大好基业,而且把自

己搞得穷途末路。

家庭地位的不平等也可能导致青少年产生嫉妒心理而做出不良行为、严重不良行为甚至违法犯罪行为。《红楼梦》里面就记载了贾环因为自己不是太太生的（贾环的母亲赵姨娘的身份是妾）而自卑、嫉妒，甚至心理扭曲，把滚烫的灯油泼在贾宝玉的脸上，想烫瞎他的眼睛。

（三）青少年犯罪心理的特征和成因

犯罪的青少年往往具有贪财、满足性欲、游乐、自我显示、好奇尝试的动机。有的青少年颓废、悲观绝望，看不到前途和希望；有的青少年犯罪人性格、人格存在缺陷，由于知识结构和人生经验尚不够完善，他们往往看问题比较片面，缺乏大局意识，容易产生错误认识。

青少年在行为方面具有模仿性，在心理方面具有易受暗示的特点。青少年犯罪很多都具有一定的情境性、戏谑性、情绪性、冲动性、暴力性、团伙性、互相感染性和容易复发性。

青少年犯罪心理产生的原因很多、很复杂而且不能一概而论，青少年的心理发育、智商、情商尚未完全成熟但是体能强壮、精力充沛，往往在休息睡眠、上学、上班等方面欲求最多、最强烈，但是满足欲求的机会却相对不足，他们遇到的矛盾往往最多、最复杂，但是解决矛盾的个人能力却相对不足。由于现代社会物质条件逐渐好转，青少年营养状况大大改善，青少年普遍生理早熟，这可能导致青少年性犯罪年龄趋于低龄化。另外，不良网络文化、社会腐败现象都对青少年犯罪心理起到了一定的刺激作用。

六、青少年犯罪的预防与矫治根据

目前，我国针对未成年人犯罪的专门立法有《未成年人保护法》《预防未成年人犯罪法》等。有关未成年人刑事案件诉讼程序的法律,还未单独制定,只是在《刑事诉讼法》中对未成年人刑事案件的诉讼程序进行了简单的规定,没有专门的《未成年人刑事诉讼法》。但是,我国在各级法院和检察院成立了少年法庭和未成年人刑事检察处、科,实行未成年人刑事案件不公开审判制度、未成年人刑事讯问和审判时法定代理人到场制度、未成年人前科消除制度。

《预防未成年人犯罪法》于1999年6月28日通过,历经2012年10月、2020年12月两次修改,通过的机关是全国人民代表大会常务委员会,属于基本法律以外的其他法律,层级还是相对较高的。《预防未成年人犯罪法》明确提出了五个方面的预防措施:预防犯罪的教育(第二章);对不良行为的干预(第三章);对严重不良行为的矫治(第四章);对重新犯罪的预防(第五章)。该法明确规定,预防未成年人犯罪,要立足于教育和保护未成年人相结合,坚持预防为主,提前干预,对未成年人的不良行为和严重不良行为及时进行分级预防、干预和矫治,比起2012年的对应条文,在"预防"前增加了"分级"一词,并增加了"干预"一词。该法明确规定,预防未成年人犯罪,要在各级人民政府组织下,实行综合治理。国家机关、人民团体、社会组织、企业事业单位、居民委员会、村民委员会、学校、家庭等各负其责、相互配合,共同做好预防未成年人犯罪工作,及时消除滋生未成年人违法犯罪行为的各种消极因素,为未成年人身心健康发展创造良好的社会环境,比起2012年的对应条文,增加"各级人民政府"的组织作用等内容,以"国家机关"替代"司法机关",明显扩大了责任机关的范围,在"做好"前面增加了"共同"一词,明确了各个责任主体互相配合,协同做好预防未成年人犯罪工作的职责。该法明确规定了预防未成年人犯罪,应当结合未成年人不同年龄的生理、心理特点,加强青春期教育、心理关爱、心理矫治和预防犯罪对策的研究,比起2012年的对应条文,在"心理矫治"的前面又增加了"心理关爱"。

青少年特别是未成年人群体正处于心理变化明显、心智从幼稚向成熟过度的时期,他们的辨别是非能力和自我控制能力相对较弱。很多行为带有一定的盲目性和模仿性,容易受到社会上各种不良因素的影响进而违法犯罪。因此,对于青少年特别是未成年人,全社会应当帮助他们远离不良行为、严重不良行为、违法行为和犯罪行为。

第四章
影响青少年犯罪心理形成发展变化的外在因素

影响青少年犯罪心理形成发展变化的外在因素,是指那些影响青少年犯罪心理形成、发展、变化,犯罪主体之外的周边事物。这里的"外在"表示方向、方位,与"内在"相对应。"因素"表示具有一定的因果关系。当然,这里的因果关系,包括但不限于追究法律责任时的因果关系,而是包括一切影响因素。法律责任中的因果关系所对应的原因比较严格,而影响因素则相对比较宽松。

一、犯罪心理成因中的"因"是"行为因"

(一)"行为因"与"结果因"

犯罪影响因素中的"因"是"行为因"而不是"结果因"。犯罪影响因素中的"因"与法律责任要件中的"因"并不相同。影响青少年犯罪心理形成发展变化的外在因素,在不太严格意义上也可以称为外在原因,或者外在成因。但是,这里的原因是一个广义上的概念。不仅与犯罪构成要件中的"因"并不相同,而且与民事侵权责任必备构成要件中的"因"也不相同。

犯罪的构成要件有四个：一是犯罪主体，指具备一定条件的犯罪的人和单位；二是犯罪客体，指刑法所保护的，但是被犯罪行为所侵害的社会关系；三是犯罪的主观方面，指犯罪人在犯罪时的主观心理态度，这属于犯罪心理；四是犯罪的客观方面，指犯罪行为（危害行为）、犯罪结果（危害结果）、犯罪行为（危害行为）与犯罪结果（危害结果）之间的（刑法上的）因果关系，以及某些特殊犯罪（例如非法捕捞水产品资源罪）所要求的犯罪时间、犯罪地点和犯罪方法。例如，张三出于报复心理，用刀砍的方式杀死了李四。那么，张三刀砍李四的犯罪行为（危害行为），就是导致李四死亡这一犯罪结果（危害结果）的"因"。

民事一般侵权责任的构成要件包括四个：一是危害行为（侵权行为）；二是危害结果（损害后果）；三是危害行为（侵权行为）与危害结果（损害后果）之间的因果关系；四是行为人（侵权人）主观上有过错，这属于侵权心理。特殊侵权责任的构成要件有三个，比起一般侵权责任的构成要件，少了第四个要件，也就是不再考察行为人（侵权人）主观上是否有过错。例如，张三出于报复心理，用刀砍的方式砍伤了李四。李四受的伤并不严重，既没有死亡，也没有构成重伤或者轻伤，而只是轻微伤，达不到追究刑事责任的程度。那么，张三刀砍李四的危害行为（侵权行为）就是导致李四受轻微伤这一危害结果（损害后果）的"因"。

（二）"心理因"就是"行为因"

犯罪心理成因中的"因"，并不是造成危害结果的"因"，而是导致犯罪心理产生的"因"。由于犯罪心理不能完全根据自身来确定，否则就会陷入唯心主义泥潭，而必须根据犯罪行为来分析确定,只有这样才能够体现出主观与客观相统一的辩证唯物主义认识论,因此,犯罪心理产生的"因",其实就是导致危害行为产生的"因"。不过,这里是指心理学角度的"因"。

二、时间因素对犯罪心理的影响

犯罪现象和犯罪心理是否具有时间特征?犯罪的时间特征是否会影响犯罪心理的形成、发展和变化?一切客观因素都会客观地发生作用,否则就不会被称为客观因素了。"孟母三迁"的故事告诉我们,青少年基本没有不受客观环境影响的,剩下的问题,就是影响的大小、多少了。

青少年犯罪的时间特征包括季节特征、月份特征和钟点特征等。青少年犯罪的季节特征、月份特征是指在一年四季不同的季节中,以及在同一个季节的不同月份中,犯罪所具有的特殊性规律。在不同的季节和月份中,气温变化不同,人们的服饰多少也不同。夏季天气炎热,性犯罪多发,人的脾气容易烦躁,人身伤害案件多发。冬季人们穿着的衣服变多、变厚、衣服兜变多,兜里放的钱物变多,钱物被偷往往很难觉察,因此盗窃案在冬季多发。但是,在广泛使用移动支付的地方,这种现象已经大为改观。在一天24小时当中,夜间黑暗可能会给盗窃、抢夺、抢劫、强奸带来便利。因此,夜间这些犯罪容易多发。司法实践证明,夜间是自动取款机抢劫案件的多发时间。中午,司机往往困倦、疲惫,容易发生交通肇事案件。

三、地域因素对犯罪心理的影响

在法治国家,无论在任何地方犯罪,都应当受到法律的惩处。但是,这并不妨碍我们研究地域因素对犯罪心理的影响。实践证明,在不同地域是完全可能具有不同的犯罪规律的,因此，应当采取不同的犯罪预防措施。

一般来说，气温相对高的地区比气温相对低的地区的暴力性犯罪更多。但是，赤道附近除外，那里的超高气温反而会对人们的体能活跃程度构成阻碍。高纬度、高寒地区也除外，那里的高寒反而会导致不少人酗酒，容易产生暴力性行为。

一般来说，在经济发达地区，财富相对更多。因此，财产类犯罪可能比人身伤害类犯罪多。但是，经济发达的地区往往社会治安也较好。因此，这个规律也不尽然。在流动人口较多的地方，难以形成长期的人际关系，形成的大多是陌生人关系，卖假货的违法犯罪就相对较多，如在车站等人员密集、陌生人多的地方，假货一般都是卖给过路的陌生人，即使陌生人发现买的东西是假货，也无法通过拒绝二次购买来进行抵制，因为陌生人已经离开了这个地方，并且短时间内再次到这个地方来的概率比较小。实践证明，流动摊贩卖假货的概率一般大于固定摊位摊贩卖假货的概率，也是由于这个原因。农村与城市的犯罪现象也有差异，一般来说，城市的财产型犯罪率相对较高，而农村的暴力型犯罪相对较高。

四、人的因素的影响

这里人的因素，是指"外在"的人的因素，主要是指犯罪人本人以外的其他人的因素，包括被害人、证人、其他围观者、其他同案犯、亚文化群体中其他成员的影响等。有的案件存在被害人激怒犯罪人的情况，还有的案件，是由于其他人激发的或者围观者起哄引发的。古语说"近朱者赤，近墨者黑"，同案犯（共同犯罪人）之间会互相影响。在亚文化群体中，群体会对个人意识产生很大的影响，个体意识会与群体意识互相渗透、互相作用。

2015年9月18日，最高人民法院官网发布发生在校园内的刑事犯罪典型案例，其中一个案件是许某某故意伤害案。

基本案情：2014年9月23日、24日，被告人许某某（未满15周岁）因走路姿势、发型等遭到同为某中学学生的被害人林某某等人的指责而心生怨恨，扬言要殴打林某某。2014年9月24日下午课间，被害人林某某、黄某某、翁某某以及在校生宋某、吴某、陈某某等人将被告人许某某约至该校教学楼厕所，许某某从宿舍携带一把水果刀赴约。在厕所内，被害人林某某及陈某某等人用手打、用脚踢被告人许某某。随后被告人许某某在遭到围殴的情况下，抽出随身携带的水果刀将被害人黄某某、林某某、翁某某刺伤。经鉴定，被害人黄某某、翁某某的人体损伤程度为重伤二级，林某某的损伤程度为轻微伤。

裁判结果：福建省莆田市荔城区人民法院经审理认为，被告人许某某故意伤害他人身体致两人重伤、一人轻微伤，其行为已构成故意伤害罪。鉴于被告人许某某犯罪时未满16周岁，归案后能如实供述自己的罪行，且被害人在本案中具有过错，应予以减轻处罚。被告人许某某的犯罪行为致附带民事诉讼原告人黄某某、翁某某遭受经济损失，应负赔偿责任。本案中，附带民事诉讼被告人某中学作为管理者未能发现分属不同班级的多名学生在上课期间聚集在厕所滋事，并致许某某持械刺伤黄某某、翁某某，某中学对该伤害后果应承担一定的责任。据此，依照《刑法》有关规定，以故意伤害罪判处被告人许某某有期徒刑1年6个月，其法定代理人以及某中学按照各自应承担的份额分别赔偿黄某某、翁某某医疗费等各项经济损失共计人民币31万余元。

典型意义：本案是一起因同学之间的纠纷而引发的典型校园伤害案件。究其原因，一方面，在学校中，同学间因琐事起

第四章　影响青少年犯罪心理形成发展变化的外在因素

争执是非常常见的。未成年人在自控能力薄弱的情况下，铤而走险，不计后果，这是未成年人犯罪的一大特点。在本案审理过程中，法庭调查发现，被告人许某某性格内向，不爱与家长、老师沟通，在受到同学言语挑衅后，一时冲动刺伤同学，最终导致本案的发生。因此，当与同学因琐事发生摩擦后，应当通过双方自行协商或者报告给老师、家长等正当途径解决，不能意气用事，甚至动手、动刀。另一方面，学校对学生负有教育、管理、保护的职责，学生在校上课期间发生故意伤害事件，学校亦要承担相应的责任。所以说，预防未成年人犯罪，需要全社会的共同努力。

　　这个案子再次证明，如果一个人在某个方面看你不顺眼，那大概率不是你在某个方面确实做得不好，而是由于他本来就看你不顺眼，所以，才会发现你身上有他看不顺眼的地方。一个人采用什么样的姿势走路是他的个人自由，也许是连他自己都无法改变的一种客观存在。一个人留什么样的发型，也是他的个人自由，他人无权干涉和嘲讽。从理论上讲，一个人留什么样的发型，也和他的心情、心境，以及表达心情、表达心境的方式有关。因此，一个人留什么样的发型，其实是他的表达自由。所以，这应当属于言论自由的范畴，而言论自由是受到宪法保护的公民的基本权利和自由。一般来说，侵犯他人的任何合法权利和自由，都有可能会引发社会矛盾和冲突，除非被侵犯合法权利和自由的那个人逆来顺受。而我们凭什么采用双重标准？对自己的要求那么低，自己可以随意地侵犯他人的权利和自由，对别人要求那么高、那么离谱，要求别人逆来顺受。这至少是不公平、不公正的，不是一视同仁的，没有把别人当作和自己一样应当受到法律平等保护的和平等尊重的权利主体。傲慢的根源是"人分贵贱"的偏见，是对社会主义核心价值观中"平等"和"自由"的践踏。英国作家简·奥斯汀有一本小说《傲慢与偏见》，这本小说的名字起得确实比较科学，傲慢的人，大多是有偏见的人。我们要教育青少年消除偏见，一方面，像尊重自己的权利和自由一样尊重他人的权利和自由；另一方面，即使一个人不尊重自己的权利和自由，那么，他也要尊重他人的权利和自由。因为尊重他人的权利和自由是有最低标准的，这个最低的标准就是宪法和法律关于公民权利和自由的明文规定。

五、影响青少年犯罪的家庭因素

中国式现代化的重要内容之一就是法治的现代化，在全面依法治国的当今法治社会，家庭教育已经不仅仅是家事，而同时是国事——国家的法治大事，《家庭教育促进法》《民法典》《未成年人保护法》《预防未成年人犯罪法》均规定了父母或其他监护人对未成年人的家庭教育职责。家庭教育法律制度体系不仅仅限于《家庭教育促进法》，家庭教育的责任主体也不仅仅是父母或其他监护人。但是，家庭是预防青少年犯罪的第一道防线，我们应当充分发挥家庭教育对于预防青少年犯罪特别是未成年人犯罪所具有的不可替代的重要作用。

2014年5月，习近平总书记在与北京大学师生座谈时指出，青少年正处在价值观形成和确立的重要阶段，这就像穿衣服扣扣子一样，如果第一粒扣子扣错了，剩余的扣子都会扣错。人生的扣子从一开始就要扣好。司法实践证明，有一部分青少年正是由于家庭教育不力——《家庭教育促进法》的责任主体不仅仅是父母或者其他监护人——甚至受到了家庭的不良影响，而做出了违法犯罪的行为。

为什么此处提到青少年而不仅仅是未成年人，原因在于根据《民法典》第 1067 条的规定，父母对于未成年子女或者不能独立生活的成年子女有抚养教育的法律义务。也就是说，即使孩子已经成年，但是如果还在接受高中以及高中以下的学历教育，或者丧失、部分丧失劳动能力而无法维持正常生活，那么仍然属于《民法典》第 1067 条规定的"不能独立生活的成年子女"，这也是最高人民法院《关于适用〈中华人民共和国民法典〉婚姻家庭编的解释（一）》第 41 条所明确规定的。

（一）中国式现代化视域下的家庭教育促进法

现代化国家必然是法治国家。2022 年 10 月，党的二十大报告指出在法治轨道上全面建设社会主义现代化国家。可见，法治是实现中国式现代化的保障。既然要在法治的轨道上全面建设社会主义现代化国家，那么法治（轨道）本身的现代化无疑也是中国式现代化的重要内容之一。法治应当以良法促善治，法治现代化应当是法的制定和法的实施从传统向现代的整体的优化。《家庭教育促进法》的制定和实施，就是法治现代化的典型代表之一。

2021 年 10 月，全国人大常委会通过了《家庭教育促进法》，从 2022 年 1 月 1 日起实施。《家庭教育促进法》的颁布和实施在我国的家庭教育历史上具有划时代、标志性的重要意义，它标志着从此以后，家庭教育已经不再仅仅是传统意义上的"家事"，而且也是现代意义上的国家法治大事。

广义的家庭教育指所有家庭成员之间的互相教育，狭义的家庭教育指父母或者其他监护人对未成年人实施的教育。为了集中力量关心教育下一代，《家庭教育促进法》所采用的是狭义的家庭教育概念，即父母或其他监护人对未成年人所实施的培养道德品质、身体素质、生活技能、文化修养、行为习惯等方面的家庭教育。

守护青少年健康成长、预防青少年犯罪和被害是全社会包括家庭而且特别是家庭（家庭是第一道防线）的责任。在全面依法治国的现在，特别是在《家庭教育促进法》产生之后，我们应当依靠科学的法治思想、现代法治力量与专业知识，不断促进家庭对青少年特别是未成年人的心理抚育，不断促进家庭教育向纵深发展。

（二）家庭：变化世界中的动力与责任

1845年春，马克思在《关于费尔巴哈的提纲》中说："人的本质是一切社会关系的总和。"马克思是从广义上来分析人的本质的，即使我们从狭义上来界定一个人的身份，也是需要依靠社会关系的。家庭关系是社会关系的重要组成部分，我们在填写一些社会关系表格的时候，往往是需要填写自己的父母、配偶、子女等家庭情况的，离开了这些家庭关系，我们甚至不能确定一个人和另外一个与自己重名的人是不是同一个人。可见，家庭的重要性确实是毋庸置疑的。家庭决定了一个人的社会关系，家庭关系在广义上是青少年的第一层社会关系网。

1845年至1846年，马克思、恩格斯在《德意志意识形态》中写道："每日都在重新生产自己生命的人们开始生产另外一些人，即增殖。这就是夫妻之间的关系，父母和子女之间的关系，也就是家庭。"这段论述其实充满了哲理，试想如果一对夫妻正处于非常忙碌的事业上升期，恐怕是没有多少时间来考虑生育子女问题的，即使孩子生下来了，恐怕也是没有多长时间来亲自照料孩子的。但是，孩子在未成年时期恰恰特别需要父母的关爱，其他监护人无法完全替代。正因如此，《家庭教育促进法》第17条明确规定，未成年人的父母或者其他监护人应当亲自养育孩子，加强亲子陪伴。此外，家庭有生育繁衍、抚养教育下一代的职能。

第四章　影响青少年犯罪心理形成发展变化的外在因素

20世纪90年代，我国有一首流行歌曲唱到"这世界变化快"，在变化的世界中，家庭的职能显得尤其重要，原因在于家庭相对于社会来说总是稳定的。因此，相对稳定的家庭就能对变化世界中的青少年给予稳定的情感等方面的支持。而且，一般来说，家庭是每个青少年成长必经的环境，青少年的健康成长是家庭教育、学校教育、社会教育等综合作用的结果，但是从某种意义上说家庭是孩子的第一所学校，父母是孩子的第一任老师，因此家庭教育不仅在环节上发生在先，而且影响时间长、影响力大。家庭对于未成年人有重要的情感支撑作用，是青少年的人生加油站。

20世纪90年代，我国由于市场经济大潮的冲击曾经出现过一次离婚高潮，出现了上千万的单亲孩子。根据民政部的统计结果，2014年全国共依法办理离婚登记363.7万对，比上年增长3.9%。这意味着自2003年以来，我国离婚率已经连续12年呈递增状态。有分析认为，男女沟通方式有差异而激发矛盾是离婚的原因之一。[1]离婚解除的是夫妻之间的法定关系，也许意味着夫妻双方的解脱，但却可能是子女开启长期情感上痛苦的开始。

2018年9月，习近平总书记在全国教育大会上指出，家庭是人生的第一所学校，家长是孩子的第一任老师，要给孩子讲好"人生第一课"，帮助扣好人生第一粒扣子。在全面建成小康社会消除绝对贫困的基础上，在绝大多数家庭中，物质抚养上的匮乏已经不再是一个特别紧迫的问题，而品德教育、心理抚养则日益显得重要。而且《家庭教育促进法》把《民法典》中父母或其他家庭成员对未成年子女的家庭抚养教育义务明确扩

---

[1] 王丹蕾："民政部：我国离婚率连续12年递增"，载http://news.cnr.cn/native/gd/20150629/t20150629_518992648.shtml，访问日期：2023年3月20日。

大到心理抚育等范畴，规定"关注未成年人心理健康"。《家庭教育促进法》第17条规定未成年人的父母或者其他监护人实施家庭教育，应当关注未成年人的心理发展状况。如果作为孩子第一任老师的家长不称职，那么孩子人生的第一粒扣子就会被"扣错"。原生家庭对青少年的思想、言行可能产生不良影响，这已被很多事实所证明。家庭所具有的"育人"功能是至关重要的，但是这恰恰也是容易被忽视、容易出问题的。

2022年1月1日生效的《家庭教育促进法》第2条所明确列举的具体的家庭教育内容，包括道德品质、身体素质、生活技能、文化修养、行为习惯等方面。根据《家庭教育促进法》的规定，这里的"等"字显然还包括很多，例如学理上所研究的心理抚育、亲子陪伴均属于家庭教育，《家庭教育促进法》也提到了"心理健康"和"亲子陪伴"。广义上的育人包括德、智、体、美、劳各个方面的"育"。其中，"道德品质"教育是排在第一位的，与"文化修养"教育之间还隔着"身体素质"和"生活技能"两种教育。而现实生活中很多家庭似乎忘记了这一点，父母或者其他监护人往往最关注孩子的学业、作业、考试成绩，而恰恰忽视了最重要的道德品质教育。

可见，家庭对于青少年特别是未成年人的职能是个宽泛的概念，既包括品德教育等家庭教育，也包括物质抚养、经济保障——经济职能等不属于家庭教育而属于家庭抚养的内容。在变化的世界中，家庭应当成为青少年发展的稳定支撑。在法治社会中，应当有一定的机制，能够使得家庭对青少年的职能正常发挥出来。从法的功能到法的作用，还隔着一层东西，那就是能够将法的功能发挥出应有作用的法的实施机制。

(三) 影响青少年犯罪的家庭因素

影响青少年犯罪的家庭因素有很多，这里我们不提倡"决定

论"而提倡"影响论",以免陷入偏颇,主要有以下几种因素:

1. 结构或功能缺损家庭

结构或功能缺损家庭是指由于结构因素而导致的家庭不完整甚至家庭的缺失,或由于功能因素而导致了家庭教育缺失的家庭。例如,由于父母死亡或离婚、服刑或其他原因,家庭中丧失了父母双方或一方,导致了家庭结构的不完整,或者由于虽然家庭结构完整但是家庭教育缺失或者不力。父母的情感状况对孩子的影响是不容忽视的。父母之间爆发激烈矛盾,孩子往往夹在中间很尴尬甚至会受到波及,父母离婚之后自己的矛盾暂时解决了,但是留给孩子的是破碎的家庭甚至破碎的爱,离异家庭的子女大多表现出敏感、自卑、孤僻等性格特征,犯罪率也相对较高。父母的疏忽、乏爱甚至遗弃等不当行为,都可能导致未成年人犯罪。2006年6月,黑龙江省大庆市萨尔图区人民检察院的检察官告诉记者:"从已审、在审的未成年人案件分析,涉罪青少年近70%家庭残缺,而且犯罪主要是由于攀比、嫉妒、虚荣心理诱发的。"[1]结构或功能缺损的家庭对于孩子来说,就像漏雨的房子、破了洞的雨衣之于人一样,是无法"遮风挡雨"的。

2. 父母或其他监护人有违法犯罪行为的家庭

父母或其他监护人有违法犯罪行为的家庭是指家庭成员中,主要是长辈家庭成员有违法犯罪行为的家庭。如果家庭成员特别是父母中有违法犯罪者,一方面,青少年特别是未成年人可能会跟着学坏——这符合"模仿论";另一方面,这种不利因素所造成的对该家庭不利的、不良的社会舆论会给这个家庭里的

---

[1] 韩兵、何其伟、李红军:"涉罪青少年70%家庭残缺检察官:攀比、嫉妒、虚荣心理是未成年人犯罪的主要诱因",载https://news.sina.com.cn/o/2006-06-21/08309257842s.shtml,访问日期:2023年3月20日。

青少年特别是未成年人带来一定的思想压力,甚至造成对"原生家庭"破罐子破摔的心理——这符合"破窗理论"。他们忘了其实鸡窝里也可以飞出"金凤凰",只要自己足够努力,原生家庭是无法阻止青少年全面健康成长的。

3. 抚养教育方法不当的家庭

抚养教育方法不当的家庭是指父母或其他监护人抚养教育方法不当的家庭。这里的抚育方法不当,主要包括要求过于严格——要求子女必须事事成功、时时优秀;要求过于宽松;过于以孩子为中心;对不同的子女不能"一碗水端平"而采取差别对待;教育方法缺乏连贯性、一致性;等等。从这样的家庭出来的孩子,最大的问题往往是没有从父母或者其他监护人那里学会正确对待规则。

4. 价值评价方法不当的家庭

价值评价方法不当的家庭是指父母或其他监护人对子女评价方法不当的家庭。这里的评价方法不当,是指父母或其他监护人不能客观、科学地评价孩子,主要体现为夸大、放大孩子的缺点,以偏概全,泛化对孩子负面评价的适用范围等。例如,孩子某次某门课考试成绩不理想,有的父母会教训孩子:你怎么就这么笨;你怎么什么都学不好;你看看谁谁家的孩子哪哪都比你强。其实孩子在小时候,还很难建立起自给自足的、能够自洽的、科学的评价体系,必须依靠周围人的评价来构建自身的价值。这时父母或其他监护人的评价就很容易使孩子产生错误的直觉,将自身行为的价值甚至自身的价值,建立在父母不恰当的评价基础上——这符合"价值条件化"概念,即建立在他人评价基础上的价值评价。再例如,如果男孩子遇到不顺心的事情而哭泣,父母不但不去安慰他,而且还说男孩哭鼻子没出息,那么久而久之这个男孩以后很有可能会选择压抑自己的不愉快情绪,而形成抑郁的性格。如果一个孩子在外面遇到了暴力,而父母却说"我不管,有本事你自己打回去",那么这个男孩子很可能会形成以暴制暴的行为模式。

《家庭教育促进法》第2条明确了实施家庭教育应当受到一个明确目的的约束,那就是促进未成年人全面健康成长。可见,父母或者其他监护人不能仅仅以一句"我都是为了你好"而随心所欲地对待孩子。按法理和情理说,家庭应当为青少年特别是未成年人的人生发展加分,而不是减分。从此以后,家庭教育开始走向规范化、法治化、现代化。正确的价值评价,应当是客观的,科学的,能够通过讲道理引起未成年人心理认同的,可以促进未成年人全面健康成长的。育人尤其是家庭教育中的育人,是生命影响生命的学问,是爱的学问和艺术,这种爱也需要守法——依法爱孩子。

(四)织密家庭教育在预防青少年犯罪方面的法律制度体系

正因为影响青少年犯罪的家庭因素很多,所以在法治现代化的进程中,我们要建设家庭教育的良法善治体系,或者说促进家庭教育的良法善治。

在立法层面,家庭教育综合法律体系的主干是《家庭教育促进法》,这部法律奠定了良好的家庭教育法律制度基础。《家庭教育促进法》的内容包括总则、家庭责任、国家支持、社会协同、法律责任和附则,总共6章55条。该法划定了家庭教育的标准,法律是刚性的价值判断标准,因此,这些规定是家庭教育的底线。不过,家庭教育的法律体系,不仅限于《家庭教育促进法》,还有《未成年人保护法》《预防未成年人犯罪法》《民法典》等。其中,《未成年人保护法》明确规定了"家庭保护"专章,要求家长学习家庭教育知识,接受家庭教育指导。《预防未成年人犯罪法》第15条明确规定,家庭应当对未成年人加强社会主义核心价值观教育，开展预防犯罪教育，增强未成年人的法治观念，使未成年人树立起遵纪守法和防范违法犯罪的意识。《民法典》第 26 条第 1 款规定："父母对未成年子女负有抚养、教育和保护的义务。"当然，更大的法律依据是《宪法》第 49 条的明确规定，父母有抚养教育未成年子女的义务。可见，我国的法律已在此形成了良好的以宪法性规范为基础的制度基础，法治的参天大树有坚实的根系。

因此，需要特别指出的第一点是，家庭教育的法律体系并不仅仅包括《家庭教育促进法》这一部法律。第二点是，《家庭教育促进法》并不仅仅是一部父母或其他监护人"依法带娃"的法。第三点与第二点具有密切的关系，那就是承担家庭教育责任的法律主体并不仅仅是父母或其他监护人。根据《家庭教育促进法》的规定，法律责任主体既包括父母或其他监护人，也包括国家教育行政部门、妇联、关心下一代工作委员会、学校以及社区等社会组织机构。正是由于这个原因，所以这部法律并不叫"家庭教育法"，而叫"家庭教育促进法"。第四点是，家庭教育的内容林林总总，涉及方方面面，但是遵纪守法教育、预防犯罪教育、预防被害教育应当是家庭教育中的底线教育。《未成年人保护法》第 16 条所列举规定的未成年人的父母或者其他监护人应当履行的十条监护职责之九，就是"预防和制止未成年人的不良行为和违法犯罪行为，并进行合理管教"。《预防成年人犯罪法》第 16 条也规定了"未成年人的父母或者其他监护人对未成年人的预防犯罪教育负有直接责任"。

通过分析，我们能得出以下结论：《家庭教育促进法》并不等同于"家庭教育法"。《家庭教育促进法》的着眼点是整个国家和全社会家庭教育的发展，其根源在于家庭教育在现代法治社会的社会化属性。

第四章　影响青少年犯罪心理形成发展变化的外在因素

让我们继续顺着既定思路，进行法治思考，看看能否提出其他问题：

第一个拓展问题是，我们是否还需要在条件具备时出台一部"家庭教育法"？新的"家庭教育法"应当比《家庭教育促进法》更加全面、更加宏观，还是更加具体、更加微观？应当说，《家庭教育促进法》出台后，重在推动其落实、落地，因此即使还需要一部"家庭教育法"，那也应当首先考虑更加具体和微观的一面。

第二个拓展问题是《家庭教育促进法》本身的完善。科学的立法应当反映社会发展的客观规律，符合人民意愿，能够解决社会现实问题。社会规律主要包括社会的主要矛盾、社会发展的方向和动力等，而这些总是在发展变化的。因此，在法律制度的完善方面，永远是没有最好只有更好。"完善法律体系是一个永无止境的任务。"2011年3月，全国人大常委会法工委副主任信春鹰表示，"社会生活没有止境，法律体系的完善也没有止境，社会的发展永远会给法律体系提出新的任务和新的要求。"[1]

无论是《宪法》还是《民法典》所规定的父母或其他监护人对未成年子女的教育权利和义务，都是比较宽泛的。《家庭教育促进法》所规定的家庭教育范围同样比较宽泛，包括德育、体育以及生活技能、文化修养、行为习惯等方面的教育，这种包罗万象式的、泛化的规定后面还带有一个"等"字，固然有其管辖范围广泛的优点，但却总是遗憾地、必然地带有一定的模糊性，对法律的可操作性是一种无形的削弱。我们是否需要《家庭教育促进法》的实施细则？这种实施细则应当以全国性的

---

[1] 王逸吟、殷泓："'完善法律体系是永无止境的任务'"，载《光明日报》2011年3月11日。

实施细则为主，还是以地方法律法规为主，还是二者兼而有之更好？从应然性上来说，当然二者兼而有之更好，因为这更加符合织密家庭教育综合法律制度体系的要求。

（五）促进家庭教育在预防青少年犯罪方面法律制度的实施

比起法律制度的继续完善，当前更加重要的、更加具有紧迫性的是家庭教育法律体系，特别是《家庭教育促进法》《预防未成年人犯罪法》等的实施。法的实施包括执法、司法、普法、守法等基本上除了立法之外的所有环节。以下着重分析执法、司法和普法。

在执法方面，主要应当做好家庭教育法律制度方面的协同执法，做好"国家支持"（《家庭教育促进法》第三章）和"社会协同"（《家庭教育促进法》第四章）这两篇大文章。按照习近平法治思想"为了人民、依靠人民"的立场和原则，把相对抽象的法律制度变成具体的、具有可操作性的、让广大人民群众具有获得感的执法机制，构建家庭教育指导服务网络，加强家庭教育各个主体之间的协同——家校协同、社会协同、国家机关与人民团体、社区、社会组织的协同，并形成好的机制，特别是对家庭教育不良现象的发现、报告、调查、处理等监管机制，以及对正确家庭教育行为的引导机制，促进学校、家庭、社会协同育人机制的进一步完善。

在司法方面，我国的司法机关已经形成了良好的法律适用机制。包括但不限于：

第一，"督促监护令制度"。《家庭教育促进法》第49条规定了当未成年人的父母或者其他监护人不正确实施家庭教育侵害未成年人合法权益时，公安机关、人民检察院、人民法院可以对其予以训诫，责令其接受家庭教育指导。《未成年人保护法》第118条也有类似的规定。据此，人民检察院在未成年人保护工作中，对于履行家庭教育义务不力导致未成年人违法犯罪或者受到侵害的父母或其他监护人，已经形成了较为成熟的督促监护令机制。

第二，未成年人"人身安全保护令制度"，即人民法院对于损害未成年人合法权益的父母或监护人可以发出人身安全保护令。2016年《反家庭暴力法》第4章专门规定了"人身安全保护令"。根据我国的家庭教育法律体系，2022年3月3日，最高人民法院、全国妇女联合会、教育部、公安部、民政部、司法部、国家卫生健康委员会发布了《关于加强人身安全保护令制度贯彻实施的意见》，2022年7月14日，最高人民法院发布《关于办理人身安全保护令案件适用法律若干问题的规定》。但是仍然需要进一步完善"令状"制作、发布、执行的规范，按照"能动司法"原则建立司法机关与执法机关、家庭教育专家之间的协同、联动机制，完善"数字化时代"的智能司法机制。

在普法方面，我们应当充分落实党的十八届四中全会提出的国家机关"谁执法谁普法"责任制，根据《家庭教育促进法》《未成年人保护法》《预防未成年人犯罪法》等的规定，建立具有可操作性的普法制度，不仅要做好本系统内的普法，还要履行向社会普法的职责，建立法官、检察官、行政执法人员、教师、父母或其他监护人对青少年特别是未成年人的普法职责，创新普法形式，做好普法形式和语言的"大众化""青少年化"，以确保普法成效。在全社会培育法治信仰、培育法治思维方式，建立起鼓励积极学法守法，积极宣传法律，依法惩治、谴责违法行为的机制。

预防青少年特别是未成年人犯罪的第一道防线是什么？

第一，从心理和情理上讲，青少年在年幼时（青少年前期），基本上都是在家庭里成长的，父母或其他监护人对他们的影响是第一位的，即使在成年后的一段时期（青少年后期），父母或其他监护人由于血缘或抚养关系，对于青少年也具有其他人所不具有的影响力——此之谓自然情感力，因此家庭是预防青少年犯罪的第一道防线。

第二，从法律条文和法理上讲，《预防未成年人犯罪法》第16条规定，未成年人的父母或者其他监护人对未成年人的预防犯罪教育负有直接责任，发现未成年人有违法犯罪心理或者行为的，应当及时进行教育。教育未成年人遵纪守法，不违法犯罪，这也是对未成年人健康成长的保护；《未成年人保护法》第二章到第七章规定了六种保护，分别是：家庭保护、学校保护、社会保护、网络保护、政府保护和司法保护，其中排在第一位的就是家庭保护；《家庭教育促进法》第14条第1款规定，家庭是第一个课堂，家长是第一任老师。

因此，完全可以说，家庭是预防青少年犯罪的第一道防线。在建设中国式现代化的过程中，我们应当充分发挥家庭作为预防青少年犯罪第一道防线的作用。

六、影响青少年犯罪的学校因素

青少年特别是未成年人的绝大多数时间，一般都是在学校接受教育。因此，学校对未成年人的行为包括某些青少年的违法犯罪行为，无疑会具有一定的影响，至于这些影响是怎样起作用的，则是一个复杂的问题。

但是，有几个显而易见的问题，还是能够取得共识的：

第一，德、智、体、美、劳全面发展，德育无疑是排在第一位的，如果学校的教育内容失衡、单一化，只重视知识的传授——智力教育，而不重视价值的引领、理想、信念、道德、法治教育、特长的培养，那么单纯的"考试分数主义"必然会导致人们认为只有一种人生自我实现的排列组合方式，很多青少年包括未成年人会产生挫折感，对学习失去兴趣、幸福感、前途感。如果只重视智育，不重视德育，那很显然一个人被教给的知识越多，他用来做坏事的可能性也就越大。

第二，如果学校的教育教学方式、方法不当或者教育教学态度有问题，那么，势必会引起正处于青春期的青少年特别是未成年人的逆反心理。

第三，如果学校的教育教学管理出现不民主、不公平等不当现象，会引发学生的心理失衡，组织纪律散漫，对教育失望，不能建立良好的校园人际关系，也可能会产生校园霸凌等行为。如果学校对知识教育上的后进生不重视、疏于教育甚至鄙弃，势必会使他们更加不愿意学习，容易走上违法犯罪的道路。

第四，如果学校缺乏青春期教育，那么势必会使青少年特别是未成年人对性的好奇心无法得到正确的引导，再加上如果学校周边的社区社会环境风气不正、不和谐，网络环境不好，也会刺激青少年包括未成年人的不良欲望，使他们走上违法犯罪的道路。

七、影响青少年犯罪的社会社区因素

影响青少年犯罪的社会社区因素是指对于预防青少年犯罪不利的社会因素和社区因素。

第一，社会环境的好坏与青少年犯罪具有相对密切的关系，青少年特别是未成年人正处于人生的模仿期，容易受到拜金主义、腐化生活方式等社会负面因素的影响。

第二，暴力、淫秽、畸形的"饭圈文化"、低级庸俗的亚文化等，对青少年犯罪心理的形成具有很大的刺激和促进作用。

第三，在数字化时代，网络环境对青少年的价值观、道德

与法治情感、行为包括违法犯罪行为都具有不容忽视的影响。据调查，网络犯罪作为一种新型的犯罪，在青少年的网络犯罪中，有大约70%的犯罪人受到过网络色情、暴力等的不同程度的影响。

网络违法犯罪，并非法律规定的专门术语，而是近几年来人们约定俗成的一个概念。网络违法犯罪行为主要包括两方面的内容：一方面是以计算机信息系统或者互联网络为对象（犯罪对象）而进行的违法犯罪行为，如利用计算机技术攻击他人计算机或网络系统、非法访问存储在目标计算机或网络上的信息、制造传播网络病毒等；另一方面是以计算机网络为媒介进行的违法犯罪行为，如进行网络欺诈、侵犯他人隐私权、传播淫秽物品、诬陷、诽谤等。

不良网络环境，对青少年犯罪起着直接诱发作用。但是，如果将所有受到网络环境诱发的犯罪都归类为网络违法犯罪，则又有概念泛化的不足。因此，网络犯罪行为不包括青少年基于网络诱发而实施的犯罪行为，如因网络暴力、网络色情等信息的影响，而实施的盗窃、抢夺、抢劫、强奸、杀人、伤害等犯罪行为。

我国当前青少年违法犯罪的几大主要原因，就是青春期性教育的缺乏、迷恋电子游戏和网吧、不良的居住环境、交友不慎、人际关系障碍等。最糟糕的是以上原因的综合作用、交互影响。网络在青少年犯罪中，起着很大的诱发作用。参加工作的青少年还可能因为工作环境因素的影响而产生违法犯罪行为，例如，因为工作管理缺陷而产生的滥权、渎职犯罪。

第五章
影响青少年犯罪心理形成发展变化的内在因素

影响青少年犯罪心理形成发展变化的内在因素是指影响青少年犯罪心理形成的主体内因素。犯罪心理的内在影响因素和影响机制，主要包括犯罪动机、犯罪者的智力、气质和性格等。什么是犯罪动机、犯罪者的智力、气质和性格等？通常造成犯罪的动机等因素都有哪些，这些都是可以预防的吗？

一、犯罪动机的概念

犯罪人犯罪的原因，从心理方面来看就是存在犯罪动机。犯罪动机是指自然人实施犯罪行为的内部动力，是促使自然人实施犯罪行为以达到一定犯罪目的的内心起因。

一般来说，犯罪动机发挥作用的机理是由需要、性格、诱因等因素激发、形成犯罪动机，然后通过一定的犯罪方式，外化为犯罪行为。人的需要可以分为合法合理的需要、不现实的需要、不良需要或不正当需要等，激起犯罪动机的需要既包括不良需要或不正当需要，也包括不现实需要，甚至也包括合法合理的需要，因为即使目标合法合理，手段也不一定合法合理。

最能够激发犯罪动机的当然是不良需要或不正当需要,不过,也包括不现实的需要等,例如性满足的需要、自我显示的需要、报复的需要等。

美国社会心理学家、比较心理学家、人本主义心理学的主要理论家亚伯拉罕·马斯洛(Abraham Maslow,1908~1970年),提出了著名的行为科学理论——需求层次理论(Maslow's hierarchy of needs),其在1943年的论文《人类激励理论》中分析了这个理论,他把人的需求分成五类,分别代表由低级到高级的需求。生理需求(Physiological needs)是人类维持自身生存的最基本要求,包括饥、渴、衣、住、性等方面的要求。安全需求(Safety needs)是保障自身安全,避免各种危险和威胁的需求,如避免失业和财产损失、避免职业病侵袭等方面的需求。爱和归属感需求(Love and belonging needs)是指被爱,被需求,被家庭、群体悦纳,社交的需求。尊重需求(Esteem needs)是指名誉和尊严受到尊重的需求。自我实现需求(Self-actualization needs)是指实现自己的能力、潜力、目标的需求。后来,亚伯拉罕·马斯洛又将五大需求扩充为八大需求,在尊重需求之上增加了认知需求(理解和掌握知识的需求)和审美需求(欣赏美的需求),在自我实现需求之上增加了自我超越需求(超越自身的需求)。各种需求像阶梯一样从最底层逐渐层递升高,但这种次序也并不是完全固化。从理论上讲,如果用不合法的手段满足任何形式的需要,都可能诱发犯罪。

二、犯罪动机的特征

一般来说,犯罪动机主要具有以下特征:

(1)内隐性。犯罪动机是犯罪人的主观心理活动,是犯罪人在实施犯罪行为的过程中特有的一种心理现象,是人脑对客观世界的反映,因此具有内隐性。

(2)驱使性。犯罪动机与犯罪行为相对应,导向、驱使产生具有严重社会危害性的犯罪行为。如果自然人的动机引发的不是具有严重社会危害性的犯罪行为,而仅仅是一般的违法、违纪、违德行为,就不属于犯罪动机。

(3)多元性。犯罪人往往并非只有一种犯罪动机,而是多动机的。比如,爱恨情仇、贪财、淫欲等不同动机、不同强度的内容,构成了动态的犯罪动机体系。犯罪动机可以分为主要犯罪动机和次要犯罪动机,一般都是理智无法有效克制欲望产生的冲动。

(4)动态性。犯罪人的犯罪动机往往呈现动态的变化规律。犯罪动机满足前后的变化带有一定的起伏性,甚至周期性特征。

(5)低级性。在犯罪动机中,低级的生理需求引起的犯罪动机往往占多数,而由较高精神需要引起的犯罪动机数量相对较少。

三、犯罪动机的形成原因和条件

一般来说,犯罪动机形成的原因和条件主要包括:一是犯罪人的不良需求。一般来说,一定强度的不良需求产生欲望,当需求和欲望与犯罪对象建立联系的时候,驱使犯罪动机产生,在犯罪动机的驱使下产生犯罪行为,而犯罪行为的结果是满足需求和欲望。二是犯罪人在社会化过程中存在的人格缺陷,导致犯罪人无法控制自己的欲望。三是外部的情境因素,这也是犯罪形成的必要的外部条件,可能会成为产生犯罪动机的外部诱因。

犯罪动机、犯罪目的与犯罪行为的区别如下:一是从产生过程来看,一般犯罪动机在先,目的在后,行为在最后。二是从意识水平来看，犯罪动机常常蕴藏在潜意识中，意识水平模糊；而犯罪目的在意识层，其意识水平清晰；除少数犯罪行为（如激情型犯罪和精神病犯罪）没有明确的犯罪目的外，大多数犯罪行为均有明确的目的，因此，也是有意识的。三是从作用来看，犯罪动机为犯罪提供动力，犯罪目的决定犯罪方向，犯罪行为使犯罪成为事实。

可见，对于故意犯罪来说，犯罪动机是犯罪行为的先导，是促使犯罪行为发生的内在动力或心理倾向。犯罪动机具有激发、指向、维持和调节犯罪行为的作用。报复、陷害、仇恨、贪财、嫉妒等犯罪动机，都可能引发故意杀人的犯罪目的。从这个意义上说，犯罪动机不能决定犯罪的类型和罪名。

但是，在某些情况下不同的犯罪动机、相同的犯罪行为确实可能决定不同的犯罪类型和罪名。例如，犯罪嫌疑人张三到饭店吃饭，饭后以饭菜质量不好为借口拒绝付款，而且向饭店经理索要与饭钱相同数额的钱（总计80多元人民币）作为"精神损失"才算完，经理不同意，犯罪嫌疑人张三便将饭店经理打成轻微伤后逃走。请问：本案构成抢劫罪还是寻衅滋事罪？

应当构成寻衅滋事罪。寻衅滋事罪的目的是破坏社会秩序，而不是故意伤害。本案犯罪嫌疑人的犯罪动机是为了满足耍无赖、贪小便宜等不正常的精神刺激、不健康的甚至变态的心理需要。

根据犯罪动机的不同，可以将犯罪分为物欲型动机犯罪、性欲型动机犯罪、情绪型动机犯罪、复合型动机犯罪等。

四、犯罪者的智力特征

智力不完全等同于智商，二者的侧重点不同。智力是一个人的记忆能力、思维能力、理解能力等，侧重"力"——能力；智商是指智力年龄与实际年龄的比值，侧重"商"（商数）——智力的商数。智力水平的高低并不能决定一个人是否犯罪，但是却可能与犯罪人采取什么犯罪手段密切相关。智力障碍者容易不能控制自己的行为、被人教唆，智力水平高的人犯罪往往重思考、有预谋、会毁灭罪证，犯罪不容易被发现和侦破。

五、犯罪者的气质和性格特征

一般认为，气质并不等同于性格、人格，人格是人的总体上的品格，气质和性格属于人格的重要组成部分和影响因素，其中性格偏重社会性、偏重行为特征；气质偏重生物性、偏重人的神经活动类型；而人格体现的是人的生理、心理素质等总体上相当稳定的特征和倾向。

早在古希腊时期，医学家希波克拉底就提出了气质类型说。气质类型不能决定一个人是否犯罪，二者并不存在必然的因果联系，但是，却往往能影响犯罪类型、犯罪手段、犯罪方式。

苏联生理学家、心理学家伊万·彼得罗维奇·巴甫洛夫（1849~1936年）提出的关于高级神经活动类型的学说里，有关于气质类型的研究。唐僧取经团队中的四个人分别是什么气质的？根据这种气质类型分类方法，《西游记》《水浒传》《红楼梦》里的主要人物分别是什么气质类型？胆汁质的特点主要是直率、热情、精力旺盛、脾气急躁、情绪兴奋性高、易冲动、反应迅速、心境变化剧烈等。孙悟空、武松、李逵基本上就是这样的人。多血质的特点主要是活泼好动、反应迅速、喜欢与人交往、注意力容易转移、兴趣情绪变换快、具有外向性等。猪八戒、王熙凤基本上就是这样的人。胆汁质、多血质的犯罪人，犯罪的类型大多是激情式、报复式、暴力性等。粘液质的特点主要是安静稳重、反应缓慢、注意力稳定、善于忍耐等。

唐僧、林冲基本上就是这样的人。抑郁质的特点主要是情绪体验深刻、孤僻、思维迟缓、具有很高的易感性、善于觉察他人不易觉察的细节、具有内向性等。沙和尚、林黛玉基本上就是这样的人。粘液质、抑郁质的犯罪人，犯罪的类型大多是预谋式、过失型等。

一般来说，无论是气质还是性格，都不能决定一个人是否犯罪；一般的人格特征不能决定一个人是否犯罪，但是，如果不完善的人格特征较为明显，成为某些较为严重的人格障碍，则容易导致犯罪，例如偏执型人格障碍。

有个真实的案例是这样的：曹某某经常怀疑妻子与他人有染，在怀疑心和仇恨心的驱使下，2003年6月18日和10月31日分别将连襟、哥哥杀害。连襟曾经对曹某某说："你不想要家了吗？"就因为这句话，他被曹某某认定为夺妻的坏人。6月18日晚，曹某某连捅连襟数刀致其毙命。后来，曹某某将几乎所有沾亲带故的男士亲友列入报复杀害的黑名单。10月31日晚上，他将四哥杀死。曹某某属于较为典型的偏执型人格障碍患者，在人际交往中表现出冷漠、不合群、嫉妒心强，对环境改变易起疑心，喜欢将自己对他人的怀疑和敌意，通过言行投射到他人身上，然后根据他人的反应来断定自己的判断为"真"，有偏执妄想症状。具有这种症状的人应当及时接受治疗，以免引发家庭暴力，或者产生针对家庭成员之外的人的违法犯罪行为。

虽然性格不能决定一个人是否犯罪，但是，严重的不良性格品质却可能成为违法犯罪行为产生的因素，带有一定的"或然性"。一般认为，下列不良性格特征容易引起犯罪：嫉妒心报复心较强、任性鲁莽、脾气暴躁、胆大妄为、心胸狭隘、敏感多疑、对社会有种种不满、好逸恶劳、好吃懒做、金钱欲强、情绪体验低级庸俗、以自我为中心、缺乏同情心、冷酷无情不求上进、是非颠倒、厚颜无耻、反社会等。这些不良的性格特征可能会在生活习惯、交友取向、行为方式等方面对青少年特别是未成年人带来不利影响，容易导致激情违法犯罪行为的发生；缺乏社会责任感、生活态度轻率等容易导致过失违法犯罪行为。

青少年犯罪人的性格与其犯罪行为之间会互相强化：例如通过犯罪行为满足不良欲望，可能强化原来好逸恶劳、好吃懒做等性格倾向，以致于形成恶性循环；犯罪人在对被害人合法权益的侵犯过程中，"心肠"变得更硬，强化了以自我为中心、缺乏同情心、冷酷无情的性格特征；犯罪人在受到刑罚处罚的否定性评价中，"破罐子破摔"，强化了不求上进、是非颠倒、厚颜无耻等性格特征。

六、犯罪人的自我意识障碍

自我意识即自我的人格意识、自我体验，是指一个人对自己的存在、独立性、实际水平、社会责任家庭责任、身心状况等的认识。犯罪心理学意义上的自我意识障碍，是指一个人在人格意识和自我体验方面出现偏差，导致其不能正确认识到自己是一个独立的法律主体。犯罪人的自我意识障碍也可能引发犯罪行为，例如在自我评价的偏差过大（过分自大等）、对周围缺乏兴趣、没有精神、对社会和他人不负责任、偏重物质享受、无止境地追求物质享乐、彻底的利己主义、感觉丧失自我等方面有较为严重的症状，出现双重人格甚至多重人格、人格转换等对周围环境的意识障碍、对自己和他人的意识障碍等。自我意识障碍容易形成各种违法犯罪的心理基础。所以，我们要促进青少年自我意识的进一步完善。

自我意象（自我意向）是心理学上的一个重要理论，是指建立在对自身的认知和评价基础上的，关于"我属于哪种人"的相对较为清晰的——当然初期可能是朦朦胧胧的——自我观念、自我意识。由于人的自我信念是根据自己过去的经历包括童年经历、根据环境产生的比较意识、根据他人的反应等而顺理成章形成的。因此，人的自我意象往往具有一定的稳定性，比较难以在短期内改变。这样自我意象就好像一个人给自己画的一幅让人深信不疑的像一样，就像设定好了的电脑程序一样，对个人的精神面貌会有一定的影响甚至决定作用。如果一个人的自我意象是失败者，他就会在内心看到一个垂头丧气、沮丧、自卑、无奈、无能、失败、落魄、忧愁、贫寒、庸俗、为生活奔波、安于现状、没有出头之日、好事总是轮不到自己的自我，听到"我真没用、我真傻"之类负面的"画外音"，然后感受到真正的垂头丧气、沮丧、自卑、无奈等，并且不断强化这种意识。这就是俗话说的，你认为你是怎样的一个人，那你就是怎样的一个人。如果一个人的自我意象是一个成功者，那他就会在自己的内心看到一个意气风发、积极向上、不断努力、敢于斗争、敢于胜利、雄心勃勃的、能够超越自己甚至改变世界的自我，然后真的会去努力，感受到奋斗的快乐。

　　美国的心理学家普莱斯科特·雷奇曾经做过一个最有说服力的实验，通过改变某门课不及格的学生的不正确观点（认为自己是一个学习上的失败者），进而改变学生不正确的自我观念、自我意识、自我意象，实事求是地正确地认识到自己只是本次考试不及格而已，那么学生对这门学科的态度也会相应改变，整个学习能力也会改变。

　　自我意象理论告诉我们，为了避免情感伤害，我们应当有健全的自尊心，有自立、自强、负责任的人生态度，有轻松、愉快的心情，不允许自己或他人伤害自己。据有的学者研究，与犯罪预防有关的不利个体因素，还包括染色体异常、脑电波异常等。有的学者认为，染色体异常、脑电波异常可能影响人的行为，其程度甚至堪比精神病障碍。有的学者甚至认为还有体型，例如，美国犯罪学家格卢格克夫妇经过实证研究、量化分析，认为在犯罪人中，身体结构属中胚叶型（斗士型）的最多，而不是内胚叶型（肥胖型）、外胚叶型（瘦长型），一般具有冲动性、攻击性、敌对性、反抗性，发育过程中有异常或障碍、思维易受暗示等。但是，异常的染色体、脑电波等个体特征，不能成为判断谁是犯罪者的决定性因素，因为它带有很大的或然性。

第六章
青少年犯罪心理的主观差异

一、犯罪心理的主观差异内涵

（一）故意犯罪心理与过失犯罪心理

犯罪心理的主观差异是指故意犯罪和过失犯罪在犯罪心理上的差异。故意犯罪心理是指故意犯罪中的犯罪心理状况。《刑法》第14条第1款规定："明知自己的行为会发生危害社会的结果，并且希望或者放任这种结果发生，因而构成犯罪的，是故意犯罪。"最基本的故意犯罪分类是直接故意与间接故意、即时故意与预谋故意等。

过失犯罪心理是指过失犯罪中的犯罪心理状况。《刑法》第15条规定："应当预见自己的行为可能发生危害社会的结果，因为疏忽大意而没有预见，或者已经预见而轻信能够避免，以致发生这种结果的，是过失犯罪。过失犯罪，法律有规定的才负刑事责任。"

（二）"想犯罪"与"不想犯罪"

为了方便区分和理解，在不太严格的意义上，可以将故意犯罪归纳为犯罪人本来就"想犯罪"。例如，《西游记》中的猪八戒强制猥亵妇女，就是故意犯罪，他本来就"想犯罪"。而过失犯罪,可以归纳为犯罪人本来"不想犯罪"。例如,《西游记》中沙和尚过失损坏财物,就是过失犯罪,他本来"不想犯罪"。用本来是否"想犯罪"来区分故意犯罪和过失犯罪,当然只是因为简练、形象。但是,却并不准确,不能区分所有情况下的故意犯罪和过失犯罪,不过,却也能区分大多数情况下的这两种犯罪。因此,这种形象化的、简练化的区分还是有一定的帮助理解作用的。

举例来说,2013年5月,四川省泸州市龙马潭区不会游泳的、明确表示不愿意下水的某少女,却被同去长江边嬉戏的、明知她不会游泳的某少年拉下江中,导致她被湍急水流冲走,少年虽然与他人一起积极施救,但是少女不幸被江水冲走失踪,6月中旬,尸体被发现,经检验,系溺水窒息死亡。二人均未成年,少年主动打电话报警投案。2013年8月,龙马潭区人民法院审理了这起过失致人死亡案,少年最终因过失致人死亡罪被判处有期徒刑3年,缓刑3年。经法院主持调解,达成30万元的民事赔偿协议,取得被害人家属的谅解。[1]该少年本来想犯罪吗?不是的,他本来"不想犯罪"。他的行为是过失引起的,属于过失犯罪。

二、故意犯罪心理剖析

(一) 犯罪决意阶段的心理

在故意犯罪中,决意阶段是至关重要的一个阶段。犯罪决意是指犯罪意图已经决定,犯罪人已经拿定主意犯罪。犯罪决意阶段是指犯罪人形成作案动机的利弊选择阶段,以及犯罪动

---

[1] 周亚强、代春桃:"少女被好友拖下水溺亡 对方过失致人死亡领刑",载 https://www.chinanews.com.cn/fz/2013/08-14/5162366.shtml,访问日期:2022年12月3日。

机由决定向执行转换和过渡的阶段。犯罪决意阶段一般会经历犯意的出现、动机的纠结、对经验、客观条件、有利于犯罪和不利于犯罪的诸因素的分析判断、反复权衡等阶段。

(二)影响犯罪预备心理的因素

影响犯罪预备心理形成、发展、变化的因素,一般包括犯罪人的知识准备、犯罪技术准备、其他犯罪能力准备、犯罪人的性格特征、犯罪经验情况、犯罪情报情况、犯罪障碍情况、犯罪行动方案的设计、犯罪工具的准备、共同犯罪人的选择与勾结,以及其他有关的主客观条件。促成犯罪预备行为实施的、犯罪人以外的外界因素刺激包括被害人的行为、与犯罪无关的第三人的行为、其他共同犯罪人的行为等。

(三)鲁提辖拳打镇关西是正当防卫还是故意犯罪行为的心理分析

《水浒传》中的鲁智深,原名鲁达,官职提辖,其拳打镇关西(郑屠)是正当防卫还是故意犯罪行为?如果属于故意犯罪,到底是故意杀人还是故意伤害致人死亡?

有人说鲁达的行为是正当防卫,理由是鲁达在镇关西手持杀手刀来砍自己——这是严重危及人身安全的暴力犯罪时,出手将镇关西打死,属于维护自身合法权益的正当防卫(特殊防卫行为)。还有人说,鲁达的行为不属于正当防卫,而应当属于犯罪行为,理由是,这场打斗是鲁达精心设计、故意挑起的,他先用买各种类型的肉来找茬,羞辱镇关西,最后成功地激怒了镇关西,让镇关西向自己发起进攻,最后自己再以"防卫"的名义,把镇关西打死,因此,鲁达的行为属于故意犯罪行为。有人认为,鲁达的行为属于故意杀人,理由是他下手很重,最后的结果是把人给打死了。还有人认为,鲁达的行为应当属于故意伤害致人死亡,因为他没有使用犯罪工具,只是赤手空拳,而且只打了三拳,每一拳所打的位置也不一样,没有在同一个位置持续不断地追加、增强打击力量、补强打击后果,镇关西的死亡,应当是出乎鲁达意料的事情。

要认真、有效地回答这个问题,而不是止于闲聊天,我们就可以用上述所说的故意犯罪的突出特点之一是犯罪分子本来"想犯罪"的理论和规律来分析。故意剥夺他人的生命,严重损害他人健康属于犯罪行为,除非构成正当防卫。《刑法》第20条规定:"为了使国家、公共利益、本人或者他人的人身、财产和其他权利免受正在进行的不法侵害,而采取的制止不法侵害的行为,对不法侵害人造成损害的,属于正当防卫,不负刑事责任。正当防卫明显超过必要限度造成重大损害的,应当负刑事责任,但是应当减轻或者免除处罚。对正在进行行凶、杀人、抢劫、强奸、绑架以及其他严重危及人身安全的暴力犯罪,采取防卫行为,造成不法侵害人伤亡的,不属于防卫过当,不负刑事责任。"可见,正当防卫是为了使本人、他人、集体和国家的合法的权利和利益免受正在进行的不法侵害而做出的抵抗、反抗行为。正当防卫的条件之一是防卫目的和意图的合法性——"想防卫";条件之二是必须有不法侵害行为在先,并且不法侵害行为正在进行;条件之三是一般正当防卫不能明显超过必要限度造成不应有的重大损害;条件之四是对不法侵害人本人实施防卫。如果出现了严重危及人身安全的暴力犯罪,以暴止暴进行抵抗、反抗,造成不法侵害人本人伤亡的属于特殊正当防卫,防卫人不负刑事责任。特殊防卫的要件主要有两个:一是必须为了防卫;二是必须有不法侵害行为在先,而且不法侵害行为正在进行。

那么,第一,鲁达拳打镇关西,他本来是"想防卫"还是"想犯罪"?很显然,这场打斗是鲁达精心策划的。他的本意是先激怒镇关西，同时消耗镇关西的耐心和体能，然后出手打镇关西，也就是说在鲁达将肉扔到镇关西脸上的时候，并不存在镇关西对鲁达或者其他任何人的紧急的、急迫的不法侵害行为。镇关西攻击鲁达，是鲁达挑起来的，这属于防卫挑唆（防卫挑拨）。因此，鲁达在心理上并不是"想防卫"——因为本来没有需要防卫的不法侵害。由于鲁达本来就是想故意制造事端然后出手打镇关西，因此，鲁达本来就是"想犯罪"。所以，鲁达的行为不是正当防卫，而是故意犯罪。

第二，鲁达拳打镇关西，确实没有使用任何武器作为犯罪工具，而是使用拳头；确实打击的也不是同一个部位，第一拳打鼻子，第二拳打眼睛，第三拳打太阳穴。这些部位都属于头面部，属于人体要害部位，特别是最后一拳。但是，打击的次数确实不能算多，而且只是用拳头打。另外，最后他看镇关西不动了，嘴上说镇关西诈死，手上并没有继续打，还"寻思道：俺只指望痛打这厮一顿，不想三拳真个打死了他"。因此，镇关西的死，确实出乎鲁达的意料。这说明鲁达本来是"想故意伤害"（痛打这厮一顿），而并非本来"想杀人"。所以说，鲁达三拳打死镇关西的行为应当属于故意犯罪中的故意伤害致人死亡。

故意犯罪的最大心理特点之一，就是行为人本来就"想犯罪"。心理特点对于区分行为人行为的性质，甚至对于定罪量刑的重要性可见一斑。需要说明的是，分析犯罪人的心理特点，还是应当根据犯罪行为的情节来确定，而不能完全根据被告人的供述来确定。否则，就陷入唯口供主义的泥潭了。

（四）荆轲刺秦王中的心理分析

正当防卫要件中的"想防卫"，就是说正当防卫必须具有防卫的主观意图，也就是说，必须出于正当防卫心理。正当防卫心理，是对犯罪意图（属于犯罪心理）的否定和阻断。《史记》中记载的荆轲刺秦王，是一个著名的历史故事。那么，荆轲刺秦王对于荆轲来说是否属于正当防卫？这恐怕是一个复杂的问题，因为这不仅仅牵涉了法律而且还牵扯到历史上诸侯国与诸侯国之间的战争。当时，秦国与燕国实际上处于战争状态，燕国面临着秦国的侵略。因此，燕太子丹派出荆轲和秦舞阳去秦国刺杀秦始皇，确实有一定的防卫性质。但是，也确实有主动攻击、斩首行动的性质。而且，后者因素所占成分更多。因此，我们对燕太子丹派出荆轲和秦舞阳去秦国刺杀秦始皇是否属于法律上的正当防卫，暂时不作过多的分析及进一步的定性。

不过，如果就事论事，那么，在荆轲刺秦王事件中，确实存在着正当防卫。那就是秦始皇在面临着荆轲的刺杀时，做出的用宝剑砍伤荆轲的行为，这个属于正当防卫。秦始皇为了躲避荆轲的攻击而绕着柱子跑，意图是逃跑，因此属于紧急避险。后来，拔出宝剑之后砍伤荆轲的行为，意图是防卫，因此属于正当防卫。荆轲后来的死亡有秦始皇砍伤的因素，也有秦始皇的手下大臣参与攻击荆轲的因素。

可见，意图对于判断行为的性质是非常重要的，而意图就是一种根据行为分析判断出来的心理活动。因而，行为人的心理活动对于分析判断行为的性质是非常重要的。

当然，这里的心理活动必须是那些实际用于指导行动的、付诸行动的心理活动，而不是一刹那涌入脑海的一切的心理活动。

（五）十三岁就杀过人的秦舞阳见秦王为什么害怕？

走笔至此，顺便说一下，作为荆轲副手的秦舞阳，十三岁时就杀过人，可谓勇武过人，他参加刺杀秦始皇时的年龄史书上没写，但是年龄也不大，应该仍然属于青少年。但是，他的心理素质明显不稳定，脸色大变、浑身发抖、无法完成献图、刺杀任务。青少年的心理尚不成熟，这一点即使在犯罪时，也能体现出来。当然，本书在这里并没有认定荆轲和秦舞阳刺杀秦始皇属于犯罪的想法。

三、过失犯罪心理剖析

（一）过失犯罪的心理结构

过失犯罪心理是过失犯罪中的犯罪心理状况。过失犯罪人本来应当预见自己的行为可能发生危害社会的结果，但是由于疏忽大意而没有预见，或者虽然已经预见危害后果但却轻信能够避免，以致发生危害结果的，是过失犯罪。如果行为人认为即使发生危害后果也无所谓，反正某某人跟我关系也不好，他受到伤害活该倒霉，那就不再是过失犯罪心理了，而是"明知"+"放任"的间接故意犯罪心理，属于本来就"想犯罪"了。所以，过失犯罪的心理态度属于本来"不想犯罪"+"疏忽大意"或"过于自信"。

（二）过失犯罪心理与故意犯罪心理的区别

过失犯罪心理与故意犯罪心理不同：区别之一是主观恶性不同，故意犯罪人的主观恶性大，过失犯罪人的主观恶性小；区别之二是故意犯罪人的犯罪意识明确、清晰，而过失犯罪人的犯罪意识不明晰；区别之三是故意犯罪人有明确的犯罪动机与目的，而过失犯罪人则没有明确的犯罪动机与目的，仅是在注意义务履行的品质上有缺陷，偶然因素更大；区别之四是犯罪心理的形成、发展和变化机制不同。故意犯罪一般是先产生犯意——犯罪的意图，后形成犯罪动机，然后再实施犯罪行为，最后产生了危害结果；而过失犯罪则不是这样，过失犯罪是主客观因素的消极影响导致行为人违反了注意义务，进而有了注意与行为方面的失误，最后发生了危害社会的结果。

过失犯罪心理和故意犯罪心理具有很大的不同，产生过失犯罪的心理原因主要是注意义务的缺失和违反。过失犯罪的注意义务分为预见义务和结果避免义务两种，分别与疏忽大意的过失（无认识的过失）与过于自信的过失（有认识的过失）相对应。

(三) 过失犯罪的心理特征

过失犯罪注意义务的缺失和违反主要包括：因疏忽或过于自信而导致的注意安全、注意卫生、注意保密、认真负责等注意义务的违反；因疲劳、困倦等导致的身体状况或者精神意识状态不佳；过分大大咧咧、经常漫不经心的行为态度；因为对社会或者他人不满和怨恨而产生的不负责任的态度；因为敌对、抗拒而产生的消极怠工的态度；对规则、他人和社会冷漠、轻视的态度；骄傲、自负、偏颇的思维方式、工作态度和行为模式等。

过失犯罪人的认识特征主要体现为：犯罪人行为的目的与行为结果不一致；犯罪人的知识经验与分析判断能力的欠缺和不当行使；犯罪人因记忆能力不佳而导致遗忘；犯罪人因出现错觉而产生过失行为等。

过失行为给他人和社会造成的危害不容忽视，但是，判断行为人是否有无过失，应当以通常情况下应尽的谨慎注意义务为标准，至于行为人有无注意义务，应当从法律规定、合同约定、工作职责、经验水平等方面进行判断，这个标准是"人"的注意义务标准，而不是"AI智能机器人"的甚至所谓"虚拟万能造物主视角"的、马后炮式的、过高的注意义务标准。

(四) 影响过失犯罪的心理因素

影响过失犯罪的因素也很多，根据不同的标准可以分成不同的种类。以主体为标准,可以分为主体内因素和主体外因素两类。

影响过失犯罪的主体内因素主要包括心理因素和生理因素两个方面。影响过失犯罪的心理因素主要有:犯罪人对人对事态度不端正不认真;犯罪人发生认知错误、经验体验失真、思维方式片面;犯罪人注意力涣散、分心;犯罪人因恐惧、狂喜、绝望、悲哀等而产生的过分冷淡、悲观厌世、缺乏热情、漠不关心、反应迟钝;犯罪人过分以自我为中心而产生的急躁冒进、自傲自负、任性放纵、懒惰懈怠、粗心大意、过度相信自己的智力、过度相信自己的经验;犯罪人由智力发展程度、遗忘、经验、生理疲劳、心理疲劳、饮酒等原因,导致的经验匮乏、记忆缺失、回忆障碍、记忆抑制、意识混浊、不清醒、急性或慢性脑功能障碍等。影响过失犯罪的生理因素有青少年特别是未成年人年龄太小或粗心;视觉、听觉等感知系统缺陷等。一般来说,人在醉酒状态下生理与心理发生的变化主要有色彩辨识、视觉能力、触觉能力下降,思考判断力、记忆力、注意力下降,情绪不稳、激情冲动、性格暂时改变等。影响过失犯罪的还有习惯性地从事不良行为等因素。

影响过失犯罪的主体外因素主要包括被害人因素、舆论因素、情境因素、工具因素等。被害人因素,即有的被害人对于案件的发生有过错,被称为有责性被害人。在过失犯罪中,被害人也可能存在违法、违规或其他过错行为。例如,被害人作为同乘车人明知犯罪人酒后驾车,但是未阻止犯罪人酒后驾驶机动车辆。社会舆论因素又包括亚文化群体舆论和社会舆论。有的人由于亚文化群体舆论而贸然行事,例如"别人都说酒驾、醉驾、毒驾没事"等;再如,有的人囿于社会舆论、社会风俗而从事过失行为。情境因素包括自然灾害、意外事故、危险工作情境等自然情境和挫折、变故、纠纷等社会情境。工具因素，例如由于犯罪人熟练地掌握某种工具（如机动车）而产生疏忽大意或过于自信心理，容易造成过失犯罪（如交通肇事）；再如，由于使用过于陈旧、性能减退、超过使用年限的工具，也可能出现严重后果；使用最新的、人类尚未完全掌握的高科技工具也容易产生过失犯罪。

第七章
青少年犯罪心理的性别差异

一、犯罪心理的性别差异概述

（一）犯罪心理性别差异的概念

犯罪心理的性别差异是指犯罪心理因性别的不同而产生的差异。从整体上看，女性犯罪的数量大大低于男性。但是，女性犯罪特别是女性青少年犯罪，还具有与男性犯罪不同的其他特点，女性犯罪也是一个不容忽视的社会问题。

我们来分析一个案例：女性青少年林某某、楼某某强制侮辱妇女案，这是最高人民法院公布的福建发生在校园内的刑事犯罪典型案例。

基本案情：2013年4月10日17时许，被告人林某某认为其被陈某某辱骂，纠集楼某某、黄某某（均为未成年女性），到光泽县某中学找该校学生陈某某（未成年女性）欲行报复，因陈某某警觉躲藏，林某某等人寻找未果。当日20时许，林某某通过他人将陈某某约出并带到光泽县某超市后面的巷子里，林某某与楼某某先后对被害人实施打耳光、拉扯头发等殴打行为，致使被害人鼻子流血，之后，林某某叫陈某某"把衣服脱光"，陈某某因害怕哭泣而不敢反抗，遂将衣裤脱光，林某某、楼某某及在场的另两名女学生对被害人围观取笑。其间楼某某使用手机对陈某某的裸体拍摄了十余张照片，尔后将照片通过手机蓝牙传送给在场人员。当晚被害人陈某某即向公安机关报警并到医院就医，经法医鉴定，陈某某的鼻部及面部的损伤为钝物伤，伤情为轻微伤。被告人楼某某与林某某等人得知被害人报警后，将手机中被害人的裸照删除。

裁判结果：法院经审理认为，被告人楼某某、林某某无视国家法律，伙同他人聚众以暴力方法强制侮辱妇女，其行为已构成强制侮辱妇女罪。本院综合考虑被告人林某某、楼某某系初犯，作案时均不满18周岁，主动归案并如实供述犯罪事实，案发后积极赔偿并取得对方谅解，以及案发时在场人员均为女性，被害人裸照被删除，未造成其他恶劣影响等情节，结合司法局建议对被告人适用社区矫正的调查评估意见，决定依法对被告人减轻处罚并适用缓刑，以强制侮辱妇女罪判处林某某有期徒刑2年，缓刑2年；判处楼某某有期徒刑1年，缓刑1年。

典型意义：这起案件的被告人与被害人均是花季少女，事件的发生令人震惊与痛心。审理中法官了解到，被告人楼某某与林某某的父母均离异，二人自幼均缺少监护人的有效监管，祖父母对其溺爱，管教乏力，其处在青春期并缺乏正确的引导，思维叛逆，行事任性，法治观念淡薄，因而走上犯罪道路。而被害人陈某某亦缺乏自我保护意识，明知林某某等人案发当日下午已到学校欲对其报复，当晚亦轻率应约外出，身处险境后亦不懂呼救、逃跑。本案再次提醒我们，为人父母者应当提高责任意识，不仅应当保障孩子的物质需要，亦应当重视孩子的心理成长，加强人生观的正确引导，切实履行好监护责任。学校亦应当加强安全教育，尤其女学生应当懂得自尊自爱与尊重他人,提高自我保护意识。[1]

在本案中,被告人林某某、楼某某等人,均为女性未成年人。被害人陈某某,也是女性未成年人。案件起因是林某某认为其被陈某某辱骂;犯罪行为和后果是摔耳光、扯头发致轻微伤、强迫脱光、拍裸照;判决结果是林某某被判二缓二、楼某某被判一缓一,而且均须接受社区矫正。

(二)犯罪率上的差异

从世界范围内来看,无论是我国还是其他国家,总体犯罪人数都是男性高于女性。至于总体犯罪率的比例,每个国家情况不一,有的国家比例大约为10∶1,有的国家大约为9∶1,但是,某些类型的犯罪,女性犯罪人的比例在增加。

(三)犯罪手段、犯罪方式、犯罪类型上的差异

在犯罪手段、犯罪方式、犯罪类型上,女性犯罪与男性犯罪确实存在一定的差异。一般来说,男性犯罪多采用具有主动性、进攻性的暴力手段。而女性犯罪的特点则多为被动性、欺骗性、非暴力性、非攻击性、隐蔽性、利用女性的性别特点、利用社会对女性的尊重和信任作掩护、单独作案者相对较多等。男性多选择与体力、智力相当的暴力性、攻击性、智力性强的犯罪。由于体能上的相对劣势,女性较少直接从事暴力性的犯罪,女性犯罪主要集中在盗窃、诈骗等财产型犯罪,重婚、溺婴、奸杀等家事犯罪,卖淫、拐卖人口等犯罪。在犯罪后的处遇差异上,一般来说,女性犯罪人被逮捕的比例低于男性;犯罪后提起诉讼、审判定罪量刑的人数,女性也比男性少;女性适用缓刑和轻刑的机会相对较多。

随着女性对社会生产生活的参与日益深入,女性的社会压

---

[1] 侯裕盛:"最高法公布发生在校园内的刑事犯罪典型案例(福建)",载https://www.court.gov.cn/zixun-xiangqing-15568.html,访问日期:2022年12月8日。

力日益增加，男女心理品质的趋同化现象日益明显。女性与男性犯罪心理的性别差异在逐渐缩小，女性犯罪数量也在增加、类型也在扩展、手段有接近男性的趋势，女性犯罪的暴力性、残忍性也在增加、女性犯罪也呈现出低龄化的趋势。

举例来说，2010年11月，加拿大多伦多地区发生了一起凶杀案。三名歹徒从前门进入房屋，将户主越南华裔移民夫妇带入地下室枪决。母亲当场毙命，父亲因子弹射偏侥幸未死。24岁的女儿幸免于难，后用手机报警。经过警方调查，原来是女儿由于父母管教太严格、期望值过高、自己未能按期高中毕业、原本录取她的大学也撤回录取通知、男友提出分手，而和她的男友雇人预谋行凶，计划杀死父母后，继承遗产后共同生活。后来，被害人女儿及其男友都被以一级谋杀罪判处无期徒刑。这个案例是发人深思的，随着社会的进步，女性青少年犯罪预防问题日益引起了社会的重视。

二、女性犯罪的心理与社会原因分析

预防和矫正女性青少年犯罪，应当分析女性犯罪的特征，并有针对性地制定有效的措施。

（一）女性犯罪的心理和行为特征

一般来说，女性犯罪人在情感方面，情感更加丰富、细腻，犯罪往往带有隐蔽性、非直接性与欺骗性；女性犯罪人的情绪波动更大，情绪变化更迅速。在意志方面：女性犯罪人的意志更加容易受情绪的影响；意志力较薄弱，行为更加容易受环境或他人的暗示。在认知方面，女性犯罪人形象思维能力相对较强，思维偏重形象性、具体性；女性语言表达能力和知觉速度强；比男性更加容易产生移情作用。在行为方面，女性犯罪人更加具有顺从性；遇到挫折易感情用事或走极端，更加容易转化为自责或间接攻击。男性与女性的生理差异是形成其心理差异的基础,脑性别学说认为女性脑是男性脑的基础,男性与女性大脑的差异形成了两性之间心理的差异,但是人脑的性别往往与人的生理性别并不完全一致,因此这一学说也带有很大的或然性。

(二) 刻板印象与犯罪心理差异

男女两性的生理心理差异确实存在。在生活中,人们对男性和女性都有一些刻板印象,这些刻板印象的形成,从反面可以印证男女两性由于生理的差异而带来的心理差异是客观存在的。当然,这种差异也因人而异,而不能仅仅被认定为因性别而异。例如一般来说,人们对女性的刻板印象有:女性说话文明、不说粗话,说话多、喜欢多嘴;女性性格更加温柔,更加善于体会观察他人的感受;女性更加关心自己的容貌,更加爱整洁,相对比较安静;有相对更加强烈的安全需求;女性更加喜爱文艺,更加擅长表达感情、思想和行为都更为纯真、容易被表面的现象所迷惑;女性形象思维能力、语言表达能力、情感的感受能力、声音和色彩的感知能力、机械记忆能力均强于男性;等等。

对比而言,人们对男性的刻板印象有:男性做事情老练,性格更加直率,更爱冒险;男性更擅长作决定,相对而言更加不爱哭泣、更加善于隐藏情绪;男性相对而言更加自信,更加容易对于外貌自满;男性相对而言更加独立、更加带有攻击性,对小危机更加不敏感;男性更加争强好胜、逻辑性强,更加富有野心;等等。当然,以上特征分析,不能替代具体案件具体分析。虽然雌性激素的分泌使女性具有较少的攻击性,女性犯罪往往具有非体力性、单独性、间接性等;但是,到了更年期及以后,雌性激素分泌失衡使得女性犯罪在中老年期较多。

(三) 影响女性犯罪形成的个人心理因素

影响女性犯罪形成的个人心理因素很多，有的人认识能力低劣；有的人有畸形发展的个人需要、强烈的依附心理；有的人意志控制力薄弱；有的人情感细腻丰富，情绪敏感、易受暗示、易控制不了情绪的爆发而被感情所控制；等等。影响女性犯罪形成的社会因素也很多，如不良网络文化的影响、不良的家庭教育、不良的人际交往等。

不少案例都表明，家庭暴力是女性犯罪的主要原因之一。相对而言女性对家庭有较强的依附性，女性的挫折体验更多地集中在感情和家庭生活方面。"辽宁省女性犯罪的调查表明，女性犯下的重伤害罪和杀人罪，80%是由家庭暴力引起的。江苏省妇联对南通监狱女子分监1477名女犯进行的问卷调查表明，513份有效问卷中，237人（46.2%）的家庭存在家庭暴力问题，125人（24.4%）的犯罪直接与家庭暴力有关。"[1]

(四) 预防青少年女性犯罪

女性在家庭中的付出相对较大，但是婚姻、家庭等方面的情感纠纷却是女性犯罪较集中的领域，这不能不让人觉得惋惜。女性是家庭的重要成员，甚至是家庭的纽带，全社会都应当关爱女性。

2006年2月，杭州萧山区某高中发生一起17岁女高中生被害分尸案。[2]五名加害者是被害者的同学，其中四人是女生。由于一点小矛盾，被害者与同学——加害者之一发生争吵。加害者纠集其他四人，将被害者勒死、肢解、弃尸野外。这起青

---

[1] "每年4.5万女性被家人杀害，6.4亿女性遭虐待，逃离家暴到底有多难？"，载 https://new.qq.com/rain/a/20230216A0908P00，访问日期：2023年6月5日。

[2] 朱小燕："杭州18岁女孩因琐事纠集同伴杀人分尸"，载 https://zjnews.zjol.com.cn/05zjnews/system/2006/10/08/007913407.shtml，访问日期：2023年6月5日。

少年犯罪案撕裂了六个家庭。这个案件再次引起了人们对青少年犯罪尤其是女性青少年犯罪的关注,引起了人们对青少年道德法治教育与心理教育的关注。

第八章
青少年犯罪心理的经历差异

一、犯罪心理的经历差异概述

犯罪心理的经历差异是指犯罪人因受过往经历、沾染恶习、不良社会环境影响等而产生的心理差异。根据犯罪心理的经历差异，可以将犯罪人分为初犯、累犯和惯犯等。

最高人民法院曾经公布了发生在河北省校园内的一起青少年犯罪案件：钱某某、武某某、李某某抢劫案。

基本案情：2014年7月12日下午，被告人钱某某、武某某、李某某（三人未满16周岁）与王某、何某某（二人未满14周岁）商议到蠡县广场去玩耍。在前往广场的路上王某提议抢劫，其他人均表示同意。16时许，在蠡县广场建设银行门口，五人共同拦住张某某，何某某将其踹倒，王某对其殴打，二人对其进行威胁，后五人将张某某蓝白相间山地自行车抢走。经鉴定该山地自行车价值1116元。7月14日15时许，被告人李某某又伙同王某、何某某在蠡县城内聋哑学校西侧胡同内抢劫李某黑色山地自行车一辆。经鉴定该山地自行车价值1100元。

法官认定：被告人钱某某、武某某、李某某以非法占有为目的，伙同他人以暴力、胁迫方法抢劫他人财物，其中被告钱某某、武某某参与抢劫一次,被抢物品价值1116元;被告人李某某参与抢劫两次,被抢物品价值2216元;三被告人行为均已构成抢劫罪。公诉机关指控罪名成立。被告人钱某某、武某某、李某某犯罪时均不满16周岁,均系未成年人,应从轻或者减轻处罚。被告人钱某某、武某某、李某某在起诉书指控第一起犯罪中所起系次要、辅助作用,系从犯,应从轻、减轻处罚。因三被告人均系未满16周岁的未成年人,量刑时应充分体现教育、感化、挽救为主、惩罚为辅的刑事政策,对三被告人减轻处罚。被告人李某某在第二起犯罪中,积极参与并对被害人实施殴打行为,故其指定辩护人主张被告人在该起犯罪中属从犯的主张,不予采纳。三被告人自愿认罪,可从轻处罚。案发后蓝白相间山地自行车由公安机关扣押并返还被害人,起诉书指控第一起犯罪三被告人属被动退赃,可酌情从轻处罚。被告人李某某的法定代理人自愿赔偿二被害人经济损失,李某某得到被害人谅解,对其可酌情从轻处罚。经查,三被告人均系初犯、偶犯,可酌情从轻处罚。三被告人的犯罪对象是未成年人,可酌定从重处罚。公诉机关对被告人的量刑建议予以采纳。

法院判决结果:①被告人李某某犯抢劫罪,判处有期徒刑1年10个月,并处罚金1000元。②被告人钱某某犯抢劫罪,判处有期徒刑10个月,并处罚金500元。③被告人武某某犯抢劫罪,判处有期徒刑10个月,并处罚金500元。

典型意义:三被告人均系未满16周岁的未成年人,其家长平日忙于自己的工作,对孩子疏于管教,认为孩子吃饱穿暖就好,而不注重孩子德智、法治方面的教育,现今社会环境的复杂和治安的恶化,各种光怪陆离的诱惑,使涉世不深,缺乏控制能力、身心不成熟的孩子们不能辨别是非,有时出于哥们义气或禁不住诱惑而走上犯罪道路。本案的法官说:"作为办案法官我们应对误入歧途的未成年人多一份关爱，多一份心灵的抚慰，我们要注重深入了解失足未成年人的生活、成长背景，引导其真诚悔过，帮助他们解决实际困难，使失足未成年犯顺利回归社会。"[1]

本案的被告人、被害人均为未成年人，钱某某、武某某、李某某未满 16 周岁，王某、何某某二人未满 14 周岁，其中钱某某等三被告为初犯、偶犯。虽然被酌定从重处罚，但是他们滑向犯罪的深渊，教训是深刻的。未成年人及其家长确实都应当反思。

二、初犯、偶犯的心理及其矫正

初犯是指第一次实施犯罪行为或者第一次受到有罪判决的人。初犯第一次实施犯罪，往往良心未泯，犯罪的恶习尚未形成，可改造性相对较大，再犯的可能性相对较小。一般来说，初犯在动机特征方面，一般都经历犯罪前激烈的内心纠结、动机冲突。在能力特征方面，犯罪技能还不熟练。初犯在犯罪前，侥幸心理突出；在犯罪进行的过程中，紧张、恐惧心理占优势；在犯罪完成后，会有惊恐、悔罪、自暴自弃等心理。

偶犯是指偶然地、偶发地实施犯罪行为的人。偶犯实施犯罪需要具备一定的客观条件，即所谓的犯罪"机会"，例如一些顺手牵羊的行为人，往往是利用了被害人随手放东西的特点。如果条件、机会不具备，偶犯不会发生，因此再次实施的可能性相对来说不大，但是也有后来屡次作案的例子。偶犯在需要方面，存在不良需要；在动机方面，犯罪动机产生的时间极短，因此极少有时间出现激烈的动机纠结；在犯罪时的心理状态方面，往往具有紧张、恐惧、盲目、冲动、兴奋等特征；在行为方面，往往具有行为偶发性、单独犯罪性、手段简单性等特征。

---

[1] 侯裕盛："最高法院公布发生在校园内的刑事犯罪典型案例（河北）"，载 https://www.sohu.com/a/603709733_120615238，访问日期：2023 年 5 月 6 日。

一般来说，多次犯罪就不属于偶犯了。所以，偶犯属于初犯。但是，偶犯这一概念强调的是实施犯罪行为的偶然性，以及犯罪人未形成犯罪恶习或者不以犯罪为常业。初犯、偶犯的概念，虽然在我国刑法中缺乏明文规定，但是在刑事政策、司法实践、学术研究中经常被使用。

实际上，无论是初犯还是偶犯，从其心理特征上来看，有一部分人都存在恶习相对不深、可能良心未泯、可改造性相对较强等特征。但是，事实上，初犯、偶犯的作案手段也不一定不恶劣，危害后果也不一定不大。所以，"初犯""偶犯"的情节，只能与积极退赃、真诚悔罪等其他事实因素结合起来全盘考虑，不能单纯以"初犯""偶犯"为由从宽处罚。

在心理转化和预防对策方面，对于青少年初犯、偶犯应当晓之以理、动之以情，采取教育、感化、挽救与惩罚、矫正并用的方法。同时，加强法治教育、道德教育和政治思想教育，创造良好的社会环境、学校环境、家庭环境，树立良好的社会风气，切实预防青少年犯罪。

犯罪心理的经历差异的启示是，在侦查、审查起诉、审判和犯罪矫正时，重视不同经历犯罪人在犯罪心理上的差异，提高破案率，有针对性地加强对青少年初犯、偶犯的教育改造，预防再犯。

三、累犯、职业犯、惯犯的心理及其矫正

累犯心理是指累犯的犯罪心理。累犯包括一般累犯和特殊累犯。一般累犯是指受过一定刑罚处罚，并在刑罚执行完毕或赦免一定时间内——五年以内，又再行犯罪的罪犯。特殊累犯是指因犯特定罪——危害国家安全犯罪、恐怖活动犯罪、黑社会性质的组织犯罪而受过刑罚处罚，在刑罚执行完毕或者赦免

以后，又犯该特定之罪的犯罪分子。

累犯在需要方面，一般来说生理性、低级性需要占主导地位。在动机方面，第一次再犯时，往往还会有较为激烈的动机纠结，但是之后往往形成强烈的犯罪合理化心理防御机制，甚至具有较为强烈的反社会意识。在情绪情感方面，一般比初犯、偶犯更加冷静甚至冷血。在能力方面，大多具有多向性，有比较强的犯罪技能。在法治观念方面，大多法治观念淡漠。在性格方面，大多比较顽固甚至偏执。在行为方面，有不少是流窜作案，犯罪行为具有一定的残忍性。累犯矫正起来相对比较困难，我国《刑法》第65条第1款规定，对于累犯，应当从重处罚，但是过失犯罪和不满18周岁的人犯罪的除外。对于累犯，如果有改造的机会，需要持久发力，进行人生观、价值观、世界观教育，矫正其犯罪恶习，加强心理测试和心理矫正，防止再犯。

职业犯是指一方面以犯罪为常业、主要生活来源，另一方面有正当职业，并且具有高超犯罪技巧、逃避法律追究能力和依靠犯罪获得收入来源能力的犯罪人。

职业犯在动机方面，一般很少出现动机纠结；在性格方面，多具有双重性格，双重性格其实就是双重的人生标准。职业犯是一个学术研究上的概念，属于集合犯（犯有多个同种类犯罪行为的人）的一种，改造难度较大，如果有改造的机会，对于职业犯应当加强教育改造，矫正犯罪恶习，防止再犯。

惯犯是指反复多次地实施同类犯罪，已形成犯罪恶习的罪犯。惯犯由于反复多次实施同类犯罪行为，形成了犯罪习惯，甚至以犯罪所得为主要生活来源。

惯犯在作案动机方面，一般没有动机纠结，犯罪比较果断；犯罪心理形成的自觉性和主动性相对较强。在情绪情感方面，情绪相对稳定。在能力方面，犯罪技能熟练。在行为方面，具有连续性甚至残忍性、疯狂性、狡诈性。

职业犯与惯犯具有相同点，都是以犯罪收入为生活的主要来源、反复多次实施犯罪行为、行为具有连续性；都已形成犯罪定型。当然，二者也有不同点，职业犯一般表面上都有正当职业，惯犯不一定有正当职业；职业犯一般共同犯罪居多，惯犯则以单独犯罪居多；职业犯一般以财产型犯罪为主，同时兼有其他犯罪方式，惯犯往往只熟悉一种犯罪方式。而且，与累犯有被刑事处罚的经历不同，职业犯与惯犯不一定有受刑事处罚的经历。惯犯良性转化的可能性相对较小，如果有改造的机会，应当着重加强教育改造，矫正犯罪恶习。

惯犯、系列杀人案犯杨某海，曾因盗窃、强奸被两次劳教、一次判刑。2000年9月至2003年8月，杨某海流窜皖豫鲁冀四省，疯狂作案26起，杀死67人，伤10人，强奸23人，在社会上造成了恶劣影响。2004年2月1日，"河南省漯河市中级人民法院一审宣判：法院以抢劫罪、故意杀人罪、强奸罪、故意伤害罪，数罪并罚，决定对其执行死刑，剥夺政治权利终身，并处没收个人全部财产"。[1]杨某海家庭贫穷，早年离家出走，离开父母的监护、学校的教育，踏入社会后约三年就被劳教，后一直处于犯罪的环境中，从而形成犯罪人格。

总之，犯罪人除了都犯了罪之外，并不一定都是一类人，而应当根据犯罪动机，犯罪行为，犯罪方式，是否为累犯、职业犯、惯犯等分类对待。对于累犯、职业犯、惯犯等，如果有改造的机会，应当贯彻惩罚与教育结合的方针，避免其重新犯罪，同时应当改善社会环境，减少犯罪。

---

[1] 吕坤良、陈海发、冀天福：“杨某海抢劫、杀人、强奸、故意伤害一审被判死刑”，载 https://www.hncourt.gov.cn/public/detail.php? id = 27704，访问日期：2023年6月9日。

第九章
青少年犯罪共犯心理的差异

犯罪心理的组织形式差异是指在共同犯罪中，因犯罪人数的多少、所起作用的大小等差别，致使犯罪人在心理方面的差异。

一、一般共同犯罪心理

（一）一般共同犯罪和特殊共同犯罪

犯罪的组织形式根据不同的标准，可以分成不同的种类。按照共同犯罪人之间的分工复杂程度和是否存在组织等标准，可以分为一般共同犯罪、有组织犯罪等。一般共同犯罪是指二人以上、各个犯罪人之间没有特殊的组织形式的共同犯罪。根据《刑法》第25条的规定，共同犯罪是指二人以上共同故意犯罪。二人以上共同过失犯罪，不以共同犯罪论处；应当负刑事责任的，按照他们所犯的罪分别处罚。有组织犯罪即三人以上故意实施的一切有组织的共同犯罪活动，又分为黑社会组织犯罪和恶势力组织犯罪两种。根据《反有组织犯罪法》第2条的规定，有组织犯罪是指《刑法》第294条规定的组织、领导、参加黑社会性质组织犯罪，以及黑社会性质组织、恶势力组织实施的犯罪。恶势力组织是指经常纠集在一起，以暴力、威胁或者其他手段,在一定区域或者行业领域内多次实施违法犯罪活动,为非作歹,欺压群众,扰乱社会秩序、经济秩序,造成较为恶劣的社会影响,但尚未形成黑社会性质组织的犯罪组织。

(二) 一般共同犯罪心理的概念和特征

一般共同犯罪心理是指在一般共同犯罪中,各共同犯罪人通过意思联络,认识到共同犯罪行为会发生危害社会的结果,并决意参与犯罪,希望或者放任危害结果发生的心理态度。一般共同犯罪的心理特征包括共同意向性、目的统一性、心理趋同性、心理相容性等。

(三) 阿希实验:从众还是不从众

美国社会心理学家阿希(S. Asch)通过实证研究,提出了阿希效果理论(定律),他找七名大学生参加视觉判断实验(其中六名是助手),结果在33%的实验中,被试者屈服于小组的压力而选择了从众;约有15%的被试平均作了总数75%的从众行为;有25%的被试者拒绝从众,始终保持独立性。结果证明,在三人至四人的小群体中最易产生从众心理。当人的行动缺乏自由,判断也会受到束缚。实验再次证明,从众心理是一种普遍的心理现象。

(四) 归属感与去个性化的交换

群体会给个体一定的归属感、安全感。但是,群体也会给个体带来很大的信息压力、行为规范压力。个体按照社会要求或群体规范而做出某种行为,源于对社会规范、群体规范以及权威人物命令的服从。

这就是所谓的群体中的去个性化现象,其原因之一是个人享受了群体的保护,但是作为代价,群体的成员也会失去一些个体的自由,甚至会违背他们在主流社会中应当遵守的社会规范。有些犯罪行为,青少年在单独情况下,可能是做不出来的,但是在群体中他们却可能抱着从众心理做出该犯罪行为,从众使得青少年获得了在合法团体中寻找不到的归属感。其原因之二是处在群体中的人大多会模仿他人,其情绪与行为会受到他人的感染。人类本质上是一种群居动物,很容易耳濡目染、不知不觉地产生集体无意识现象,在知觉、判断、信仰甚至行为上,与群体的精神文化相接近,表现出趋同的行为倾向。其原因之三是群体对个体的独立性的淹没,似乎个人不再以个人的身份出现,而是以群体身份出现。其原因之四是群体中的责任分散心理在起作用。群体的抱团效应给人一种印象——假象,似乎任何一个去个性化的成员都不必承担群体行动所招致的谴责,反而不从众的人才会受到谴责。因此,青少年特别是未成年人交友应当慎重,防止受到不良亚文化群体的影响。

二、特殊共同犯罪心理

(一) 特殊共同犯罪心理的概念

特殊共同犯罪心理是指在有组织犯罪等的形式中,各共同犯罪人通过意思联络,认识到共同犯罪行为会发生危害社会的结果,并决意参与犯罪,希望或者放任危害结果发生的心理态度。

(二) 有组织犯罪心理

有组织犯罪人的突出心理特征包括有共同的需求和兴趣、相同的经历和境遇、相互之间达成了心理契约等。有组织犯罪社会危害性大,虽然罪责扩大,但是有组织犯罪的参加者的安全感却增强了。犯罪组织的内聚力强,成员之间形成了一定的权威与服从心理、暗示与模仿心理,反社会意识大大增强,有的成员甚至有反社会性人格障碍(antisocial personality disorder)。德国心理学家皮沙尔特(Prichard)甚至提出了"悖德狂"这一名称,反社会型人格障碍的人被认为具有"七无"特征：无社会责任感、无道德观念、无恐惧心理、无罪恶感、无自控自制的能力、无真实或真正感情、无悔改之心等。此类典型案例有张某犯罪集团系列抢劫杀人案件。

基本案情：首要分子张某具有典型的反社会人格、"悖德狂"的心理特征，他在家里的兄弟姐妹中排行最小，高一即辍学，爱看电影《少林寺》，喜欢习武，1983年，他17岁，因斗殴被送少管三年。1990年因斗殴判刑入狱。出狱后妻子与其离婚，父母双亡。1993年至2000年，张某单独或伙同他人先后在多地作案17起，杀死26人，伤20人，罪行包括抢劫运钞车。张某曾在云南买枪后试射，杀死2名无辜妇女。张某定期与团伙成员苦练犯罪技能。2001年4月，一审法院判处张某死刑，剥夺政治权利终身，并处没收个人全部财产，同年5月被依法执行死刑。其余17名被告人也被依法判刑。这个犯罪团伙成员之间具有很大的相似性，都属于较低社会经济地位人群，犯罪团伙成员之间具有空间、人际关系上的相近性，有4个人是张某的亲戚，还有同村的居民。

(三) 聚众犯罪心理

在学术研究中，还有犯罪形式叫作聚众犯罪，也称集群犯罪，是指人们在激烈互动中自发产生的、无指导、无明确目的的，不受正常社会规范约束，由众多人的狂热行为导致的犯罪。群体犯罪的参与者之间也会形成从众心理，有去个性化倾向；群体犯罪成员之间会互相模仿和感染，出现集体无意识现象。安徽池州群体性"6·26事件"，就是由一起普通车祸演变成的打砸抢。2005年"6月26日14时40分，池州市城区翠柏路菜市场门口，四名乘车者与行人刘某发生争执，将刘某殴打致伤，引发群众不满。当地派出所把四名打人者带至派出所进行处理。

在少数不法分子的造谣煽动下，一些不明真相的群众在九华路派出所门前聚集，要求派出所交出车上四人。随后，不明真相的群众越聚越多，在少数不法分子的煽动下，打砸抢烧，造成多名武警官兵和公安民警受伤，四辆车被毁，九华路派出所门窗被砸，一超市被抢。"[1]

但是，需要指出的是，聚众犯罪不一定是聚众共同犯罪。根据《刑法》第317条第2款的规定，聚众持械劫狱罪中其首要分子、积极参加者与其他参加者，都具有共同犯罪故意与共同犯罪行为，均应承担刑事责任，因而符合共同犯罪的成立条件。对于聚众犯罪中的首要分子和其他积极参加者或多次参加者均以犯罪论处。聚众共同犯罪是由首要分子组织策划、聚集纠合多人所实施的犯罪，参与人可能随时增加或减少，而非处于固定状态；参与人为三人以上，但参与人不一定都是犯罪人；行为具有公然性；行为具有一定的多样性。由于参与人复杂，聚众犯罪行为呈现多样性的特点。但是，有的聚众犯罪是否属于共同犯罪，要根据案件的具体情况确定。例如，《刑法》第291条规定，在聚众扰乱公共场所秩序、交通秩序罪中只处罚首要分子。如果首要分子为两人以上，共同组织、策划、指挥聚众犯罪时，构成共同犯罪。

聚众犯罪心理给我们的启示是，青少年正处于青春期，容易受到他人的影响；青少年家庭教育、学校教育等的缺失可能导致青少年文化素质低，法治观念淡薄，容易受社会上不良风气、不良文化的影响。"涉黑犯罪极易导致街角青年成为成人涉黑势力的潜在力量，这提高了他们交叉犯罪的概率，增加了对

---

[1] 代群："安徽平息池州市一起群体性事件"，载 https://www.gmw.cn/01gmrb/2005-06/30/content_260386.htm，访问日期：2023年5月8日。

其帮扶和矫治的难度,从而影响青少年的思想道德建设。"[1]

举例而言,以下为最高人民法院公布的潘某兵等12名被告人犯抢劫罪案件。

基本案情:自贡市贡井区人民检察院指控潘某兵等12名被告人犯抢劫罪,分别于2012年4月10日、5月17日在贡井法院不公开开庭对本案进行了审理。2011年5月至6月间,12名被告人持凶器共进行九次抢劫,其中在贡井区旭川中学、贡井区青杠林小学、贡井区长征学校门口共进行抢劫三次,通过持钢管对受害人进行殴打、持刀威胁等方式,抢走五部手机和现金500余元,对贡井辖区学校周边治安环境造成了不良影响。除学校附近的抢劫外,12名被告人在贡井长征大道中段、贡井区贡雷路、自流井区毛家坝棋牌室、贡井区某金店老板、富顺县华福副食品店等地采用暴力、捆绑等手段实施多次抢劫,共抢走手机五部,现金17 000余元及香烟20余条。

裁判结果:12名被告人犯抢劫罪,分别被判处有期徒刑,并处罚金。

典型意义:此起未成年人共同犯罪案件,12名被告人中除主犯潘某兵35岁外,其余11人作案时均为"90后",9人系未成年人,年龄最小的14岁。本着对未成年人"教育、感化、挽救"的方针,法庭对其中两名只参与一次抢劫活动且犯罪情节相对较轻的未成年人适用缓刑,对其余未成年被告人加大减轻处罚力度,均减轻判处3年到6年不等的有期徒刑,最大限度地进行挽救,给其改过自新的机会。被告人潘某兵犯抢劫罪,判处有期徒刑11年11个月,并处罚金10 000元。宣判后,法

---

[1] 冯承才:"街角青年涉黑犯罪研究——基于上海市K社区'斧头帮'的田野调查",载《青年研究》2020年第3期。

庭在现场对9名未成年被告人进行庭审帮教，为被判缓刑的两名被告人建立档案，准备定期开展回访帮教活动。此起案件除被告人多为未成年人外，受害人也有未成年人，希望社会各界能重视未成年人心理成长现状，加强学校周边治安综合治理，一是由法院主导，政法委牵头，整合司法机关、基层党委政府、社区村组、学校、社会团体等多方力量，对未成年人犯罪现状及造成的主要原因进行宣讲，并以社区和学校为单位对未成年人成长情况进行摸底，引起社会各界尤其是未成年人监护人的普遍关注；二是构建预防机制，发挥家庭的直观影响和教育作用，促成家长更多地关注未成年人心理成长现状，及时发现未成年人有可能引发犯罪的行为并督促其改正，将司法程序中的"预先矫正"制度的概念和作用进行延伸，构建起挽救失足少年的社会网络。[1]

本案12名被告人，绝大多数是未成年人，因此，属于未成年人犯罪案件。家庭、学校和社会都应当关注未成年人的法治意识和心理健康意识，保护青少年健康成长。

青少年犯罪人既可能是主犯，也可能是从犯。无论是一般共同犯罪还是特殊共同犯罪，都有主犯和从犯的区别，《刑法》第26条第1款规定："组织、领导犯罪集团进行犯罪活动的或者在共同犯罪中起主要作用的，是主犯。"组织、领导犯罪集团的是首要分子，首要分子也是主犯，但主犯不一定是首要分子，犯罪集团必须是3人以上为共同实施犯罪而组成的较为固定的犯罪组织，而一般共同犯罪2人以上的、共同的、故意的犯罪，不需要非得达到3人以上。

---

[1] 侯裕盛："最高法公布发生在校园内的刑事犯罪典型案例（四川）"，载https://www.court.gov.cn/zixun-xiangqing-15567.html，访问日期：2022年12月20日。

（四）对从犯要从轻处罚，对主犯要从重处罚吗？

有人说，对于从犯要从轻处罚，对于主犯要从重处罚。果真如此吗？答案是否定的。

《刑法》第 27 条规定："在共同犯罪中起次要或者辅助作用的，是从犯。对于从犯，应当从轻、减轻处罚或者免除处罚。"可见，从犯的作用轻，处罚也轻——应当从轻、减轻处罚或者免除处罚。

但是，《刑法》并未明文规定对于主犯要从重处罚。因此，根据罪刑责法定原则，对于主犯应当依法处罚，而不能从重处罚。法治的理性，体现出国家意志的理性。

青少年无论是主犯还是从犯，都应当依法承担法律责任。青少年一直是我国普法工作的重点，原因在于青少年是国家和民族的未来，青少年的法治意识水平就是中国未来的法治意识水平。

第十章
越轨、犯罪与社会控制

一、越轨、犯罪与社会控制概述

(一) 越轨就是超越常规

越轨行为是指超越常规,违反社会规范、公序良俗的行为,是社会成员在行为模式上的偏离。根据性质不同,越轨行为可以分为被社会认可的越轨、社会所不赞同的越轨、社会所不允许的越轨等。越轨行为包括违俗行为、违德行为、违纪行为、一般违法行为和犯罪行为。

(二) 犯罪是严重的越轨

犯罪属于《刑法》规定的、严重的越轨行为,是指达到一定社会危害性的、触犯刑法的、应受刑罚处罚的行为。犯罪行为的基本特征可以概括为三点:刑事违法性——触犯国家刑法;达到一定程度的社会危害性;应当受到刑罚处罚。可以说这三个基本特征,无一不在诉说着犯罪行为的越轨性。《刑法》第3条规定:"法律明文规定为犯罪行为的,依照法律定罪处刑;法律没有明文规定为犯罪行为的,不得定罪处刑。"第13条规定:"一切危害国家主权、领土完整和安全,分裂国家、颠覆人民民主专政的政权和推翻社会主义制度,破坏社会秩序和经济秩序,侵犯国有财产或者劳动群众集体所有的财产，侵犯公民私人所有的财产，侵犯公民的人身权利、民主权利和其他权利，以及其他危害社会的行为，依照法律应当受刑罚处罚的，都是犯罪，但是情节显著轻微危害不大的，不认为是犯罪。"

（三）社会控制理论与犯罪的社会控制

社会控制是指社会通过各种行为规范，调整社会成员的行为，维持社会秩序的过程。1901年，美国社会学家、社会心理学家罗斯（E. A. Ross）的论文集《社会控制》，首次提出社会控制一词。广义的社会控制包括通过各种力量、方式、途径、手段对社会成员行为调整、影响、干预，以便社会秩序形成的过程和措施；狭义的社会控制仅指针对越轨行为所采取的防范、纠正和惩罚措施。不论是广义还是狭义，社会控制都是社会对自身运行秩序的维护。

犯罪的社会控制一般由三部分构成：一是否定性的社会评价，二是社会惩罚，三是社会改造。这些社会控制都是由国家机关代表社会来执行的，是以社会的名义引导、劝诫、强迫他人遵从社会规范的。根据《刑法》的规定，某些私力救济可以由国家依法交由私人行使，包括正当防卫、紧急避险等，并且对此规定了严格的程序，也就是说这些合法的私力救济也需要接受社会控制。

（四）《杀生》先杀的是牛结实的心理

社会控制即使在民间也是广泛存在的。在电影《杀生》中，"长寿镇"上某村的人，和一个医生密切配合，联合"杀死"了一个顽劣不堪、屡次破坏当地老规矩的人——牛结实。牛结实的身体状况，原本和他的名字一样，非常结实、身强力壮、无病无灾。但是，最后却被当地人联合设计了一个计策，让他本人相信自己有病、得了绝症，并且真的诱骗他醉酒后在下雨天，光着膀子在大雨中跳舞，导致他感冒、发烧，最后一步一步,摧毁了牛结实的心理防线,让他拖着病体,"自愿"拖着棺材,离开了当地村落,到山上去等死。其实并不是牛结实真的得了绝症(癌症),而是村里的人想让他得绝症(癌症)。这个电影告诉我们,人很容易受到他人暗示——尤其是一群人故意联合起来的暗示;人很容易受到周围亚文化环境同化。可怕的是,牛结实最后真的接受了这个联合暗示,相信自己得了绝症(癌症)。可见,即使在没有官方参与、没有政府支持、没有国家"撑腰"的情况下,社会也可以完成控制,一个村就是一个小社会。这个村的人通过一定程度的社会控制,清除了他们看不惯、不能容忍的牛结实。可以说,村里的大部分人都参与了针对牛结实的"作恶",但是,他们却都认为自己是正义的,认为自己是在除暴安良、以恶扬善、为民除害。可见,社会控制必须依法进行。

(五)越轨、犯罪与社会控制的关系

越轨、犯罪与社会控制的关系是什么?任何社会的存在和发展都离不开一定的秩序,社会秩序的建立和维持是社会控制的措施,也是社会控制的结果。但是,总会有少数人突破社会控制走向犯罪。对越轨、犯罪的社会控制越严密,功能越健全,犯罪行为和犯罪现象就越少,因此,预防犯罪必须研究犯罪与社会控制的关系。

我们来分析一个案例:2015年9月18日,最高人民法院召开新闻通气会,北京市高级人民法院党组成员、副院长兼政治部主任发布了发生在北京校园内的刑事犯罪典型案例。其中一起就是"白某某等人故意伤害、聚众斗殴案",被告人、低年级学生白某某等,与高年级学生干部、被告人马某等聚众斗殴。

基本案情:被告人白某某因自习时说话与马某(已判决)发生口角,两人相约斗殴。后白某某纠集被告人董某某等人,持刀、钢管等工具,于2013年11月22日12时许,与马某纠集的被告人张某某等人，在北京市某电子城南墙外聚众斗殴，致多人受伤。经法医鉴定，张某某等三人构成重伤，另有三人构成轻伤，两人构成轻微伤。

裁判结果：北京市昌平区人民法院经审理认为，被告人白某某纠集他人聚众斗殴，致三人重伤，其行为已构成故意伤害罪；其他被告人的行为均已构成聚众斗殴罪。白某某有协助公安机关抓获同案犯的立功表现，可予以从轻处罚。依照刑法有关规定，以故意伤害罪判处白某某有期徒刑5年；对其他被告人以聚众斗殴罪分别判处有期徒刑1年6个月至有期徒刑6个月缓刑1年不等刑期。宣判后，白某某提出上诉。北京市第一中级人民法院经依法审理，裁定驳回上诉，维持原判。

典型意义：本案是校园内学生之间进行管理时因不服从管理发生纠纷而导致的恶性暴力犯罪案件。马某是高年级学生，作为学生会的干部对低年级的白某某班级进行检查时，发现白不遵守课堂纪律，在进行管理时双方产生摩擦。当天双方约架，并在随后的几天内各自找人准备打架一事。在打架当日，正值学校放学时候，上百人员在校门口聚集，虽有老师发现异常后进行驱散，但双方又"转战"他处发生大规模斗殴，致多人受伤。因当时围观人员较多，交通堵塞，场面混乱，社会治安受到极大影响。虽然学生干部进行管理是一种正常的形式，但当管理过程出现问题时如何解决，值得学校反思。同时也反映出学生们正值青春期，好面子，逆反心理较为严重，行事较为冲动。在校园内一旦碰到问题不能通过正当途径解决，易寻求暴力对抗，且哥们儿义气较为严重，是非观念较差，盲从性强，亟需加强法治教育。[1]

---

〔1〕 侯裕盛："最高法公布发生在校园内的刑事犯罪典型案例（北京）"，载https://www.court.gov.cn/zixun-xiangqing-15565.html，访问日期：2023年6月2日。

(六) 聚众斗殴的社会控制

聚众斗殴应当根据具体情况确定罪名,我们经常说,冲动是魔鬼,哥们义气要不得,但是流于形式、流于套话的说教,又有多少实效?青少年法治教育应当以充分发挥案例教育的优势,使得青少年法治教育的语言和形式青少年化,说"青少年话",这样才能真正获得实效。

聚众斗殴俗称打群架,是出于报复、争霸或者其他非法目的而产生犯罪意图、犯罪动机,纠集多人进行打架斗殴,扰乱社会管理秩序甚至伤害他人身体健康、生命。犯罪人具有群体性,被侵害的对象往往也具有群体性;主观方面是为了报仇、争霸等;客观方面有聚众和斗殴的行为。《刑法》第292条规定:"聚众斗殴的,对首要分子和其他积极参加的,处三年以下有期徒刑、拘役或者管制;有下列情形之一的,对首要分子和其他积极参加的,处三年以上十年以下有期徒刑:(一)多次聚众斗殴的;(二)聚众斗殴人数多,规模大,社会影响恶劣的;(三)在公共场所或者交通要道聚众斗殴,造成社会秩序严重混乱的;(四)持械聚众斗殴的。聚众斗殴,致人重伤、死亡的,依照刑法第二百三十四条、第二百三十二条的规定定罪处罚。"也就是说,聚众斗殴致人重伤或死亡的,由于性质发生转化,须以故意伤害或故意杀人定性。青少年正处于青春期,血气方刚,很容易因哥们儿义气而参与聚众斗殴犯罪活动。学校和家庭应当使学生充分认识到打架斗殴的社会危害性,以及严重的法律后果,向青少年剖析打架斗殴产生的常见原因及其预防措施,加强对青少年的教育、管理和保护,加强对青少年打架斗殴的社会控制,预防青少年犯罪的发生。

二、犯罪的社会控制机制

(一) 犯罪的社会控制系统

犯罪的社会控制系统主要包括：其一，社会控制主体系统。社会控制主体包括各个层面的社会机构，最高层次就是国家机构，国家立法机关、执法机关、司法机关等各种机构，以及各种社会组织和广大人民群众，都是犯罪控制的主体。依法治国是广大人民群众，在党的领导下，依照宪法法律的规定，治理国家事务和非国家事务。因此，广大人民群众是依法治国的主体。其二，社会控制规范系统。社会控制社会规范，即社会规范，主要是法律规范但也不仅仅包括法律规范，是在人们的社会实践活动中形成的调整社会关系、社会行为的基本准则，是评价人们社会行为的标准，具有规范性、阶级性等特征。其三，社会控制手段系统。社会控制的手段主要包括法律手段、道德手段、经济手段、政治手段、教育手段、文化手段、舆论手段等。其四，社会控制目标系统。对犯罪的社会控制目标就是防止社会成员犯罪，确保社会秩序正常运行、健康发展。

(二) 犯罪的社会控制途径

对犯罪的社会控制的具体途径主要包括：其一，对潜在犯罪人的控制。包括有明显犯罪倾向的人；各种犯罪嫌疑人员；刑满释放、解除劳教人员；被判处服刑的人员因某些原因假释或监外执行的人员等。其二，对潜在被害人的控制。包括没有自我保护能力而又脱离了有效保护的社会成员；容易成为攻击目标而又疏于防范的人等。其三，对可能被用来进行犯罪的物的控制。包括可能被用来进行犯罪的工具性的物（枪支弹药、管制刀具）；可能成为犯罪分子犯罪对象、袭击目标的物（货币等）；兼有以上两者特征的物如危险物品、具有重大经济价值的物品、淫秽物品、毒品等。其四，对重要情境进行的犯罪控制。包括对重要场所的控制，例如人财物集散地、公共交通工具、疏防地区、僻静场所、管理盲点等；对特殊行业的控制，例如旅馆业、印铸刻字业、旧货业等；对重点时段的控制，例如每年的重点季节时节、每天的重点时段等。

（三）犯罪的正向控制

预防犯罪不能仅依靠对消极行为的社会控制，还要依靠对正向行为的积极引导。主要包括：其一，对社会秩序的积极控制，例如社会主义法治建设、社会主义精神文明建设、良好家风建设、社会主义核心价值观教育、正确的社会奖赏、健康的舆论环境、和谐的社会结构、健全的社会经济结构、文明城市建设、基层社会组织建设等。其二，社会褒奖，是指对符合社会要求的行为予以奖赏，正面引导人们遵守社会规范。社会褒奖的内容主要是稀缺的社会资源，包括给予一定的物质资源（报酬）；给予一定的教育资源；给予一定的地位、荣誉、名誉等社会资源。社会奖赏的方式，如表彰奖励、升职加薪、职称晋升、给予荣誉称号等。

（四）社会保障的犯罪控制功能

社会保障也具有一定的社会控制功能，最基本的有对公民的最低生活保障、医疗保障、失业保障等。社会保障的犯罪控制作用主要包括：其一，依法调整社会第一次、第二次、第三次分配关系，在一定范围内减缓社会财富分配不均衡的现象，以实现实质社会公平；其二，为社会成员提供基本生活保障，减少为了满足最基本生活需要而发生的犯罪行为。

（五）犯罪的自我控制和家庭控制

犯罪的自我控制和家庭控制，也是犯罪控制的重要内容。自我控制是指个人对自身的心理与行为的影响和掌控。自我控制需要具备一定的知识、意识、能力与毅力。家庭控制是指家庭对家庭成员的心理与行为的影响和掌握。

家庭控制也需要知识、意识、能力与毅力，同时还需要另外一个"力"——自然情感力，是指家庭成员之间由于生育、养育、陪伴、教育等而拥有的特殊的影响力。为什么在中小学老师会让某些学生回家请家长，就是因为老师认为出现了家长不介入无法解决的教育问题，家长之所以拥有参与解决某些教育问题的能力，就是因为家长和孩子之间拥有一种"自然情感力"。

（六）社会属性的获得过程

根据马克思主义哲学，人都有两个属性：自然属性和社会属性。人一出生就具有了自然属性，但是社会属性却需要一个获得、拥有的过程。一个长期生活在狼群里的婴儿，也就是所谓的狼孩儿，是不可能获得人的社会属性的。人的社会化是指社会成员从自然人转化到社会人的成长过程，也就是人获得社会属性的过程。社会化实质是社会行为规范的内化和外化，即把社会行为规范内化为自己的信念、信仰，外化为行为方式、行为模式、行为习惯的过程。犯罪的社会控制包括外在控制和内在控制。外在控制是通过社会规范调整个人行为实现社会控制，例如通过法律、纪律、道德等行为规范来实现。但是，外在控制只能治标，能够治本的还是内在控制。内在控制是指通过个人的主观能动作用把社会规范内化为自己的意识、信念甚至信仰以后，再外化为行为方式，在行为中自觉遵守社会规范，实现社会控制。正是通过外在控制和内在控制，特别是通过内在控制，自然人才逐渐转化成了社会人，具有了社会属性。

（七）犯罪也能成为一种社会控制吗？

以上所说的是对犯罪的社会控制，还有学者研究了犯罪作为社会控制的问题,该研究具有一定的争议性。但是,也可以给我们以一定的启发。美国学者、行为主义法学派代表人物唐纳德·布莱克(Donald Black)认为:对于犯罪,人们通常关注的是它本身的违法性和社会危害性,但是在更广阔的历史和空间的角度上,犯罪其实是对先前侵犯行为的报复。众多社会学调查的结果表明,不管在过去还是当下,刑法学中认为的犯罪行为人很多情况下都是受害人,而犯罪行为是他们对先前不满采取的自助行为,是对不轨行为的反应,因而犯罪成为一种社会控制。从理论上分析这一自助方式,可以预测和解释犯罪。[1]唐纳德·布莱克还认为:许多犯罪绝非故意违反禁律,而是道德性的,涉及对正义的追求。它是一种冲突处理的方式,也可能是一种惩罚甚至死刑的形式。与法律相比,它是私力救济。在一定程度上它将他人即受害者的行为界定为越轨行为或对之做出的反应,故犯罪是社会控制。并且,在此程度上有可能运用社会控制的社会学理论特别是私力救济理论的各种因素来预测并解释犯罪。[2]这种观点的正确性,是值得商榷的。

(八)坚持马克思主义犯罪理论

马克思主义犯罪学认为在阶级社会里,犯罪是孤立的个人反抗统治关系的斗争。犯罪所侵害的对象可能是被害人的财产权、健康权、生命权等合法权益,而犯罪所侵害的客体——社会关系,却是国家对公民的财产权、健康权和生命权的保护制度。

---

[1] [美]唐纳德·布莱克、于妙妙:"犯罪作为社会控制",载《山东大学学报(哲学社会科学版)》2007年第1期,第46~54页。

[2] [美]唐纳德·布莱克、徐昕、田璐:"作为社会控制的犯罪",载谢晖、陈金钊主编:《民间法》(第8卷),山东人民出版社2009年版,第376~393页。

犯罪不仅仅是被告人和被害人之间的"私事",而且还是被告人和国家之间的"公事",对犯罪进行社会控制是国家和社会的功能之一。但是,犯罪本身不应该成为社会控制的一种方法,我们还是要提倡在法律的框架内,依法维护合法权益。

第十一章
青少年暴力犯罪的概念、特点、原因与对策

犯罪心理的类型化是犯罪心理学对犯罪的分类标准、分类结果以及分类研究方法。根据不同的标准，可以分成不同的类型。可以依据犯罪所侵害的社会关系——犯罪客体来分类；可以依据犯罪人来分类；可以依据犯罪行为来分类；还可以根据犯罪需求和犯罪动机多元分类标准。例如，根据后者，可将犯罪分为物欲型、性欲型（情欲型）、信仰型、集合型等犯罪类型。

一、青少年暴力犯罪的概念、特点和形态

（一）青少年暴力犯罪的概念

暴力是指对他人身体、心理或者破坏物品实施的伤害行为。青少年暴力犯罪是指青少年以暴力或者以暴力相威胁，侵害他人人身权利、财产权利、民主权利及其他合法权益，破坏社会秩序、公共安全的犯罪行为。在暴力犯罪中，暴力是目的还是手段？一般来说，暴力只是一种手段，没有为了暴力而暴力的。暴力犯罪对他人和社会造成的危害后果、心理影响极大。基本

上在所有的犯罪类型中，人们对暴力犯罪包括暴力恐怖犯罪的恐惧是最大的。

（二）青少年暴力犯罪的特点

青少年暴力犯罪的特点主要包括：犯罪主体有低龄化趋势；暴力犯罪具有一定的突发性；暴力犯罪动机具有一定的复杂性；暴力犯罪情节具有一定的恶劣性；暴力犯罪以杀人、抢劫、强奸、伤害为主要类型；团伙暴力犯罪增多；暴力犯罪有智能化的趋势。

（三）青少年暴力犯罪的形态

暴力犯罪的形态，根据不同的标准可以分成不同的种类：

法律上的分类。《刑法》规定的暴力犯罪有武装叛乱、暴乱等危害国家安全犯罪；爆炸罪、放火罪等危害公共安全犯罪；故意杀人罪、强奸罪等侵害公民人身权利、民主权利犯罪；抢劫罪、抢夺罪、绑架罪等侵犯财产犯罪；聚众斗殴罪等妨害社会管理秩序犯罪等。

学术上的分类，可以分为：其一，传统暴力犯罪与非传统暴力犯罪。传统的暴力犯罪包括杀人、强奸、抢劫、抢夺等；非传统的暴力犯罪包括暴力恐怖袭击等。其二，偏见型暴行、情绪性暴行、信仰性暴行与权力型暴行之分。偏见型暴行是指由于种族、民族、肤色、宗教、性别、性取向、亚文化群体等方面的偏见，而使用暴力或以暴力相威胁的攻击行为。情绪性暴行是指行为人在遭受他人的冒犯下，所呈现出来的情绪性暴力行为，如以暴行反击挑衅、攻击的行为。信仰性暴行是指为了某种特定的信仰而实施的暴力犯罪。权力型暴行是指由于滥用某种权力、影响力和支配力而实施的暴行。其三，家庭暴力、校园暴力、街头暴力、监狱暴力等。家庭暴力是指发生在家庭里的暴力，校园暴力是指发生在学校里的暴力，街头暴力是指发生在街头的暴力,监狱暴行是指发生在监狱里的暴力。其中,家庭暴力是"权力型人格"犯罪人实施最多的暴力类型。例如家长认为自己对孩子投入很多,孩子就应当听从自己的"投入—回报"型人格和"贬损型精神操控(PUA)—听从"型人格,都可能实施家庭暴力。

药某鑫从小害怕父亲的严格要求、怕达不到父亲的要求,进而怕"惹事",怕被交通肇事的受害人纠缠,最后残忍地杀害了被害人。因此,药某鑫的人格缺陷,有其父亲的影响因素在内。这也告诉我们一个道理,那就是父母对孩子的心理教育、心理抚养是非常重要的。

(四)家庭暴力的预防和治理

《反家庭暴力法》第 2 条规定:"本法所称家庭暴力,是指家庭成员之间以殴打、捆绑、残害、限制人身自由以及经常性谩骂、恐吓等方式实施的身体、精神等侵害行为。"该法第五章专门规定了法律责任,共包括四条,明确规定的法律责任的形式包括治安管理处罚、刑事责任。根据《民法典》还应当包括赔礼道歉、民事赔偿等侵权责任。《反家庭暴力法》规定,治安管理处罚责任包括训诫、罚款、拘留等。另外,《反家庭暴力法》第五章还在第 35 条、第 36 条两个条文中规定了处分责任。学校、幼儿园、医疗机构、居民委员会、村民委员会、社会工作服务机构、救助管理机构、福利机构及其工作人员未依照本法第 14 条规定向公安机关报案,造成严重后果的,由上级主管部门或者本单位对直接负责的主管人员和其他直接责任人员依法给予处分。负有反家庭暴力职责的国家工作人员玩忽职守、滥用职权、徇私舞弊的,依法给予处分。这两处的"处分"前面没有定语,未加限定,即应当认为没有限定,应当既包括政务处分,也包括单位的内部处分。政务处分就是以前的政纪处分，是指对所有行使公权力的公职人员所适用的一种惩戒措施。根据《监察法》的规定，监察委员会（而不是行政机关）对违法的公职人员（不仅限于行政机关工作人员）依法作出政务处分决定。政务处分的适用人员范围既包括行政机关的公务人员，还包括党机关的公务人员；人民代表大会及其常务委员会机关的公务人员；监察委员会的公务员；人民法院、人民检察院的公务人员；中国人民政治协商会议各级委员会机关的公务人员；民主党派机关的公务人员；工商业联合会机关的公务人员；参照《公务员法》管理的人员；法律、法规授权或者受国家机关依法委托管理公共事务的组织中从事公务的人员；国有企业管理人员；公办的教育、科研、文化、医疗卫生、体育等单位中从事管理的人员；基层群众性自治组织中从事管理的人员；以及其他依法履行公职的人员。根据《监察法》和《公职人员政务处分法》，政务处分的种类包括警告、记过、记大过、降级、撤职、开除等。《公务员法》第62条规定："处分分为：警告、记过、记大过、降级、撤职、开除。"这比起《监察法》的相关规定，只不过少了一个"等"字。而以往的"行政处分"的适用对象则限定为行政机关的公务人员，使用机关仅限于行政机关。《监察法》通过之后，行政处分是否被政务处分所取代了？并没有。《公务员法》第61条第1款规定："公务员因违纪违法应当承担纪律责任的，依照本法给予处分或者由监察机关依法给予政务处分；违纪违法行为情节轻微，经批评教育后改正的，可以免予处分。"也就是说，行政处分仍然和政务处分同时存在。但是为了避免对同一违纪违法行为作出重复的处分，《公务员法》第61条第2款规定："对同一违纪违法行为，监察机关已经作出政务处分决定的，公务员所在机关不再给予处分。"

（五）校园暴力的防范与治理

怎样防范校园暴力？防范校园暴力先要了解校园暴力的特

点，然后对症下药。校园暴力具有隐蔽性、反复性、恃强凌弱、以多欺少、以大欺小、出风头耍威风等。因此，防范校园暴力，应当阻遏、破坏其发生的条件，发现校园欺凌和校园暴力应当及时报警，报告老师、家长；让施暴者得到惩罚不敢轻易反复；自立自强；尽量不要单独去僻静场所；老师应关注爱出风头的同学；学校应设置举报信箱、举报电子信箱、其他网络举报平台等；学校应有一定的安保措施。

校园欺凌在古代也有，《红楼梦》中就有校园欺凌，在贾府开设的学堂里，由于管理不善，几位不爱学习的公子哥发生了矛盾，秦钟等人被金荣等人欺凌——造谣中伤、殴打。因此，无论是在古代的学堂还是现在的校园，都必须加强教学和学习秩序的管理，加强学生的行为规范教育。

二、青少年暴力犯罪的原因与对策

（一）青少年暴力犯罪的形成原因和影响因素

1. 青少年暴力犯罪的成因

青少年暴力犯罪的成因是多方面的，它应当是一个因素群，是犯罪人的生理因素、心理因素、社会环境因素、受害人因素动态综合作用的结果。

2. 青少年暴力犯罪的影响因素

（1）生理影响因素。青少年正处于青春期，具有一定的冲动性；尤其是暴力犯罪呈现出低龄化趋势，低龄化青少年的法治观念尚未根深蒂固地建立起来；男性的暴力犯罪要多于女性，男性青少年的雄性激素水平高，更加容易产生暴力犯罪。

（2）心理影响因素。其一，从认知特征上看，暴力犯罪的青少年多有较低的、简单的、原始的、只认拳头不讲理的认知水平。他们解决问题的方式往往存在缺陷，普遍具有迷信暴力的倾向。他们还往往具有哥们义气等思想。其二，从情绪、情感和意志特征上看，暴力犯罪的青少年多有消极的情绪反应模式。他们一遇到不顺心的事，往往会出现激烈的、亢奋的情绪爆发，将恶劣的情绪转移到其他的人或物品上，诉诸暴力。暴力犯罪的青少年往往意志力比较薄弱、意志控制力比较差、控制情绪的能力比较差、情绪爆发点比较低。其三，从动机特征上看，暴力犯罪者一般具有比较强烈的甚至激烈的犯罪动机，例如报复动机、杀人灭口动机等。其四，从性格特征上看，暴力犯罪者多具有较为典型的固执任性、敏感多疑、易受暗示、易冲动、自制力差、以自我为中心、冷酷残忍、缺乏同情心、把自己的快乐建立在别人的痛苦之上等特征。

（3）被害人影响因素。其一，被害人的特征因素。一般来说，以男性为暴力犯罪加害对象的犯罪人，犯罪目的以"报复"为主，以女性为暴力犯罪加害对象的犯罪人，犯罪目的以"性满足"为主。从被害发生前犯罪人与被害人的关系来分析，在熟人之间，暴力犯罪人的加害目的以"报复"和"性满足"为主，在陌生人之间，以"谋财"为主。其二，被害人过错因素。有的被害人存在一定的过错，一般来说，暴力程度越大，这种过错可能越明显，反之亦然。在被害人的过错类型方面，被害人的言语过激和斗殴挑衅最为明显。

（4）暴力属于攻击，攻击的理论解释多种多样，不一而足：其一，生物学攻击理论。根据龙勃罗梭的天生犯罪人论，具有攻击性的人的生物学特征包括头部的大小与同一地区的人种迥异；有过长的手臂；有鹰钩鼻梁；有肥大突出的嘴唇；下巴退缩、过长、过短或扁平，类似无尾猿；有额外的手指与脚趾等。其二，习性学攻击理论。奥地利动物学家、现代行为学家洛伦兹（Konrad Lorenz，1903~1989年）认为，攻击是人和动物具有的、保护自己领地的、遗传性的本能。人类在与其他动物的竞争中，没有发展出自然性的武器，而是发展出了具有毁灭性的技术性武器。其三，西格蒙德·弗洛伊德的精神分析理论。该理论认为攻击是人和动物的本能；攻击是能量——力比多的宣泄。其四，心理学中的敌意归因偏差理论。该理论认为，暴力犯罪人在心理上存在有敌意的归因偏差，即在情境不明确、缺乏证据的状况下，将对方的动机或意图视为有敌意的倾向，给予过度的敌意判断，预测别人对自己有敌意，即与阴谋论相似的敌意论。他们往往有敌意地看待世界，缺乏社交技巧，甚至曾经受到家庭虐待，因此他们建立起了用攻击解决冲突的行为模式。其五，挫折—攻击理论。该理论认为，攻击是挫折的结果。愤怒使得个体倾向于或准备好做出攻击行为；攻击可能由外界刺激诱发；武器可能会诱发攻击，即所谓"身怀利器杀心顿起"的武器效应。

3. 李逵的暴力倾向和人身危险性为什么大？

《水浒传》中有不少杀人如麻的恶人，李逵是暴力性倾向最严重的一个。他崇尚暴力，杀人不需要什么有力的理由，不需要受到什么挫折。他喜欢拿着两把板斧，在人群中排头杀去，滥杀无辜，以获得心理快感。甚至把人杀死以后，还要拿着两把板斧，使劲剁尸体发泄、取乐，这属于侮辱尸体，是心理变态的一种。还有一次，李逵用板斧杀死了一个年仅四岁的无辜儿童。李逵为什么那么暴力？除了他自身的残忍个性以外，也跟他的成长经历和周围环境有关。李逵自幼丧父，失去了父亲的管教，使得他无法有效地完成社会化的过程。李逵在踏入社会之后，就有神行太保戴宗、及时雨宋江等人，宠着他、护着他，利用他的能打能杀、残酷无情，达到自己的目的，可以说李逵成了某些人的杀人工具。可以说，李逵已经形成了暴力的思维定式，形成了暴力性人格和暴力性行为方式、行为习惯。因此，李逵的人身危险性是极高的。

(二) 青少年暴力犯罪的预防对策

1. 预防青少年暴力犯罪的大对策

预防青少年暴力犯罪，从大的方面来看，应当着重改善社会环境，净化网络环境，妥善解决社会矛盾；加强社会主义精神文明建设；弘扬新时代枫桥经验，加强社会调解和疏导工作，注意及时解决社会纠纷，防止社会矛盾激化；积极发挥司法机关的法治作用，严厉打击暴力犯罪。

2. 预防青少年暴力犯罪的小对策

从小的方面来看，应当加强对青少年的法治意识、法治能力、法治素质、法治信仰教育，引领青少年文明礼貌、明礼守法。告诉青少年，遇到抢夺、抢劫等暴力犯罪应当依法同犯罪分子斗智斗勇、依法维权。对已经有过暴力犯罪经历的青少年，应当加强心理矫正，防止再犯。

我们来分析一个案例：张某寻衅滋事案。2015 年 9 月 18 日，最高人民法院召开新闻通气会，北京市高级人民法院党组成员、副院长兼政治部主任发布了发生在北京校园内的几起刑事犯罪典型案例，其中一起就是张某寻衅滋事案。被告人张某（在校学生未成年人），向被害人、同学李某某索要 50 元，并造成被害人手掌骨折（轻伤），构成寻衅滋事罪，被判拘役 6 个月。

基本案情： 被告人张某于 2007 年 9 月从远郊至北京某职业技术学院就读中专一年级。因家庭经济状况不佳，张某自认为比别人条件差，害怕被同学看不起。在入学至 2008 年 4 月住校就读期间，多次强行向同学李某某、马某某、孙某、张某等人索要财物，并以玩摔跤为名随意殴打同学。2008 年 4 月 13 日 22

时许,张某在该校学生宿舍内,以手机充值为由,强行向学生李某某索要人民币50元。李某某不同意,张某便强迫李某某与其掰手腕,并对李某某进行殴打,致李某某左手第四掌骨基底骨折,经法医鉴定为轻伤。被告人张某于当晚被抓获,其向被害人索要钱款已起获并退还。在诉讼过程中,经法院主持调解,双方达成调解协议,张某赔偿李某某医疗费、交通费、营养费、护理费等经济损失共计2858.87元。

裁判结果:北京市石景山区人民法院经审理认为,被告人张某随意殴打他人并致人轻伤,多次强拿硬要他人财物,情节严重,其行为扰乱学校秩序,已构成寻衅滋事罪,依法应予惩处。鉴于被告人张某犯罪时未成年,积极赔偿被害人的损失且自愿认罪,依法对其从轻处罚。依据刑法有关规定,以寻衅滋事罪判处张某拘役6个月。

典型意义:校园本该是学生学习和生活的净土,给大众的感觉总是安全、美好的。然而,现在校园暴力事件频发,造成许多未成年学生人身和精神上的伤害与痛苦,社会影响恶劣。本案中,被告人张某对同学强拿硬要、随意殴打的行为,不仅侵害了受害同学的财产、人身权益,严重扰乱了校园秩序,而且导致了同学们心理遭受严重伤害、承受巨大压力。因此,综合考虑本案情节,对于此类校园暴力案件,虽然被告人张某系在校学生且系未成年人,但其行为触犯了法律,应当依法给予相应惩处,以达到保护未成年被害人权益和教育未成年被告人的双重目的。[1]

本案张某身为在校未成年人,本应当将精力用在好好学习上,却多次在校园里强拿硬要他人少量财物,还把被害人李某

---

[1] 侯裕盛:"最高法公布发生在校园内的刑事犯罪典型案例(北京)",载https://www.court.gov.cn/zixun-xiangqing-15565.html,访问日期:2023年6月5日。

某打成轻伤，其行为构成寻衅滋事罪，应当依法承担刑事责任和附带民事赔偿责任。当地司法机关的处置是合法的、及时的。

3. 北宋东京府为什么治不了泼皮牛二？

如果不能及时处置这样的寻衅滋事行为，会发生什么后果？《水浒传》中有一个情节，说的是青面兽杨志落难后，在北宋的都城东京流落街头，由于没有生活来源只好将祖传的宝刀卖掉。但是，在卖刀时却遇到了泼皮牛二。这个泼皮牛二，一贯在街市上撒泼耍赖，寻衅打闹，连开封府也治他不下。后来，其因为纠缠青面兽杨志，被杨志一怒之下，用祖传宝刀给杀了。杨志也因为杀人而被追究了刑事责任。我们不禁要问，泼皮牛二的无赖行径、寻衅滋事行为，绝非一日，否则就不会混得"没毛大虫"的绰号，但是，为什么一直未被追究法律责任？一方面，泼皮牛二寻衅滋事所欺凌的，都是穷苦人，当时的官府没有为穷苦人做主、及时维护市场合法秩序的执法意识，是一种明显的不作为。另一方面，可能泼皮牛二的行为，尚未构成刑事犯罪。当地官府也觉得，无法严厉追究他的法律责任。这样他大错不犯，小错不断，也就一直这样在街市上寻衅滋事，直到遇到了杨志，酿成了命案，死在青面兽杨志的祖传宝刀利刃之下。

现在，我们的国家是法治国家。我们的社会，是法治社会。一个人，即使他的寻衅滋事行为，没有构成犯罪，也应当按照《治安管理处罚法》的有关规定，承担相应的法律责任。《治安管理处罚法》第26条规定："有下列行为之一的，处五日以上十日以下拘留，可以并处五百元以下罚款；情节较重的，处十日以上十五日以下拘留，可以并处一千元以下罚款：（一）结伙斗殴的；（二）追逐、拦截他人的；（三）强拿硬要或者任意损毁、占用公私财物的；（四）其他寻衅滋事行为。"

第十二章
青少年常见人身暴力犯罪心理分析

一、青少年人身暴力犯罪的常见动机

青少年人身暴力犯罪的常见动机主要包括：其一，情感需要遭受挫折，主要包括追求挫折型；婚姻挫折型；受骗挫折型等。其二，尊重需要遭受挫折，主要包括人格独立、名誉荣誉、成绩成就、尊严威严、地位威望等方面受尊重的需要遭受挫折。其三，成就需要遭受挫折，主要包括追求实现自己的能力或潜能、实现自我价值方面的需要遭受挫折。其四，临时性人际冲突产生的人身暴力犯罪，主要包括在车站、超市、游乐场等场所因临时性人际冲突发生的、预谋性差、冲动性大的人身暴力犯罪。其五，个人恩怨、积怨引发的人身暴力犯罪，主要包括因加害人与被害人之间个人恩怨或长期积怨而引发的人身暴力犯罪（包括家庭伦理惨案）。一般来说这种犯罪预谋性较强，危害也相对比较严重。

例如，2009年11月北京大兴区发生的一家六口被杀案。李某因为家庭积怨，持刀杀死了自己的父母、妹妹、妻子和两个年幼的孩子。2011年9月16日，李某被执行死刑。媒体披露，据李某交代，起杀心是因为"长期的家庭积怨在心中累积"，用的是"事先准备好的单刃刀",先杀害妻子,随后又来到妹妹的房间,将其杀死,后又将闻讯赶来的父母残杀。作案后,李某清理了现场。作案前的当天下午,李某就已经购买好了24日晚8时从北京开往深圳的火车票。据李某交代,从小父母就对他的管教非常严厉,结婚后妻子在家里又过于争强好胜,而自己又比较内向。[1]可见,如果人与人之间的长期积怨得不到合理的心理疏导,矛盾得不到及时的解决,很有可能会引发严重的人身暴力犯罪。

二、青少年人身暴力犯罪心理的常见类型

青少年人身暴力犯罪是指青少年以人身暴力攻击为动机的犯罪。青少年人身暴力犯罪心理是指青少年犯罪人在人身暴力犯罪活动中的心理。

人身暴力犯罪根据不同的标准可以分成不同的类型。可以分为:其一,激情型人身暴力犯罪。这种类型的暴力犯罪人,从刺激因素出现到暴力反应,较为直接快速,犯罪手段比较简单,犯罪行为比较疯狂。犯罪人主要属于胆汁质,一般情绪波动大、易激惹、遇事不容易控制自己的情绪。其二,预谋型人身暴力犯罪。这类暴力行为预谋性强;犯罪手段相对比较复杂;犯罪指向性较为明显。这种类型的暴力犯罪人,一般比较固执;心理不良情绪长期积累;有明显的预谋过程;往往事后也不会后悔,心理承受能力和反侦查能力相对较强。

根据犯罪动机,常见的青少年人身暴力犯罪类型有故意伤害、故意杀人等人身侵害类报复性犯罪、性犯罪等。

---

[1] 赵艳红:"'好人'为何如此残忍 犯罪心理学专家析大兴灭门案",载https://www.chinanews.com.cn/gn/news/2009/12-02/1995086.shtml,访问日期:2023年5月6日。

第十二章 青少年常见人身暴力犯罪心理分析

(一) 青少年人身侵害类报复性犯罪

青少年人身侵害类报复性犯罪是指由于青少年行为人自身或者家庭、社会等因素，导致对他人或社会产生报复性情绪和心理，以宣泄情绪为目的，在特定条件下所引发的人身侵害报复类犯罪，包括报复他人和报复社会两种类型。影响人情绪的因素包括主体内自身因素和主体外环境因素。

青少年报复性犯罪往往是因个人恩怨、感情受挫、婚姻受挫、人际关系冲突、成就需要受挫、尊重需要受挫、物质需要受挫等引起的，当憎恨、羞辱、绝望等情感积累到一定程度，宣泄出来而导致的犯罪。"青少年挫折—侵犯理论模型"大致可以概括为：确立追求目标——进行个人努力——受到挫折失败——产生消极情绪——消极情绪积累——达到承受极限——产生攻击行为。

从犯罪心理学角度分析，报复性犯罪的特征主要包括：

第一，犯罪人心理上具有泄愤因素。行为人基于宣泄自身不满、愤怒情绪的报复性心理需求，产生报复犯罪动机，进而实施犯罪行为，因此报复性犯罪要么具有爆发性的特征，要么具有预谋性的特征。爆发性的暴力犯罪，犯罪人具有明显的情绪波动特征，动作反应快，手段相对简单；行为迅速疯狂；报复对象容易转移。据中国新闻网 2014 年 3 月 21 日《男子搭讪不成动手打伤人　赔偿 4 万元达成和解》一文报道，天津市河东区人民检察院对一起故意伤害案提起公诉，河东区人民法院依法对被告人李某判处刑罚。被告人李某，男，39 岁，无业。2013 年 3 月的一天晚上，李某在天津站附近某超市门前，与素未谋面的女性刘某搭讪，引起刘某不满，后二人发生口角。在争执过程中，李某用拳头击打刘某头部、面部，将刘某打伤。在案件审理过程中，双方达成和解，由被告人一次性赔偿被害人各项经济损失共计人民币4万元,被害人撤回附带民事诉讼,并表示谅解。河东区人民法院依法以故意伤害罪判处被告人李某拘役4个月。[1]而预谋式的暴力犯罪,犯罪人具有明显的意志特征,一般行动计划周密,报复对象较固定,指向明显。

第二,犯罪原因的复杂性。根据意大利犯罪学家恩里科·菲利的刑事社会学派理论,报复性犯罪的发生有多重因素,是犯罪人周围生活环境、社会大环境、社会经济压力,与犯罪人个人生理、心理状况,以及被害人的有意或无意的言行刺激等相互作用,犯罪人心理上出现严重不平衡感的结果。

第三,犯罪对象的特定性或随机性。杀人、伤害类报复性犯罪的犯罪客体,是人的生命权、健康权,针对的多是有直接利害关系的特定个人,但也有报复社会、无差别杀人的例子。根据犯罪对象的不同,报复性犯罪可以分为报复个人和报复社会两种。报复个人的犯罪是指行为人由于种种因素,对他人产生报复性心理,进而侵害他人人身权利的行为,指向的是具体的利害关系人。报复社会的犯罪是指犯罪人对整个社会不满,进而将报复行为指向整个社会,社会是由人组成的,因此最终针对的是社会上随机的人,也就是所谓的无差别犯罪行为。

需要注意的是正当防卫是合法的,但是报复是违法的甚至会构成犯罪。

我们来分析一个案例:焦某、何某某、刘某某故意伤害刑事附带民事诉讼案。2015年9月18日,最高人民法院召开新闻通气会,北京市高级人民法院党组成员、副院长兼政治部主任发布了发生在北京校园内的几起刑事犯罪典型案例,其中一起就是焦某、何某某、刘某某故意伤害刑事附带民事诉讼案。

---

[1] 王赫岩:"男子搭讪不成动手打伤人 赔偿4万元达成和解",载 https://www.chinanews.com/fz/2014/03-21/5979124.shtml,访问日期:2023年4月26日。

第十二章 青少年常见人身暴力犯罪心理分析

基本案情：被告人焦某于2012年3月8日12时许，在本市某科技学校内因琐事与赵某、修某某（男，殁年16岁）发生口角，并约定斗殴。何某某得知后指使刘某某将其存放在宿舍内的折叠刀提供给焦某。后焦某在该校男厕所内与赵某、修某某等人斗殴过程中，持刀刺击修某某的颈左侧，伤及左侧颈总动脉，致修某某急性失血性休克死亡。被告人焦某、何某某、刘某某作案后在接受公安机关询问时，供认了犯罪事实。

裁判结果：北京市第一中级人民法院经审理认为，被告人焦某、何某某、刘某某持械故意伤害他人身体，致人死亡，其行为均已构成故意伤害罪，依法均应予惩处。焦某系主犯，何某某、刘某某系从犯。鉴于三人犯罪时系未成年人，在罪行未被有关部门发觉，司法机关未确定犯罪嫌疑人，尚在一般性排查询问时，均主动交代犯罪事实，到案后并如实供述犯罪事实，系自首，且认罪态度较好，被害人一方在本案中亦有一定过错；刘某某积极赔偿被害人部分经济损失，故依法分别对焦某从轻处罚，对何某某减轻处罚，对刘某某减轻处罚并宣告缓刑。依照刑法有关规定，以故意伤害罪，分别判处被告人焦某有期徒刑12年，被告人何某某有期徒刑5年，被告人刘某某有期徒刑3年，缓刑3年。焦某、何某某、刘某某及法定代理人暨附带民事诉讼被告人及法定代理人共同赔偿附带民事诉讼原告人丧葬费等经济损失人民币63万元。

典型意义：本案是一起典型的高中学生因矛盾处理不当，争强斗狠、相互约架而引起的严重校园暴力案件。被告人焦某与同学仅仅因琐事发生口角，就相约斗殴，造成一名未成年被害人死亡的严重后果。惨剧的发生对于当前遏制校园暴力、维护校园安全具有深刻的警示意义。首先，青少年思想、心智不成熟导致激情犯罪频发。中学生正值青春期，好奇心、表现欲望强烈，做事不考虑后果，好逞一时之勇，容易因琐事产生矛盾，在与同学发生摩擦时，往往拉帮结伙约架、逞强斗狠。因冲动而发生的暴力犯罪屡见不鲜，激情犯罪已经成为威胁校园安全的重要因素。其次，青少年对生命的尊重、对法律的敬畏淡漠，法律意识亟待提高。本案被告人刘某某虽然没有实际殴打对方，仅是为同案被告人拿取犯罪工具，但依照法律相关规定，属于参与共同犯罪。在实践中，许多未成年人在思想意识上对法律规定认识不足，认为只要不参与斗殴就不是犯罪，导致一些学生为了哥们义气而误入歧途，断送了美好前程。再次，学校法治教育及管理不到位。部分学校忽视对学生的法治教育、法律意识以及行为操守的培养，思想品德教育阵地长期缺位，使社会不良思想、价值观乘虚而入，严重侵蚀了学生的心灵。建议学校加大法治教育投入，创新普法教育方法，深化校园预警机制，切实引导广大青少年成为学法、懂法、守法和用法的合格人才。最后，家庭教育缺失。法院在审理本案过程中，对三被告人的成长环境、家庭生活、学习情况进行了社会调查，通过社会调查从源头上分析三名未成年人犯罪的原因，发现家庭教育的缺失、社会关护不够也是未成年人走向犯罪道路不可忽视的原因。预防未成年人违法犯罪是一项复杂的社会系统工程，需要政府有关部门、司法机关、学校、家庭等社会各方面力量共同参与，切实行动起来，形成广泛合力，为护佑未成年人身心健康成长创造良好的社会环境。[1]

校园欺凌和校园暴力是一个备受社会关注的问题。这是一个需要综合治理的问题，绝不仅仅是学校的事情，也不仅仅是法治专门机关的事，而是一个需要青少年、未成年人的监护人、

---

[1] 侯裕盛："最高法公布发生在校园内的刑事犯罪典型案例（北京）"，载https://www.court.gov.cn/zixun-xiangqing-15565.html，访问日期：2023年5月8日。

第十二章 青少年常见人身暴力犯罪心理分析

学校、社会、网络、司法机关、政府等主体共同努力的事情。

例如,中关村第二小学霸凌事件:2016 年 12 月,就读于该校的斌斌(化名)遭遇校园霸凌,被同学鹏鹏(化名)将厕所垃圾筐扣在头上。此事件被在网上披露后,曾经引发了社会各界人士的极大关注。校园欺凌和校园暴力行为的性质,应当具体案例具体分析。如果构成犯罪,就应当依法追究刑事责任。

我们再来分析一个案例:刘某寻衅滋事案。2015 年 9 月,最高人民法院召开新闻通气会,北京市高级人民法院党组成员、副院长兼政治部主任发布的发生在北京校园内的刑事犯罪典型案例之一,就是这起案件。

基本案情:因女友雷某某与同学李某产生纠纷,2008 年 12 月 1 日,被告人刘某遂纠集冯某某等人(均另行处理)找李某"说和"。当看到李某系自己哥们的好友后,被告人刘某等人遂与李某有说有笑;当得知李某因交往问题与被害人王某某产生积怨并欲"教训"王某某的情况后,被告人刘某当即表示愿意陪同李某前往。当日 16 时许,被告人刘某在北京市东城区某中学门前蓄意滋事,先是打了刚放学走出校门的王某某一个嘴巴,后又指使冯某某等人对被害人王某某拳打脚踢,王某某经鉴定为轻微伤。

裁判结果:北京市东城区人民法院经审理认为,被告人刘某随意殴打他人,情节恶劣,其行为已构成寻衅滋事罪,依法应予惩处。刘某曾因犯抢劫罪被判处有期徒刑,刑罚执行完毕 5 年内再犯应当判处有期徒刑以上之罪,系累犯,依法应予从重处罚;鉴于其犯罪后具有自首情节,积极赔偿给被害人造成的经济损失,认罪悔罪态度较好,可依法酌情对其从轻处罚。依照刑法相关规定,以寻衅滋事罪判处刘某有期徒刑 1 年。

典型意义:本案是一起典型的发生在学校门口且针对学生

实施的校园暴力案件。此类案件多由之间不能正确处理一些小矛盾所引发,且多数情况下还纠集社会不良青少年介入其中,并具有逞强好胜、偶发性强、人数多、成规模、不计后果等特点,不仅会侵害学生生命和身体健康,而且往往严重扰乱校园安全管理秩序,降低学生的安全感。对于此类案件应及时、严肃处理,快速恢复学校正常秩序,尽力弥补被害学生的经济损失,抚慰被害人情绪。还应注重法治宣传教育工作,采取以案说法形式,警示教育学生要正确处理纠纷,避免因一时冲动走上违法犯罪道路。[1]

学校是青少年学生学习知识、全面发展、健康成长的地方。学生之间遇到任何纠纷,都应当依法解决,而不能诉诸暴力,寻衅滋事、随意殴打他人应当依法承担相应的法律责任。只有这样才能还学校以安宁,使青少年能有安静祥和的学习环境。本案再次告诉,我们青少年法治教育应当是一个常抓不懈的重要问题。

(二) 青少年性暴力犯罪心理剖析

青少年性暴力犯罪是指人在性欲的驱使下或在报复意识、反社会意识等的支配下,为满足性欲、报复等,而对异性或同性采取的暴力侵犯他人性权利的犯罪行为。

青少年性暴力犯罪的种类主要包括:强奸罪、强制猥亵罪、强迫卖淫罪等。2015年8月29日第十二届全国人大常委会十六次会议表决通过的《刑法修正案(九)》,根据男女平等保护的原则,扩大了强制猥亵犯罪侵害对象的范围,强制猥亵男性也构成犯罪。

青少年性暴力犯罪的特征主要包括:呈现低龄化趋势;近

---

[1] 侯裕盛:"最高法公布发生在校园内的刑事犯罪典型案例(北京)",载https://www.court.gov.cn/zixun-xiangqing-15565.html,访问日期:2023年5月8日。

年来女性犯罪突出；犯罪人的重复犯罪率较高；犯罪人的文化程度大多相对较低；夏季夜间为高发季节，上半夜居多；郊区多于市区；熟人犯罪、约会犯罪略高于陌生人犯罪。

青少年性暴力犯罪大多有利用被害人心理弱点的特征。包括利用女性的恐惧和软弱心理；利用女性追求享乐的心理；利用女性有求于人的心理；利用女性的隐私或劣迹；利用女性残疾、精神病等非正常状态。

青少年性暴力犯罪心理大多具有冲动性、受诱惑性、性幻想、缺乏共情能力、缺乏同情心等特征。有的犯罪人是性变态兼心理变态者。青少年性暴力犯罪人的犯罪动机主要包括性欲动机、报复动机、权力欲动机、变态心理动机等。

性暴力犯罪人的重复犯罪率较高。根据美国心理学家加里·格罗思-马纳特（gary groth-marnat）的研究，强奸犯的类型包括权力型强奸犯（占55%）：寻求控制与权力，以减轻不安全感和自卑，恢复自信；愤怒型强奸犯（40%）：对妇女敌意、轻视、憎恨，性的满足处于次要地位；虐待型强奸犯（4%）：与暴力融合在一起，从折磨被害人中获得满足。

性暴力犯罪给被害人引起的心理创伤相对严重而持久的，被害人往往会产生对男性的不信任感；存在持久的恐惧症状、创伤体验；情绪高度焦虑；出现羞愧、消沉等情绪而自杀或企图自杀。

(三) 青少年故意杀人犯的心理剖析

青少年故意杀人犯的动机特征主要包括：强烈的内在冲动性，故意杀人罪犯一般具有情绪的激烈性；动机具有攻击性和恶性转化性；动机的多样性和复杂性；犯罪原因的推诿性等。

青少年故意杀人案件大多集中发生于晚七点到凌晨三点人比较疲乏的时候，一般来说人在晚上的典型情绪是：危机感、担忧、孤独、绝望、迷惘，容易出现非理性的心理宣泄方式，最常见的心理暗示是一不做二不休。最常引起杀人的原因大多是小口角、小仇恨、小冲动。

　　古人说，勿以恶小而为之，勿以善小而不为，还是非常有道理的。多数杀人犯遇事鲁莽冲动，不能冷静寻求合法的处理途径；解决矛盾和纠纷时往往言辞激烈，容易感情用事。所以我们要控制好自己的情绪。案件最常发生的地点有市街商店、住宅、宿舍等。市街商店多发生经济纠纷，而住宅、宿舍是比较私密的地方，人在住宅、宿舍里往往比较随意，容易怠慢、轻慢、得罪人。犯罪人与被害人的关系多是亲友。故意杀人案件往往因情感或经济纠纷而产生，犯罪对象多在家庭或其他小范围内。可见，如果熟人之间的小矛盾得不到及时解决，日积月累，也会酿成大祸。

第十三章
青少年财产犯罪心理剖析

一、青少年财产犯罪心理的概念、类型和形成规律

青少年财产犯罪也称青少年物欲型犯罪、侵犯财产罪，是指青少年以非法占有为目的，非法占有公私财物或者故意毁坏公私财物的行为。青少年财产犯罪心理是指青少年在财产犯罪中的犯罪心理规律。

青少年财产犯罪的类型，根据需要分类，可以分为青少年生存型财产犯罪和青少年挥霍型财产犯罪等。根据行为分类，可以分为盗窃、诈骗、侵占、贪污、抢劫、贩卖票证、制假贩假等。

青少年财产犯罪心理的形成规律，主要包括：其一，青少年自我意识日趋成熟和完善，表现出经济独立性需求。其二，青少年的理智和意志得到了迅猛发展，但是，还有一定的冲动性。其三，青少年情绪和情感复杂、不稳定，表现出特别注重交往的心理特征。其四，青少年性意识逐渐趋于成熟，表现出恋爱的需求，需要一定的经济能力支撑。

二、青少年财产型犯罪的心理和行为特征

(一) 青少年财产型犯罪的心理特征

青少年财产犯罪的心理特征主要包括：贪婪的心理；存在错误认识，认为金钱是万能的，性格贪婪，认为人不为己天诛地灭，认为权钱交易是人生捷径等。情感上爱慕虚荣、有嫉妒攀比心理，有享乐主义人生观；意志薄弱、逐渐堕落，小时偷针大了偷金，从不贪、小贪到大贪等。犯罪人行为上多有不良恶习心理，例如小偷小摸没事、爱占小便宜的心理等。网络时代的财产型犯罪的心理特征还有：因网络匿名性而产生的"被害人非人格化"倾向；要做就做大的心理，致使大案、要案突起等。总之，财产型（物欲型）犯罪的动机主要是在犯罪者不正当的物质需要、不良的社会环境因素、社会控制不完善等综合作用下产生的，强烈的物质需要是犯罪动机形成的心理基础。

(二) 青少年财产型犯罪的行为特征

青少年财产犯罪的一般行为特征主要包括：其一，犯罪手段的多样性。有智力型的，例如贪污诈骗计算机犯罪；有非智力型的，例如持械抢劫、暴力抢夺；有凭借职权的，例如索贿、受贿、监守自盗；有凭借技巧的，例如扒窃、入室盗窃。其二，作案手段的技能性。例如，抢劫由暴力型转向麻醉型、冒充军警型等；盗车由撬锁转向用解码器截获密码等；诈骗由正面交锋转向手机短信、电话、网络诈骗等。其三，作案习惯的顽固性。犯罪人往往受金钱诱惑，越陷越深，改造矫正难度大。其四，团伙作案比较多。青少年由于体力不强、社会经验不足、分辨是非能力比较弱，往往单独作案难以成功，结成团伙共同犯罪。

(三) 当代青少年财产犯罪的新特征

当代青少年财产犯罪还呈现出一些新的时代特征：其一，

第十三章 青少年财产犯罪心理剖析

青少年财产犯罪的智能化、网络化。其二，青少年财产犯罪在犯罪主体上，女性青少年犯罪率增加，当然男性仍然占绝大多数。其三，网络的匿名性，使得青少年财产犯罪的犯罪动机增加了侥幸心理；其四，由于经济的快速发展，富人越来越多，有的青少年财产犯罪人有仇富、报复心理。第四，青少年财产犯罪在犯罪行为上，呈现智能化趋势。青少年一定要学会辨别是非，拒绝不良恶习，德法兼修，明理守法。

三、几种典型的青少年财产型犯罪心理剖析

财产型犯罪人一般有贪婪、虚荣、金钱观念重、意志较为薄弱等心理特征，对抢劫、盗窃、贪污等财产型犯罪习以为常后，会进行心理粉饰。他们重视物质利益，懒散，缺乏对他人财产和经济状况的尊重感、界限感，但会掩饰自己，给人老实本分、淡泊名利的印象。

（一）青少年抢劫犯罪心理剖析

由于抢劫罪毕竟是见财起意，所以将抢劫罪归类到财产型犯罪中，是顺理成章的。根据《刑法》的规定，抢劫罪也属于侵犯财产罪，而且属于侵犯财产罪中危害最大、性质最严重的犯罪。

1. 抢劫犯罪的概念

青少年抢劫犯罪是青少年以非法占有为目的，对财物的所有人、保管人当场使用暴力、胁迫或麻醉等方法，强行将公私财物抢走的行为。抢劫罪属于重罪，凡年满14周岁并且具有刑事责任能力的自然人，均符合抢劫罪的主体条件。

2. 抢劫犯罪的心理特征

青少年抢劫犯罪的心理特征包括：抢劫犯大多冷酷无情，阴险狡诈；具有较强的心理承受和现场应变能力；具有较强的

冒险意识和自负心理。抢劫犯罪的原因很复杂，有的人认为抢劫犯罪技术简单甚至无需技术，痛快直接，胆量过人，只需要具有体能上或者人数上、武器上的优势即可，看起来具有所谓的气魄。在共同抢劫犯罪中，犯罪分子并非都是"头脑简单者"，犯罪分子会有明确的分工，有的负责出谋划策，有的负责实施抢劫，有的负责销赃。

我们来分析一个案例：2015年9月18日，最高人民法院召开新闻通气会，四川省高级人民法院刑一庭副庭长发布了发生在四川校园内的几起刑事犯罪典型案例，其中一起就是楚某某抢劫罪一案。

基本案情：2014年3月的一天，被告人楚某某来到渠县某中学初一七班男生寝室，以语言威胁、恐吓等手段抢走贾某某现金100元。2014年4月20日上午，被告人楚某某伙同郭某、雷某某（二人均在逃）在渠县某中学男生寝室一楼楼梯间以手持甩棍和语言威胁、殴打及搜身等手段，抢走李某现金114元、陈某某现金14元。后三人来到该中学所在镇步行街一网吧对正在上网的该校学生张某某采用木棒和语言威胁、搜身等手段抢走其现金120元。

裁判结果：被告人楚某某犯抢劫罪，判处有期徒刑6年，并处罚金2000元（已缴纳），所获赃款予以追缴（已退赃348元）。

典型意义：本案是典型的校园暴力案件，其主要特点是：①属于未成年的在校学生犯罪，所抢劫对象也是在校学生；②抢劫地点为学校、网吧，抢劫罪本是刑法中所规定的暴力犯罪，更何况本案系严重的校园内暴力犯罪；③本案中有三次犯罪事实，系多次抢劫行为；④有一定团伙性，三人参与后两次犯罪事实。根据本案的主要特点分析，典型意义主要有：①本案是典型的校园内暴力案件，属于侵财施暴类犯罪，其犯罪主体和犯罪对象皆是未成年人，犯罪的具体手段是威胁恐吓手持凶器等，而犯罪的地点是学校周围甚至校园内。所以对罪犯的惩处不是单纯地为了处罚而处罚，更重要的是在依法追究其刑事责任的同时，采取正确的原则和措施，避免其重新犯罪。②根据本案的案情特点可以看出抢劫行为达三次系多次犯罪，且最后两次犯罪是三人一起实施，有一定团伙性，他们所抢劫对象大多是低年级学生，有高年级欺负低年级的意思。虽然本案案情较为简单，但是这个典型的校园犯罪中所蕴含的大环境是形势严峻的。校园内未成年人容易拉帮结派、盲目随从、相互熏染；校园内的犯罪行为侵财施暴占多数；校园内往往以大欺小、恃强凌弱等欺负低年级现象较为突出。所以对罪犯的惩处亦是引导学生运用法律武器来保护自我安全、约束自身行为，这对营造安全和谐校园环境也能够起到良好的示范、震慑和教育作用。③法院对未成年楚某某的整个审理过程注重细节，不公开开庭审理，在严肃的庭审环境下，更加注重法庭教育，让他认识到自己错误，使其重新做人。[1]

无论是校园欺凌，还是校园暴力，都不是独立的罪名。到底构成什么样的罪名，应当承担什么样的刑事责任，要根据具体案件具体分析。本案中的未成年被告人，以非法占有为目的，对未成年被害人实施暴力，强行夺走被害人财物，构成抢劫罪，应当依法承担抢劫罪的刑事责任。从某种意义上说，对违法犯罪行为依法惩戒，也是一种教育，一种进行的法治教育。事实证明，在依法惩戒的同时，对未成年人进行庭审教育，是未成年人心理干预的一种有效形式。

---

[1] 侯裕盛："最高法公布发生在校园内的刑事犯罪典型案例（四川）"，载https://www.court.gov.cn/zixun/xiangqing/15567.html，访问日期：2023年6月2日。

(二) 青少年盗窃犯罪心理剖析

1. 盗窃犯罪的概念和类型

盗窃罪是指以非法占有为目的,秘密地窃取数额较大的公私财物的犯罪行为,可以分为预谋型、机会型等不同的类型。盗窃犯罪集团多数实施有组织、有计划、有预谋的犯罪活动,一般社会危害性巨大;一般两人以上共同盗窃,往往有预谋、有分工,社会危害性相对较大;传统上,个人单独盗窃,一般社会危害性相对不大,但是在网络时代个人单独盗窃可能产生极大的社会危害性。

2. 拎包犯罪和扒窃犯罪的特征

青少年拎包盗窃犯罪是指违法犯罪人以非法占有为目的,接近被害人后,乘人不备,拎走被害人财物的不法行为。拎包盗窃犯罪的"包"是指背包、手提包、手提袋、行李箱等。拎包盗窃犯罪一般来说时间短、得手快、逃匿快、作案流动性大;结伙作案较多,一般有人打掩护;一般节假日发案率高;作案地点主要为商场、车站、机场、交通工具上等公共场所。

青少年扒窃犯罪是指违法犯罪人以非法占有为目的,在商场、车站、机场、交通工具上等公共场所,借机贴近被害人,乘人不备,利用一定的技术手段甚至犯罪工具,秘密窃取他人随身携带的财物的行为。这样的财物一般被放在被害人随身的衣兜里,虽然也有放置在随身的包裹里的,但是,扒窃犯罪发生后包裹本身并没有被偷掉,而只是包裹被打开、割开,里面的贵重财物失窃。

如果连包裹也被偷走了那就是拎包盗窃,因此拎包盗窃不同于割包盗窃。扒窃犯罪数额可能不大,但贴近被害人身边犯罪,对被害人人身、随身常用财产安全危害较大,而且还会危害到广大人民群众的出行安全感。在《刑法修正案(八)》之前,最高人民法院的相关司法解释将扒窃行为放在"多次盗窃"中予以打击,其门槛的要求是"在公共场所扒窃三次以上"。2011年2月25日,全国人大常委会通过的《刑法修正案(八)》第39条规定,行为人以非法占有为目的,秘密窃取公私财物,数额较大的,或者多次盗窃、入户盗窃、携带凶器盗窃、扒窃公私财物的,应当以盗窃罪立案追诉。可见,《刑法修正案(八)》增加了"入户盗窃、携带凶器盗窃"等情节性的规定,扩大了盗窃罪的适用范围。在我国《刑法修正案(八)》将扒窃入刑后,扒窃作为一种特殊的盗窃类型,已经由"结果犯"改为"行为犯",不管扒窃次数多少、扒窃财物价值几何、最后定损多少,均构成刑事犯罪,只要在公共场所或者公共交通工具上盗窃他人随身携带的财物均应当认定为"扒窃"。

3. 青少年盗窃犯罪人的心理特征

青少年盗窃犯罪人的心理特征主要包括:有错误的金钱物质意识和错误的财产权利意识;物质需要畸形膨胀,利欲熏心;有很强的侥幸心理,盗窃犯罪人往往认为犯罪行为隐蔽、自己行为谨慎狡猾、不会被发现;意志品质较为薄弱;容易养成盗窃犯罪的心理习惯。盗窃犯罪人的犯罪心理往往有一个渐变的形成过程,由于盗窃犯罪可以获得经济来源,因此盗窃犯罪人容易形成犯罪恶习。盗窃犯罪人往往认为自己具有特殊的犯罪技能,因此有一定的骄傲心理;多次得手未被发现因此犯罪手段往往呈现较为固定的模式。盗窃犯罪人之所以选择盗窃,往往是认为盗窃属于秘密窃取公私财物,冒险系数小;只图财不害命,相对道德;有收入来源,受到的干扰因素较小,可以长期作为职业。

4. 阿Q的共同盗窃犯罪

在鲁迅先生的《阿Q正传》中,阿Q是被以抢劫罪的罪名而立案、逮捕、审理、定罪、量刑并执行死刑的,但实际上他是被地主和贪官栽赃陷害的,他并没有犯抢劫罪,他只说过要造反,想"要什么就是什么"。

不过,阿Q确实有过犯罪行为,那就是盗窃。阿Q因为调戏赵太爷家的女佣人吴妈,而没有人敢再雇佣他做短工,无法在未庄立足,只好到城里去了,他在白举人家帮工时,跟别人说白举人拿了人家五十两(实际为二十五两)赏银、出卖了一位革命者——自己的外甥,惹怒了白举人,被白举人打了一巴掌,然后,被赶出了白家。从白举人家出来之后,他在城里没事干,遇到几个朋友——刚认识的朋友,他们让他跟他们走,到一家很有钱的人家里,其他人就进去拿东西,阿Q就在外面接东西。后来被人发现,人家大嚷起来,阿Q就拿着一包衣服吓跑了,回到未庄把那包衣服全都卖了——销赃。

因此,阿Q的行为应当构成盗窃罪,而且是共同犯罪。阿Q并未参与前期的谋划,而且所起的作用也有限,因此并不属于这次共同盗窃犯罪的主犯,但是他仍然要为此次盗窃承担法律责任。在《阿Q正传》中,阿Q自己也说事后很害怕,再也不敢干(盗窃)了。这表明,阿Q已经意识到了自己行为的社会危害性,他的主观恶性程度较低,再犯的可能性较小。

5. 破窗理论:不要轻易"打破"自己的"窗户"

根据詹姆士·威尔逊(James Q. Wilson)和乔治·凯林(George L. Kelling)提出的破窗效应(Broken windows theory),人要自尊、自爱,不要轻易"打破"自己的"窗户"。阿Q在进行共同盗窃犯罪之前,其实就有过偷尼姑庵尼姑种植的萝卜的先例,再往前他还有用语言调戏吴妈的劣行。在用语言调戏吴妈之前,他还有趁在室外看戏时故意蹭人群中的女性取乐的行为。他就是一步一步地"打破"他自己的"窗户"的——这也是一种发展中的破罐子破摔的心理。

中国古人讲"多行不义必自毙",这句话充满了智慧,它也许是不符合物理学,因为人多行不义并不会自己把自己给"毙"掉,但是,这句话至少是符合心理学的,如果一个人多行不义,那他会一步一步地迈过自己心里那个道德、法治的门槛,这个门槛是一种道德观门槛和法治观门槛,也可以说它是一个心理门槛。就这样,他一步一步地迈过了多行不义的心理门槛,也就相当于一块一块地"打破"了自己完美人格的"玻璃"。终于,有一天他踏出了做出犯罪行为的那一步,在心理上就顺理成章了。

6. 阿Q心中蔑视公序良俗的多米诺骨牌一块一块地倒下去

粗看起来,阿Q好像是由于用语言调戏吴妈,而使得他第一次被未庄人抵制,没有人雇他做短工了,失去了经济来源。但是,他对女性的不尊重不仅限于这一次,前面还有当众调戏小尼姑的事——小尼姑没有吴妈的雇主赵太爷那样强大的后台。因此,阿Q得到的不是一顿痛打、地保罚他交酒钱、未庄人集体抵制不再雇佣他做短工,他得到的只是来自围观的酒客褒贬不一的议论,以及小尼姑的那一句含泪的诅咒——"断子绝孙的阿桂(阿Q)"。其实,他调戏小尼姑之前,还趁乱用手快速地调戏过在室外公共场所看戏的女性。

就这样,阿Q心中蔑视公序良俗(公共秩序和善良风俗)的多米诺骨牌,一块一块地倒下去了,最终那块多米诺骨牌正是他自己本人。

小尼姑诅咒他"断子绝孙",当时似乎没有人在意。不过,也正是由于这句"断子绝孙"的诅咒,激发了或者强化了阿Q要找个女人生育下一代的欲望,也才有了他的所谓的恋爱悲剧——"调戏吴妈"。不知道当阿Q被枪毙时,有没有想到,小尼姑对他"断子绝孙"的诅咒，还真的要实现了。

7. 褒扬是祝福，贬斥是诅咒

一个人不断地做出得到社会和他人"褒扬"的事情，得到"好人一生平安""好人好报"等祝福；另外一个人不断地做出受到社会和他人"贬斥"的事情，得到"断子绝孙""恶贯满盈"等诅咒，他们积累的心理能量肯定是一正一负的。从犯罪心理学的角度来说，阿Q的"恋爱悲剧"——这是鲁迅先生原文中使用的文字，是偶然的，也是必然的。

在《三国志·蜀书·先主传》中，刘备说："勿以恶小而为之，勿以善小而不为。"这是一句充满哲理的警言警语，青少年应当洁身自爱，尊法、遵法、德法兼修、明法笃行。

（三）青少年电信网络诈骗心理剖析

青少年电信网络诈骗犯罪是指青少年以非法占有为目的，通过电话、互联网络、手机短信、微信消息、QQ消息等方式，以虚构彩票中奖信息、虚构神医治病、虚假广告、虚假中奖纳税信息、假冒黑社会敲诈、虚构绑架、虚构车祸、无抵押贷款、虚构其他事实或隐瞒真相的方法，公开地以和平方式远程、非接触式骗取被害人数额较大的公私财物的行为。

青少年网络电信诈骗犯罪往往利用了人们的趋利心理、贪念贪欲，犯罪人之所以选择这种诈骗犯罪，原因也很多，犯罪人多认为这种诈骗可谓无本万利，只需胆大、心细、会演戏即可。青少年电信网络诈骗犯罪的行骗方和受骗方，往往有一个互相试探的心理互动过程。在试探接触期，行骗方抱着试探心理，主攻方向为获得受骗方的信任，受骗方有戒备心理，但是随着行骗方不断抛出诱饵抛饵，受骗方的心理防线开始松懈。在心理相容期，行骗方进一步强化虚假事实或者进一步隐瞒真相，终于取得了受骗方的信任，然后行骗方开始实施关键的欺骗，而受骗方则结结实实地被骗。在诈骗结束期，行骗方开始逃避责任，而受骗方则开始后悔。

（四）青少年敲诈勒索犯罪心理剖析

青少年敲诈勒索犯罪是指青少年以非法占有为目的，对被害人使用威胁或要挟的方法，强行索要公私财物的行为。敲诈勒索罪属于侵犯财产罪，犯罪对象为公私财物。但是，犯罪客体是复杂客体，不仅侵犯公私财物所有权，还侵犯或危害他人的人身权利或者其他合法权益。也有学者认为，敲诈勒索罪的对象也是复合的，包括人和公私财产。但是人实际上只是某种意义上的工具，公私财产才是真正的犯罪对象。

敲诈勒索犯罪人内心一般有强烈的物质欲望，认为自己本该像被害人一样也得到这些财富。但是，却由于种种原因使得自己处于劣势地位，无法在法律的框架内获得这些财富；为了弥补和解决这种无助感、愤恨感、自卑感，转而通过敲诈勒索宣泄情绪、获得掌控感和财富。敲诈勒索犯罪人之所以选择敲诈勒索犯罪，主要是利用被害人及其亲人有个人隐私、把柄、短处等心理弱点；以及利用被害人被敲诈之后的恐惧感、无助感，逼迫被害人屈服。有的犯罪人认为敲诈只是敲点钱好用好玩，没想到会有严重的法律后果。

总之，通过对以上常见的青少年财产犯罪的心理剖析，我们知道犯罪人往往有财富上的自卑心理；有不正确的财富观和及时行乐的享乐主义思想；往往虚荣心较强，消费观念不正确，有永无止境的享乐需求；耐不住清贫，不愿意平平淡淡生活，意志力、自我控制能力较差；为了通过非法手段获取财富，情绪容易冲动、心理不稳定、容易感情用事。

青少年常见财产犯罪心理的预防是指运用犯罪心理学的理论、方法和规律，消除影响犯罪的不利心理因素和条件，防止青少年形成财产犯罪心理结构以及做出财产犯罪行为。青少年常见财产犯罪心理的预防包括犯罪心理结构形成的预防、犯罪行为发生的预防、再次犯罪的预防等。从大的方面来说，应当净化社会环境；从小的方面来说，应当强化青少年法治教育，提高青少年防范财产犯罪的意识和能力。

第十四章
青少年犯罪心理预测

一、青少年犯罪心理预测的概念和科学性保证

青少年犯罪心理预测是指运用犯罪心理学的理论、方法和规律，对青少年犯罪或再犯罪的可能性所做的有根据的事先测定、推断和估计。这种心理预测应当是在掌握有关青少年犯罪资料之后，根据犯罪产生的客观规律，运用犯罪心理学的理论和方法，以及统计学、逻辑学、数学和社会学等相关知识和方法，进行科学分析，进一步揭示青少年犯罪的原因、影响因素、变化规律，并进一步做出预防犯罪的计划和措施。一定要找到青少年犯罪心理痕迹，"青少年犯罪心理痕迹是指青少年在实施犯罪行为过程中，所表现出的一切能揭示其心理状态的现象和事实。而符号则是指承载、蕴含和传递某种意义并能为人感知的标识。因此，所谓青少年犯罪心理痕迹符号，是特指青少年犯罪主体在实施犯罪行为过程中，所产生的携带青少年犯罪人的犯罪心理及其他性状特征的讯息或意义的标志"。[1]

---

[1] 李小丹："青少年犯罪心理痕迹的符号解码"，载《山西科技报》2022年8月29日。

因此，青少年犯罪心理预测是青少年犯罪预防的基础性工作之一。怎样才能保证犯罪心理预测的科学性？一是犯罪资料的收集要全面、真实，不能片面、不能刑讯逼供、不能刑讯逼证；二是犯罪预测的方法要全面、科学。

二、青少年犯罪心理预测的分类、内容和方法

青少年犯罪心理预测的分类，从性质上划分，可分为定性预测和定量预测；从时间上划分，可分为近期预测、中期预测和远期预测；从形式上划分，可分为综合预测、分类预测和单项预测；从对象上划分，可分为社会宏观预测和犯罪人微观预测。

青少年犯罪心理预测的内容，主要包括犯罪率的预测、犯罪类型的预测、犯罪主体的预测、犯罪客体的预测、犯罪手段的预测、犯罪时间的预测、犯罪形态的预测、犯罪空间的预测、犯罪趋势的预测、初犯预测、再犯预测等。犯罪率是指在一定的时空范围内，犯罪者人数与人口总数的比率，是犯罪统计的重要内容，通常以十万分之几，或者万分之几来表示。但是无论犯罪率的统计有多么精确，总会有一些未被发现的犯罪未被统计在内，这些犯罪数被称为犯罪黑数、犯罪暗数、隐形案件，犯罪黑数的存在会给犯罪学研究带来统计学上的困难，影响犯罪学研究成果的可靠性。因此，一方面对这些犯罪黑数应当进行一定的估算，另一方面应加强刑事司法工作减少或避免犯罪黑数的存在。

三、青少年犯罪心理预测方法和步骤

青少年犯罪心理的预测不是占卜算命，也不能靠拍脑袋来决定。而应当以事实为根据，以科学为依据，根据犯罪心理的

外化行为进行分析,根据青少年犯罪心理形成过程中的种种心理变化和相应的行为迹象加以预估和测量。

第一,量表规范预测法。量表规范预测法又包括指数分析法、因素连锁替代分析法等。例如,可以使用青少年再犯心理评估量表,对其再犯行为的可能性进行评估;可以使用青少年生活事件量表评定其在过去的一段时间中遭遇的生活事件、发生频度和应激强度,了解其遇到的外界影响和压力;可以使用青少年心态量表,对被试者一段时间以来的心理状态进行测量,了解其当前的主要心理状态。

第二,专家预测法。专家会议法是指根据规定的原则,选定一定数量的专家,按照一定的方式组织专家会议,发挥专家集体的智能结构效应,对预测对象未来的发展趋势及状况,作出判断的方法。德尔菲法是指20世纪40年代由O.赫尔姆和N.达尔克首创,经T.J.戈尔登和兰德公司发展而成的专家小组预测法,是一种匿名函询法,需要背靠背地征求各位专家意见,归纳、统计后再匿名反馈给专家,之后再次征求意见,经过若干轮次后结束。德尔菲法由于是匿名进行调查的,因此可以避免会议讨论时的弊端。

第三,谈话预测法。通过谈话的方法,直接探知被预测者的心理活动,并通过分析提出相应的青少年法治教育、心理健康教育、心理疏导、犯罪矫正方法。

第四,微表情观察法。使用观察的方法,对青少年在学校和家庭中的行为及其微表情,进行一段时间的观察、预测,发现其有根据的心理痕迹。

第五,探索型预测法。假设未来的发展趋势不变,从现状推测未来犯罪的可能性的方法。

青少年犯罪心理预测的基本步骤是,首先明确预测的目的;

其次搜集预测所需的资料；再次确定预测模型和预测方法；最后进行资料的分类与汇总、参估计数、误差预测，提出预测报告。

有一个叫作《布鲁塞尔博士的15点推理》的故事，据报道是一个真实的犯罪预测案例：

这是一个真实的故事，事情发生在纽约。

两颗土炸弹

1940年11月16日，纽约爱迪生公司大楼的窗檐上发现一只工具箱。打开一看，里面装着一根黄铜管，管里塞满了炸药，管外裹着一张纸条，上面写道：

爱迪生公司的骗子们，这是给你们的炸弹。

F.P.（签署）

炸弹没有爆炸，但罪犯也没有留下指纹。几星期后，在爱迪生总公司，又发现一颗土炸弹，它是一只塞满炸药的短筒羊毛袜，罪犯留下了同样的纸条。

是谁与爱迪生公司过不去？公司保卫部门查阅它所设立的"公安卡"，发现对公司发出过怨言的人有好几千，从何查起？他们认为，这也许只是想吓唬一下爱迪生公司吧？调查到此为止，也没有对外声张。

1941年，美国卷入太平洋战争。这件无头案就搁了下来，一拖就是十年。

十年以后

1950年圣诞节的前几天，《纽约先驱论坛报》收到一封读者来信。信发自韦斯特切斯特县，字迹清秀，字母个个大写，上面写道：

我是个病人，而且正在为这个病而怨恨爱迪生公司，该公司会后悔他们的卑鄙罪行的。不久，我还要把炸弹放在剧院的

第十四章　青少年犯罪心理预测

座位上，谨此通告。

F.P.

在以后的几年中，警察局和"F.P."那清秀的字体结下了不解之缘。

"F.P."的炸弹越造越熟练，他的头八颗土炸弹只爆炸了两个。而后来的四颗都爆炸了。1955年，"F.P."加快速度，放了52颗炸弹，炸响了30颗。报纸开始广泛报道他的"成就"，公众也对他感到严重不安，人们把他称为"炸弹狂"。而他却变本加厉，投寄给报社的匿名信中，措辞日益激烈。

一天，"F.P."的土炸弹炸死了一个人。社会舆论和市政当局一致表示，一定要把这个"炸弹狂"挖出来。

移樽就教

"F.P."和爱迪生公司多少有点纠葛，这是不言而喻的。但是，怎样从这家公司积半个世纪之久的庞大档案中，寻找出有关的线索来？爱迪生公司苦恼不堪，纽约市警察局也束手无策。

芬内是纽约警察局的侦探长，兼纽约刑事实验室主任。他曾取得精神病法医学学士头衔。但这个神出鬼没的"炸弹狂"却使他绞尽脑汁，疲惫不堪。他决定破除门户之见，去请教研究刑事犯罪的心理分析家布鲁塞尔博士。[1]

布鲁塞尔博士正是根据这几封信、几颗炸弹的照片和一些炸弹的弹片、以上事件发生的时间等因素，分析出来：这是一个男人——因为之前的炸弹爆炸案多为男人所为；他有心理创伤——不断纠缠爱迪生公司、不断进行炸弹威胁和放置炸弹等。最后布鲁塞博士用了激将法，帮助警方找到了犯罪嫌疑人。

---

[1] 洪丕熙："布鲁塞尔博士的15点推理（上）"，载《世界中学生文摘》2008年第5期，第52~53期。

四、青少年犯罪前的心理预测

青少年犯罪前心理是指青少年犯罪之前的心理，包括初犯的罪前心理和再犯的罪前心理等。青少年犯罪前心理的特征主要有以下三个：

第一，往往存在不完善的个性心理基础。个性心理基础是个体在较长时期内形成的相对稳定的态度和行为方式的总和，其核心内容是个体的性格。一般来说，犯罪人在性格上往往具有以下共同特征：对人态度粗暴、无礼，富有攻击性，报复心重；缺乏同情心、好逸恶劳，对社会、集体、他人和自己缺乏责任感，以自我为中心；固执、易怒、妒忌；情感冷漠，不能正常与人相处；等等。美国学者、精神病学家科泽尔（Harry L. Kozol）提出了人格成熟理论，认为人格成熟的人不容易犯罪，人格不成熟或极不成熟的人容易犯罪。下列人格属于成熟的、不容易犯罪的：具有道德责任感和成熟的敏感的人；放弃了自己的敌视与怨恨的人；对现实没有大的偏见的人；有自知之明的人；人格中具有助于处理危险状态因素的人；能对自己过去的行为承担责任的人等。不成熟的人格特征有：残留着对双亲的依恋；缺乏独立性和自觉性；情绪不稳定，攻击性或者逃避性行为较多；没有责任感，对人不宽容；生活中往往图一时的快乐；不能正确认识自己的世界；不能同别人确立亲切和睦的关系等。极不成熟的人格特征有：有严重伤害别人的企图；有怨怒、怨恨和敌意；对别人缺乏利他精神和同情心；把自己看成被害人而不是加害人；不满或者抵制权威；不具有挫折耐受力；对自己的冲动缺乏控制力；对社会责任有不成熟的态度；根据自己的愿望或需求曲解对现实的认识。

第二，往往存在激烈的犯罪动机纠结。犯罪动机冲突是指犯罪人内心反复权衡作案的利弊得失,以进行犯罪决策取舍的过程,犯罪动机冲突的关键是到底是否犯罪。除了临时起意的激情犯罪,其他犯罪行为人在实施犯罪行为之前,一般都要经过一定时间的动机纠结才能最终确立犯罪动机。犯罪动机确立之后,在行为人的心理因素和外在因素的相互作用下,犯罪动机也可能发生转化,导致最终未实施犯罪计划。青少年在确定犯罪动机之后、实施犯罪行为之前,一般还要经过一段时间的心理准备。这段心理准备期的存在就为学校、家庭和社会及时发现青少年犯罪的迹象,并进行有效的心理干预,促使犯罪动机产生良性转化提供了时间保障。

第三,心理处于失衡状态,行为表现反常。青少年在作出犯罪决意之后、实施犯罪行为之前,会经历一定的心理变化,出现激动、兴奋、冲动、紧张、矛盾、易怒、恐惧、烦躁等;行为也表现出坐立不安、寝食难安、愣神发呆等;有的表现出不同寻常的沉默寡言。

五、青少年犯罪后的心理诊断和心理测评

(一) 青少年犯罪后的心理诊断

青少年犯罪后的心理诊断是指为了确定犯罪后的青少年的心理变化程度和性质,应用犯罪心理学的理论、技术和规律,对犯罪后的青少年的心理活动和人格特征,进行评估和鉴定的活动。这一心理诊断的特征是:首先,通过犯罪心理学知识来研究犯罪后的青少年的心理和行为特点;其次,研究犯罪后的青少年的心理变化规律;最后,为研究犯罪后的青少年的教育、改造、矫正措施提供心理依据。青少年犯罪后的心理诊断有助于侦查和审查起诉、审判工作的开展;对于及时发现犯罪青少年的心理问题,进行犯罪改造预防和未成年人社区矫正也具有重要的实践意义。

　　心理诊断的方法包括房树人测验法、量表测验法、作品分析法、会谈法、实验法、生活史调查法、行为观察法等。房树人测验（House-Tree-Person）简称 HTP，美国心理学家贝克1948年在美国《临床心理学》杂志上系统论述过。由受测者在三张白纸上分别画屋、树、人。后来，1970年，伯恩将其改进为在同一张纸上画房、树、人。根据这三者的位置、距离等动态关系，可以分析出受测者与家庭的关系，进而分析其行为所受到的家庭影响的情况。其一，"房子"表示个体出生、成长的家庭、环境，也是指个体对一般家庭、家族关系的想法、感情、态度。如果画的房子偏向纸的一边，则显示受测者没有家庭安全感。其二，"树"表现的是个体自己几乎无意识感到的自我形象、姿态，表示其内心的平衡状态，称为生命树，过去个体所受的创伤或十分难过的事都会显现在树干上。如果画的是好像被风吹倒似的树干，那么则意味着受试者承受的生活压力较大，情绪紧张；画的树干上的伤痕多，表示心理创伤的体验和不安；很大的树表示不服从和对权威的违抗。其三，"人"反映的是自我现实像，所以画人时，会自发动用心理防御机制。如果画的头很大，代表自大自负、充满幻想；如果画的手臂很短，代表适应生活困难；如果画的脚很发达，则代表受试者有逃跑的迹象等。作品分析法是指对受试者的笔记、作业、日记、文章、书法等各种作品，进行认真分析研究，了解情况，发现问题，找出规律的方法。作品是反映作者心理活动的重要载体，通过对其的分析研究，可以在一定程度上掌握受试者的心理状态。当然，以上这些研究成果中的理论、学说，带有很大的或然性，不能一味相信，也不能完全依赖这一种测验测量方法。"少年暴力罪犯使用的防御机制仍以成熟型为主，中间型次之，不成熟最少,符合心理防御机制发展规律。但与一般同龄群体相比,不成熟型、中间型机制和相关因子应用明显偏多,提示少年暴力罪犯心理健康水平不及一般同龄少年,应对挫折和应激的方式和能力达不到社会的要求。"[1]

青少年心理诊断、心理预测是根据青少年心理发展的特征,根据有一定的科学性的理论和学说,根据受试者的作品等,所进行的实证研究,目的是及时发现青少年的心理异常表现,及时进行心理教育和疏导,有效预防青少年犯罪或再次犯罪。

(二) 青少年犯罪后的心理测评

青少年犯罪后的心理测评是指运用犯罪心理学的知识、方法与规律,对犯罪后的青少年进行心理测量、心理评估、心理辅导和法治教育,帮助青少年认识到自己犯罪行为的社会危害性并加强自我改造的过程。

这样做是有充分的法律依据的。例如,《预防未成年人犯罪法》第51条规定:"公安机关、人民检察院、人民法院办理未成年人刑事案件,可以自行或者委托有关社会组织、机构对未成年犯罪嫌疑人或者被告人的成长经历、犯罪原因、监护、教育等情况进行社会调查;根据实际需要并经未成年犯罪嫌疑人、被告人及其法定代理人同意,可以对未成年犯罪嫌疑人、被告人进行心理测评。社会调查和心理测评的报告可以作为办理案件和教育未成年人的参考。"第50条第1款规定:"公安机关、人民检察院、人民法院办理未成年人刑事案件,应当根据未成年人的生理、心理特点和犯罪的情况,有针对性地进行法治教育。"

根据《预防未成年人犯罪法》第51条的规定,未成年人犯

---

[1] 徐莉萍等:"男性少年暴力罪犯心理防御机制分析",载《中国心理卫生杂志》2002年第12期,第841~842页。

罪后的心理诊断内容主要包括未成年犯罪嫌疑人或者被告人的成长经历、犯罪原因、监护、教育等情况，以及与这些事实有关的未成年人犯罪后的心理状态、心理结构、犯罪成因、异常心理及其与犯罪行为的关系。未成年人犯罪后的心理诊断方法，有成长经历调查、面谈、行为观察、违法犯罪事实判断、心理测验等。一般应当综合使用两种以上方法。未成年人犯罪后心理诊断的过程，主要包括调查掌握原始资料，科学进行分类分析、抽象概括、原因分析等。

青少年犯罪后的心理测评的目的是预防青少年重新犯罪。《预防未成年人犯罪法》第50条和第51条，都在《预防未成年人犯罪法》第五章"对重新犯罪的预防"这一部分，这充分说明了心理测评的目的就是防止未成年人重新犯罪。因此要加强对未成年人的心理健康知识教育，引领未成年人培养良好的心理品质，合理疏导不良情绪，充分意识到自己行为的社会危害性，加强教育改造，争取早日重新回归社会。在心理测评环节，应当注重加强心理健康知识教育，培养良好的个性心理品质；适时进行挫折教育，增强对挫折的耐受能力；合理疏导不良情绪；充分发挥心理咨询机构的作用，提供及时、有效的心理援助。

开展青少年犯罪后的心理测评、心理咨询和心理疏导，应当注意发挥司法社会工作人员、犯罪心理学专家、家长、老师、人大代表等的作用，共同分析引发青少年犯罪的原因，找到预防青少年重新犯罪的对策和方案，帮助青少年恢复健康的法治心理。这种心理咨询、心理诊断、心理测量、心理评估其实也是一种教育——引领青少年接受心理健康教育。

不同的是，心理咨询的对象可以面向具体的青少年，包括犯罪后的青少年，也可以面向全体青少年。考虑到现在青少年中有一些人具有抑郁症状,因此,这种心理咨询可以和青少年抑郁状况调查相结合,从而有利于帮助青少年及其家长、老师掌握青少年的心理状况,科学分析心理问题产生的原因,及时发现和疏导不良情绪,有效地提高青少年的心理健康水平,有效地预防不良行为、违法行为和犯罪行为的产生。

在心理学中,心理咨询主要包括:来访者中心心理咨询、认知行为的心理咨询、精神分析的心理咨询等。来访者中心心理咨询学派由美国心理学家、人本主义心理学的主要代表人物之一的卡尔·罗杰斯所倡导。其基本的假设为人有了解自己问题的能力,也有解决问题的资源。因此,作为咨询者必须注重来访者自身的建设性以及健康的一面。咨询的目标是使来访者获得成长和完善,不需要咨询者进行过多的干预和指导,咨询者所需要给出的就是理解、真诚、支持、接受和积极的评价。

行为主义心理咨询学派是以学习理论和行为疗法理论为依据的心理咨询学派,认为人的问题行为、症状是由错误的认知和学习所导致的,应当把心理咨询的着眼点放在来访者当前的行为问题上,注重促进问题行为的改变、消失或新的行为的获得。行为主义心理咨询学派的理论基础是美国心理学家约翰·华生的行为主义心理学、巴甫洛夫的经典条件反射学说、斯金纳的操作条件反射理论,以及班杜拉的社会学习理论等。巴甫洛夫用狗做实验,证明如果给狗在铃声响起来时喂食,多次之后,单独听到铃声狗也会分泌唾液——这就是生物学、生理学上的条件反射。心理学家将该理论应用在引领青少年改掉不良习惯、消除心理障碍等方面,实践证明效果也是客观存在的。斯金纳的操作条件反射是指强化动物(例如老鼠)的自发活动而形成条件反射。在心理实验中,只要对青少年的某种良好行为予以奖励,这种行为就会被强化。班杜拉的社会学习理论强调榜样的示范作用，认为人的大量行为是通过对榜样的学习而获得的，榜样学习也是人类的一种社会学习方法。另外还有认知行为疗法、行为的系统脱敏法、想象厌恶疗法等。认知行为疗法是通过改变思维、信念和行为的方法，来改变不良认知，达到消除不良情绪和行为的心理治疗方法，代表性的有埃利斯的合理情绪行为疗法（REBT）、贝克和雷米的认知疗法（CT）、梅肯鲍姆的认知行为疗法（CBT）等。实践证明，认知治疗对焦虑性人格、自恋性人格、道德颓废、堕落、罪恶感和害羞等症状较为有效。系统脱敏疗法又称交互抑制法，是由美国学者沃尔帕创立和发展的。这种方法主要是诱导求治者缓慢地暴露出导致神经症焦虑、恐惧的情境，并通过心理的放松状态来对抗这种焦虑情绪，从而达到消除焦虑或恐惧的目的。想象厌恶疗法是采用条件反射的方法，把需要戒除的目标行为与不愉快的或者惩罚性的刺激结合起来，通过厌恶性条件反射，纠正不良行为。

但是，对这些方法只有辩证地进行分析论证后，才能作为辅助手段采用，不能贸然作为主要手段采用。我国以前也出现过暴力矫正青少年网瘾、毒瘾的方法，实践证明不仅是不科学的，而且还会对青少年造成很大的身心伤害，甚至会让青少年付出生命的代价。

第十五章
未成年人刑事司法心理干预

一、未成年人刑事司法心理干预的概念、意义和功能

（一）未成年人刑事司法心理干预的概念

未成年人刑事司法心理干预是指在办理未成年人刑事案件的过程中，运用犯罪心理学、社会学等理论和科学方法，选择一定因素作为预测因子，根据这些因素与未成年人犯罪嫌疑人和犯罪人的人格状况以及与初犯、再犯、脱逃等的关系，确定权重，从而对其心理状况和人身危险性进行的心理测评、心理评估、心理疏导等活动。

（二）未成年人刑事司法心理干预的意义

未成年人刑事司法心理干预的目的是降低罪犯重新犯罪能力，帮助罪犯重返社会。在未成年人案件刑事审查起诉和审判量刑阶段，司法机关既要考虑未成年人犯罪行为的社会危害性，又要兼顾考量该未成年人的人身危险性。一般来说，犯罪行为一旦完成，行为的社会危害性就已经确定了，就成为一个定量了。但是，行为人的人身危险性却是一个变量。如果犯罪人认识到自己行为的社会危害性，认罪伏法、不再犯罪，其人身危险性就相对较小，反之，如果犯罪人不能认识到自己行为的社

会危害性、不能认罪伏法，其人身危险性就相对较大。未成年人犯罪嫌疑人和被告人的人身危险性的确定，需要借助犯罪心理测评、评估评定。结合犯罪心理测评、评估做出的刑事量刑才能公正、适当。在刑事行刑阶段，行刑效果的检验以及是否需要继续执行余刑，也要参考犯罪心理测评、评估的结果。在犯罪防控中，根据犯罪心理测评、评估界定的危险因素制定矫正对策，有利于降低罪犯重新犯罪率，帮助罪犯重返社会。

（三）未成年人刑事司法心理干预的功能

未成年人刑事司法心理干预的功能主要体现为：其一，在审查起诉阶段，犯罪心理测评、评估帮助检察官决定是否免予起诉和使用司法分流。在审判量刑阶段，犯罪心理测评、评估为法官裁判免予刑事处罚、量刑轻重是否适用缓刑提供参考。其二，在量刑中，既要考虑社会危害性，又要兼顾人身危险性。其三，在行刑阶段，犯罪心理测评、评估为监狱管理人员确定犯罪人流向和罪犯处遇等提供依据。在行刑阶段，行刑侧重犯罪的特殊预防，是否实现特殊预防目的最为重要的考量内容在于看犯罪人是否已经消除了、在多大程度上消除了人身危险性。犯罪人的人身危险性的变化情况是考察行刑效果的重要指标。未成年人社区矫正需要根据未成年人罪犯的成长经历、人格特征、社会危害程度等的不同，形成有针对性的未成年人社区矫正计划，对罪犯因人施策，罪犯的人身危险性（再犯可能性）是社区矫正措施个别化的根据。

2015年9月，最高人民法院召开新闻通气会，北京市高级人民法院党组成员、副院长兼政治部主任发布的发生在北京校园内的刑事犯罪典型案例之一是以下这起案件：冯某某聚众斗殴案。

基本案情：被告人冯某某（转学，在校）因初中时受张某某（另案处理）欺负便预谋报复，2014年8月初，冯某某与张某某通过QQ、电话相约斗殴。8月20日13时许，冯某某携带壁纸刀并纠集李某某等三人（均另案处理），与张某某纠集的汪某某等二人（均另案处理）在北京市大兴区某餐厅门外附近发生殴斗，造成冯某某、张某某、李某某受伤，经法医鉴定均为轻微伤。

裁判结果：北京市大兴区人民法院经审理认为，被告人冯某某无视社会秩序，纠集他人持械聚众斗殴，其行为已构成聚众斗殴罪，依法应予惩处。被告人犯罪时尚未成年，当庭认罪，具有悔罪表现，社区矫正机构提供的社会调查评估报告显示，冯某某系在校学生，因初中时受到欺负心里不满，情绪没有及时化解，加之法律意识淡薄，实施了犯罪行为，对其社区矫正不存在重大不良影响，家庭亦愿意接纳并监管。综合冯某某行为的社会危害性，法院依法对其减轻处罚，以聚众斗殴罪判处有期徒刑2年，缓刑2年。

典型意义：这是典型的由校园欺凌、校园暴力引发的校外暴力。被告人冯某某虽然是聚众斗殴的纠集人，是犯罪实施者，但也是校园欺凌、校园暴力的受害人，其法定代理人反映，由于冯某某在原学校受欺负，所以办理了转学手续。通常校园暴力的受害人受到侵害后，有相当一部分都无法短期内弥合心理创伤。被告人冯某某就是如此，在长达一年的时间里仍觉得委屈、愤怒，最后认为只有通过报复才能宣泄心中的负面情绪。法院在审理此案时，考虑到冯某某实施犯罪特殊的心理动因，专门与其本人及家长就案件本身、学业等问题进行了讨论，让冯某某通过这样的谈话反思自己存在的问题并化解心中的负面情绪，收到了很好的效果。[1]

---

[1] 侯裕盛：“最高法公布发生在校园内的刑事犯罪典型案例（北京）”，载https://www.court.gov.cn/zixun-xiangqing-15565.html，访问日期：2023年4月8日。

相信绝大多数的青少年，在犯罪之后，都会真心悔改的。但是，他们未必能够确切地知道自己到底错在哪里，是什么原因导致自己做出了犯罪行为，以后应当在哪些方面努力，这时刑事司法心理干预就可以发挥其应有的作用。对于少部分还做不到真心悔改的青少年，刑事司法心理干预更能够发挥作用，因为在以上这些作用之外，刑事司法心理干预还会再增加一个作用，那就是引导犯罪的青少年充分认识到自己行为的社会危害性，认罪悔罪。

二、未成年人刑事司法心理干预的依据

（一）未成年人刑事司法心理干预的规范性文件依据

我国关于未成年人刑事司法心理干预的规范性文件依据不少，例如，《预防未成年人犯罪法》第51条规定："公安机关、人民检察院、人民法院办理未成年人刑事案件，可以自行或者委托有关社会组织、机构对未成年犯罪嫌疑人或者被告人的成长经历、犯罪原因、监护、教育等情况进行社会调查；根据实际需要并经未成年犯罪嫌疑人、被告人及其法定代理人同意，可以对未成年犯罪嫌疑人、被告人进行心理测评。社会调查和心理测评的报告可以作为办理案件和教育未成年人的参考。"这里明确规定了对未成年犯罪嫌疑人被告人进行的两种心理干预措施：社会调查和心理测评。

最高人民法院《关于适用〈中华人民共和国刑事诉讼法〉的解释》第569条规定："人民法院根据情况，可以对未成年被告人、被害人、证人进行心理疏导；根据实际需要并经未成年被告人及其法定代理人同意，可以对未成年被告人进行心理测评。心理疏导、心理测评可以委托专门机构、专业人员进行。心理测评报告可以作为办理案件和教育未成年人的参考。"这里明确规定了对未成年被告人适用的两种心理干预措施：心理疏导、心理测评。

第576条规定："法庭辩论结束后，法庭可以根据未成年人的生理、心理特点和案件情况，对未成年被告人进行法治教育；判决未成年被告人有罪的，宣判后，应当对未成年被告人进行法治教育。对未成年被告人进行教育，其法定代理人以外的成年亲属或者教师、辅导员等参与有利于感化、挽救未成年人的，人民法院应当邀请其参加有关活动。适用简易程序审理的案件，对未成年被告人进行法庭教育，适用前两款规定。"这里明确规定了对未成年被告人适用的两种心理干预措施：法治教育、法庭教育。法治教育和法庭教育的区别主要在于，法治教育适用于刑事普通程序，而法庭教育适用于刑事简易程序。

第557条规定："开庭审理时被告人不满十八周岁的案件，一律不公开审理。经未成年被告人及其法定代理人同意，未成年被告人所在学校和未成年人保护组织可以派代表到场。到场代表的人数和范围，由法庭决定。经法庭同意，到场代表可以参与对未成年被告人的法庭教育工作。对依法公开审理，但可能需要封存犯罪记录的案件，不得组织人员旁听；有旁听人员的，应当告知其不得传播案件信息。"这里明确规定了对未成年被告人适用的心理干预措施：法庭教育，适用于经未成年被告人及其法定代理人同意，未成年被告人所在学校和未成年人保护组织派出参加庭审的代表。

另外，2009年3月，最高人民法院颁布的《人民法院第三个五年改革纲要（2009-2013）》要求完善未成年人案件审判制度和机构设置，推行适合未成年人生理特点和心理特征的案件审理方式及刑罚执行方式的改革。2010年试行的最高人民法院、最高人民检察院、公安部等联合出台的《关于规范量刑程序若干问题的意见（试行）》（已失效）第 11 条规定："人民法院、人民检察院、侦查机关或者辩护人委托有关方面制作涉及未成年人的社会调查报告的，调查报告应当在法庭上宣读，并接受质证。"这表明，心理评估已得到了最高司法部门的肯定。未成年人的不良心理因素是导致其犯罪的重要原因之一，未成年人的人生观和价值观尚未完成，可塑性强，易于教育和矫正。心理评估、心理疏导等心理干预机制充分考虑到了未成年人犯罪的心理因素，体现了对未成年人的特殊保护。

（二）未成年人刑事司法心理干预的理论依据

未成年人刑事司法心理干预的理论依据也很丰富。例如，美国著名心理学家爱利克·埃里克森（1902~1994年）认为，青春期驱力（性欲力）的增加是破坏性的，新的社会冲突和要求也促使未成年人变得困扰和混乱。未成年人刑事司法心理干预的现实依据主要体现为：当前，未成年人犯罪率仍然较高；司法创新意识越来越强；我国有丰厚的心理评估与司法社会工作资源，可以协助开展未成年人刑事司法心理干预工作。

（三）未成年人刑事司法心理干预的国际国外借鉴依据

在国际上，《联合国少年司法最低限度标准规则》第 16 条规定："所有案件除涉及轻微违法行为的案件外，在主管当局作出判决前的最后处理之前，应对少年生活的背景和环境或犯罪的条件进行适当的调查，以便主管当局对案件作出明智的判决。"

许多国家在量刑时，根据对行为人人格的考量，实行量刑个别化。例如，英国定罪和判刑之间的司法程序分三个阶段：就犯罪事实、犯罪人人格和经历进行听证；宣读法院为犯罪人准备的报告；辩护方提出减刑建议。

加拿大的心理评估在世界上处于领先水平，在司法中的应用也很广泛，由犯罪调查心理学家写的《致警察的风险评估和意见书》经常被法庭引用作为判决的理由。

美国的不少州法院和哥伦比亚特区法院，根据联邦法院判决指南量刑，该指南由犯罪严重程度和前科记录两个维度组成。纵轴体现的是犯罪种类，横轴体现的是风险级别，主要由前科决定，体现的是风险评估技术在判决中的应用。风险评估技术可以协助法院作出缓刑、监禁与监察释放等司法决定。

三、未成年人刑事司法心理干预的实施机制

（一）未成年人刑事司法心理干预的原则

未成年人刑事司法心理干预，应当坚持全面调查、科学测评、全程疏导、全效干预的原则。全面调查是指对未成年人的司法社会工作调查范围要全面，不仅包括未成年犯罪嫌疑人或者被告人的犯罪原因，而且包括其成长经历、监护、教育等情况；不仅仅包括未成年犯罪嫌疑人，还包括未成年被害人、未成年证人等。全程疏导是指从刑事案件受理开始直到案件庭审结束，全程进行心理疏导，必要时在服刑后也可以介入进行心理疏导。全效干预是指对未成年人刑事案件中的当事人的社会调查、心理疏导和法治教育等有计划、重实效，尽力使未成年当事人的心理状况达到正常水平。

（二）未成年人刑事司法心理干预的主体

未成年人刑事司法心理干预的主体，包括刑事司法机关的办案人员、工作人员、心理技术室辅助人员、有资质的社会力量等。

（三）未成年人刑事司法心理干预的要求

未成年人刑事司法心理干预的要求，主要包括：其一，保密性要求。刑事案件的保密性高于普通心理咨询机构的保密原

则。其二，实效性要求。由于未成年犯罪嫌疑人、被告人往往有一定的抵触心理，对未成年人刑事司法心理干预要避免流于心理量表调查形式，密切关注未成年当事人的性格特征、犯罪后的心理状态，找到涉案未成年人偏差心理产生的原因，找出纠正涉案未成年人心理偏差的对策。

（四）涉案未成年人社会调查的程序

涉案未成年人社会调查的程序，主要包括：其一，由办案部门提出申请，提交的材料应当包括委托书、被测试对象的背景资料、未成年人监护人或法定代理人签订的知情同意材料。其二，由技术部门审查受理，技术部门收到申请后，经审查符合要求的，予以受理。其三，开展社会调查工作，技术部门准备开展相关社会调查的方案，选择、完善社会调查问卷，准备同步录音录像设备，与办案人员共同确定社会调查重要事项后，正式开始并完成社会调查。

（五）涉案未成年人刑事司法心理干预的手段

涉案未成年人刑事司法心理干预的手段，主要包括：心理量表测验、仪器设备分析系统测验、心理投射测验、笔试测验、微表情观察法、案例分析法、心理访谈、心理疏导谈话等。

1. 心理量表测验

心理量表测验主要目的在于调查涉案未成年人的个性心理素质状况，发现其心理缺陷和心理创伤的原因。主要包括掩饰倾向检验，用于掌握掩饰倾向水平，作为效度指标；个性特质状况；是否具有反社会性、犯罪动机、认罪伏法心态、犯罪防范与矫正的重点等心理结构状况；心理创伤状况；法治意识状况。在选择、修改、完善测验工具量表时，可参考世界各国在犯罪心理学研究中应用最广泛的个性量表，删除不符合中国国情、本案案情的内容，补充符合国情、案情的测题，增加针对性内容。

2. 仪器设备分析系统测验

仪器设备分析系统测验主要是指通过使用测谎仪等生理与神经测量仪器、潜在情绪情感智能分析技术系统等，对涉案成年人的心理状况进行测验、评估。其优点是能够相对客观地、准确地测量涉案未成年人在认识、观察、思考问题时大脑的变化情况，缺点是需要由专业的技术工作人员操作，物质和技术成本较高。

3. 心理投射测验

心理投射测验是指将一些看似模糊的、不确定的图画、图形、音乐、声响、词汇、句子、故事、动画片等给被测评者观看、收听，询问其所见、所听或所想，进行科学分析、处理和解释。其优点是经济投入相对较少，时间花费较少，能够在一定程度上避免心理测量问卷调查答案的统一性对结果的不利影响，图画、图形、音乐、声响不需要翻译，具有跨文化交流公平性的特点；缺点是对专业人员的主观判断技术和标准依赖比较大，具有一定的或然性、经验性，科学实施难度相对比较大，常模相对难以建立，没有明确标准进行令人信服的解释。

4. 笔试测验

笔试测验是指通过按照一定的要求手工填写结构性较强的问卷，根据问卷结果对其心理特征、心理状况进行分析。其优点是速度相对较快，结果相对比较客观公正；缺点是无法将涉案未成年人的实际行为因素考虑在内，问卷内容的承载量有限，问卷调查方式很难避免技巧性虚假答案的存在等。

5. 微表情观察法

微表情观察法是指研究者通过仪器设备、感官器官，对涉案未成年人的面部细微表情、身体语言表情等进行分析，了解涉案未成年人的心理特点。

6. 案例分析法

案例分析法是指选择典型的、具有代表性的各类案例进行分析，从中发现涉案未成年人犯罪心理、心理创伤形成、变化和发展规律的方法。

7. 心理访谈法

心理访谈法是指通过与未成年犯罪嫌疑人、被告人、被害人、证人及其监护人、其他亲友等，进行结构访谈或非结构访谈，收集研究资料的方法和研究过程。以上手段和方法可以单独使用也可以合并使用。

（六）刑事司法心理干预报告的内容

刑事司法心理干预报告的内容，主要包括：其一，干预对象的基本情况，包括犯罪的、被害的基本事实；犯罪经历；家庭成员及家庭状况；居所及社区环境状况；迁移、移居经历；遗传病史；成长经历、学习经历；学习状况；压力因素；兴趣爱好；情绪情感特征；人际关系；社会支持系统和机制等。其二，刑事司法心理干预过程及干预方法。其三，对刑事司法心理干预对象的评价，包括自我认识及评价、周围人的一般印象及评价、干预人员的一般印象及评价等。其四，刑事司法心理干预结果，主要包括犯罪成因分析、人身危险性、再犯罪可能性、行为升级的可能性；被害人、证人心理创伤的程度和恢复的可能性等。其五，刑事司法心理干预的意见和建议。

总之，未成年人刑事司法中的心理干预理论和技术，将未成年人刑事司法由司法矫正的一元目的，扩展到对未成年犯罪嫌疑人、被告人以及对未成年被害人、证人的多重干预，扩大到帮助未成年罪犯重返社会、降低重新犯罪率，帮助未成年被害人恢复心理健康等多元目的。因此，具有重要的社会意义。

第十六章
司法实践中的涉罪青少年心理干预

一、检察院审查起诉工作中的犯罪心理干预

（一）检察院审查起诉工作中的涉罪青少年犯罪心理干预概念

检察院审查起诉工作中的涉罪青少年心理干预，是指检察院在起诉工作中，针对涉嫌犯罪的青少年所进行的心理干预。检察院审查起诉工作中的涉罪青少年心理干预主要针对未成年人，但也包括一定范围和情况下的青春期成年人。"美国青少年犯罪预防干预工作的对象主要是18岁以下的少年，但延伸到了幼儿和年龄更大些的青年，有一些工作项目服务的对象涵盖到了18岁及以上的年轻成年人，最高年龄上限可到30岁。"[1]

我们来分析一个案例，检察机关依法作出不起诉决定：胶州篡改同学高考志愿案犯罪嫌疑人郭某某被释放。

2016年9月30日上午，胶州市检察院依法对胶州篡改同学高考志愿案犯罪嫌疑人郭某某作出不起诉处理的决定，郭某某随后被公安机关释放。2016年高考期间，胶州市应届考生郭某

---

[1] 路琦："青少年犯罪预防干预之政府应对策略研究——以美国为例"，载《中国青年研究》2022年第12期，第110~119页。

某因偷改同学高考志愿，涉嫌破坏计算机信息系统犯罪，于2016年8月3日被胶州市公安局刑事拘留；8月12日经胶州市检察院批准逮捕，次日由胶州市公安局执行逮捕。检察机关在办案过程中，充分考虑本案的特殊性和相关情节，在审查起诉阶段召开公开审查会，邀请当事人、法学专家、教育部门代表、新闻媒体等相关人员，广泛听取各方意见建议。检察机关审查认为，犯罪嫌疑人郭某某主动到案后，如实供述了犯罪事实，认罪、悔罪态度好，且无违法犯罪前科，系初犯、偶犯；受害者已被录取，对其出具谅解书，请求司法机关对其从轻处罚；承办人到学校进行调查，老师称其在学校表现良好，郭某某的老师、同学等通过辩护人提交多份请求书，请求对其从轻处罚。因郭某某具有法定从轻处罚情节，检察机关本着挽救、教育的目的，根据刑法和刑诉法相关规定，依法对郭某某作出不起诉决定。〔1〕

这个案例中，有四个关键词，第一个是青少年犯罪，第二个是检察官，第三个是不起诉，第四个是调查。

（二）检察官与犯罪心理学渊源深厚

检察官与犯罪心理学有什么样的渊源？奥地利的检察官和犯罪学家汉斯·格罗斯出版的研究犯罪者的人格的专著《犯罪心理学》，成为犯罪心理学诞生的标志之一。可见，检察官与犯罪心理学研究有密切的渊源。当前，青少年犯罪检察工作的新趋势是从以涉罪青少年为中心的做法，改为双向保护，既保护犯罪嫌疑人、被告人，也平等保护被害人、证人，使心理青少年犯罪心理干预机制发挥最大的社会价值。

---

〔1〕卢金增、李明："山东胶州篡改同学高考志愿案嫌犯获释　检察机关不起诉"，载 https://www.spp.gov.cn/zdgz/201610/t20161001_168721.shtml，访问日期：2023年6月8日。

(三) 检察工作中的青少年犯罪心理干预

检察工作中的青少年犯罪心理干预，是指在犯罪心理学理论指导下，有计划地对犯罪人的心理活动、个性特征或行为问题进行调查，科学地施加影响使其发生良性变化的过程和方法。双向心理干预原则，是指刑事司法机关在办理青少年特别是未成年人刑事案件中，对已产生心理危机或有产生心理危机风险的所有涉案未成年人，以及未成年被害人的近亲属所进行心理干预活动。

检察工作中的青少年犯罪心理干预机制，主要包括：其一，设施和平台建设。建立心理咨询基地、心理咨询室、情绪减压室、沙盘游戏室、心理测量室等平台。其二，建立档案、确立方案。为涉罪青少年建立个性化心理矫正档案，记录个人信息、矫正过程，情况反馈；为涉罪青少年提供有针对性的心理疏导方案。其三，开展心理干预活动。开展社会调查、心理咨询，帮助涉罪青少年疏导心理问题、感受法律和社会的温暖、认罪悔罪、积极参加改造和矫正。

二、未成年人刑事案件法治教育、庭审教育中的心理干预

(一) 未成年人法治教育、庭审教育程序

未成年人法治教育、庭审教育程序是未成年人刑事案件与成年人刑事案件的一个重大区别。由于未成年人对法律、法治的认知、信念不成熟，可塑性比较强，但是对司法的抵触情绪往往较为明显，因此，在法庭调查和法庭辩论之后增设法治教育、庭审教育程序。

(二) 未成年人法治教育、庭审教育的主体

检察官、法官、人民陪审员、辩护律师、被害人及其诉讼代理人、未成年犯的法定代理人等，都可以成为法治教育、庭审教育的主体。例如，可以由公诉人在发表公诉词后，针对未

成年人所犯的罪行及危害，阐明被告人犯罪的原因，指出其应吸取的教训和今后的前途，通过分析犯罪危害、犯罪原因、法律教训，引领未成年被告人认罪悔罪，树立信心积极改造，争取早日回归家庭、学校和社会。实践中，由于未成年人在犯罪之后，未能得到正确的引导和教育，对接受审判缺乏一个正确的认识，心理容易产生抵触情绪，甚至丧失对以后重新回归社会的信心，这是需要引以为戒的。

（三）未成年人刑事司法中的法治教育、专门庭审教育阶段

在未成年人刑事司法中的法治教育、专门庭审教育程序，主要包括两个阶段：其一，在法庭调查和法庭辩论后的教育程序。主要由公诉人和诉讼参与人对未成年被告人进行教育疏导，正确对待审判犯罪行为对社会的危害和应受的刑罚处罚分析危害社会的行为发生的主客观原因及应当吸取的教训。其二，在作出有罪宣判后的教育程序。主要由少年法庭的法官在宣告有罪判决时，对犯罪未成年人同时进行认罪悔罪、接受刑罚、积极改造矫正、预防再次犯罪的法治教育和心理承受能力教育。

（四）未成年人刑事司法心理干预的实践经验

我国未成年人刑事司法心理干预具有丰富的实践经验。1984年，上海市长宁区人民法院在全国率先建立少年刑事法庭"少年犯合议庭"，采取"圆桌式"审判方式。1986年，上海市长宁区人民检察院率先成立"少年刑事案件起诉组"。"1988年5月，最高人民法院在上海召开全国法院审理未成年人刑事案件经验交流会，明确提出'成立少年法庭是刑事审判制度的一项改革，有条件的法院可以推广'。此后，少年法庭在全国各地纷纷建立。"[1]

---

[1] 王建平："打造新时代少年法庭新模式"，载《人民法院报》2021年2月6日。

第十六章　司法实践中的涉罪青少年心理干预

2009年，上海市人民检察院成立未成年人刑事检察处，成为我国第一个省级未成年人刑事检察部门。2012年修正的《刑事诉讼法》，设置专章规定了"未成年人刑事案件诉讼程序"。

2020年12月，最高人民法院发布《关于加强新时代未成年人审判工作的意见》，将与未成年人权益保护和犯罪预防关系密切的涉及未成年人的刑事、民事及行政诉讼案件纳入少年法庭受案范围。2021年3月2日，最高人民法院成立少年法庭工作办公室，并在六个巡回法庭设立少年法庭巡回审判点。中华人民共和国最高人民法院网2023年2月2日报道，"为切实做好人民法院未成年人保护和犯罪预防工作，推动人民法院未成年人审判工作实现新发展，近日，最高人民法院印发《关于充分发挥少年法庭巡回审判点职能作用的意见》……《意见》指出，巡回审判点要推动巡回区法院开展好未成年人普法宣传工作，打造在全国有一定影响力的未成年人权益保护特色品牌。选派或推荐相关人员担任中小学法治副校长。充分利用"六一"国际儿童节、国家宪法日等节点，联合巡回区法院开展法治进校园、模拟法庭等多种形式的普法活动，增强未成年人法治观念和监护人责任意识，营造全社会共同关心关爱未成年人成长的良好氛围。"[1]

可见，未成年人刑事司法心理干预已经有较为成熟的司法实践经验。从制度框架上，我国未成年人审判程序有刑事诉讼法的专章规定，还有最高人民法院的相关文件作支撑。但是，由于我国目前的少年法庭已经不仅管辖刑事案件而且还管辖民事和行政案件，因此，有必要制定专门的、统一的未成年人诉

---

[1] 孙航："最高法印发意见明确职责清单　加强少年法庭巡回审判点建设"，载 https://www.court.gov.cn/fabu-xiangqing-387691.html，访问日期：2023年3月3日。

讼法律制度。

三、未成年人司法审判心理学的意义

（一）未成年人司法审判心理学

在我国，法律意义上的未成年人是指不满18周岁的人。未成年人司法审判心理学是指研究参加未成年人案件司法审判活动的司法机关工作人员、诉讼参与人，在诉讼过程中产生和出现的不同心理活动规律的科学。

（二）未成年人司法审判心理学的研究意义

未成年人司法审判心理学的研究意义主要有：

第一，未成年人具有心理不成熟、逆反性比较强等心理特征，未成年人生理变化明显，心理上处于由幼稚向成熟的过渡期，兼有大儿童和半成年人的心理特点，他们的独立意识和自尊心增强。但是，自制力相对较差，感情上容易冲动，带有一定的逆反心理，人格尚未定型，具有很强的可塑性，这些都决定了未成年人司法审判心理学存在的基本价值。

第二，未成年人司法审判心理研究的一项重要内容是，分析未成年当事人的供词及证人证词的可靠程度。

第三，司法审判人员的心理往往会影响到案件的审判，例如，一般来说，由于女性的语言表达能力相对比较强，而且女性给人的印象是比较温柔、比较善解人意，因此女性审判员、人民陪审员对于未成年人，往往比较有耐心和沟通经验。影响定罪量刑的心理因素主要有：审判人员的性格、性别、年龄、经历、成见、司法动机、量刑习惯，以及公众情绪和社会舆论对审判人员的影响等。

第四，降低未成年人再犯率的要求。按照美国犯罪学家埃德温·萨瑟兰差异交往理论的观点，犯罪行为是习得的，对有

轻微违法犯罪行为的未成年人采取监禁刑的方法并不能有效地降低其重新犯罪率；如果将有轻微违法犯罪行为的未成年人放到监狱中反而会强化其犯罪倾向。心理干预有助于引导涉案未成年人从内心认识自己行为的错误，做好自我调整与改善，有利于未成年被告人的改造。

（三）未成年人刑事审判心理干预机制的特征和目的

未成年人刑事司法审判程序中的心理干预机制，不同于生活中的心理开导，也不同于检察机关在审查批准逮捕和审查起诉阶段的心理疏导，是具有明确的司法审判目标的。目的在于，通过公正司法，准确对未成年被告人定罪量刑，切实发挥司法对社会的、对保护青少年的功能。

因此，未成年人刑事司法审判程序中的心理干预机制旨在通过开展社会调查、心理测评、心理评估、心理疏导、法治教育、法庭教育等方法，分析未成年人犯罪的原因、心理状况、人身危险性和再犯可能性，为定罪量刑、确定教育矫正措施提供客观依据。

我国《刑事诉讼法》第277条提出的办理未成年人刑事案件的方针与原则是，"对犯罪的未成年人实行教育、感化、挽救的方针，坚持教育为主、惩罚为辅的原则。人民法院、人民检察院和公安机关办理未成年人刑事案件，应当保障未成年人行使其诉讼权利，保障未成年人得到法律帮助，并由熟悉未成年人身心特点的审判人员、检察人员、侦查人员承办"。第279条规定的未成年犯罪人情况调查机制是，"公安机关、人民检察院、人民法院办理未成年人刑事案件，根据情况可以对未成年犯罪嫌疑人、被告人的成长经历、犯罪原因、监护教育等情况进行调查"。这些规定构建了未成年人刑事司法审判程序中的心理干预机制的基本框架结构，明确了心理干预的责任主体和、基本原则和着力点等内容。

(四) 未成年人圆桌审判模式是的心理学依据

根据亚伯拉罕·马斯洛的需求层次理论,人有生理需求、安全需求、社交需求、尊重需求和自我实现的需求等。犯罪的未成年人好好改造、重返社会的需求,基本上可以归类为自我实现甚至自我超越的需求,要想激发未成年犯罪人强烈的自我实现和自我超越的需求,必须首先满足他们的尊重需求甚至安全需求。因此,未成年人审判采用圆桌审判模式是有充分的心理学理论依据的。

(五) 古代审判中"论心定罪"的批判

古代审判中就有心理学的因素:例如中国西汉时期桓宽的《盐铁论·刑德》提出"论心定罪"的基本原则:"法者,缘人情而制,非设罪以陷人也。故春秋之治狱,论心定罪。"东汉时期班固的《汉书·王嘉传》提出"原心定罪"的基本原则,"必先原心定罪,探意立情,故死者不抱恨而入地,生者不衔怨而受罪"。这里"论心定罪""原心定罪"中的"心",就是指要考察犯罪人的犯罪动机是否符合儒家的道德伦理规范,以及符合的程度和不符合的程度。

虽然"论心定罪""原心定罪"过于重视主观要素,忽视了客观要素,必须予以批判,但是,古人对于犯罪动机的重视,也有值得借鉴之处。

(六) "布兰代斯意见书"的历史性贡献

近现代审判中,心理学的运用逐渐踏上了科学的道路。例如1908年,德国应用心理学奠基人雨果·芒斯特伯格(Hugo Munsterberg, 1863~1916年)发表的《证人席上》,提倡在证人质证程序中运用心理学知识与技术。1954年,在美国的布朗诉堪萨斯州托皮卡市教育委员会案的审判中,由包括社会学家、人类学家、心理学家和精神病学家在内的 32 名社会科学家联名签署提交了一份"布兰代斯意见书",剖析了种族隔离的学校制度对儿童心智发展的负面影响。

美国最高法院后来判定种族隔离学校违反了宪法的平等保护条款,终结了在美国存在已久的白人和黑人必须分别就读不同学校的做法。布兰代斯意见书,是指进行法律之外政策方向论证的律师意见。路易斯·布兰代斯(Louis Brandeis,1856 年 11 月 13 日~1941 年 10 月 5 日)1916 年至 1939 年任美国联邦最高法院大法官,他曾是律师,是最早在美国提供无偿公益服务的律师之一,被称为"人民的律师",他有一句名言:"阳光是最好的消毒剂,灯光是最有效的警察。"

犯罪心理学、社会学方法介入未成年人刑事司法审判,是对以前的、传统的"报应刑"理论指导下的实践的纠正,有利于缓解未成年当事人的紧张情绪,消除他们认罪悔改的心理障碍,引领他们完善人格,实现和谐司法。

(七)"海曙模式"的借鉴意义

2007 年以来,宁波市海曙区法院推行的模式,旨在稳定未成年人的情绪,消除其恐惧心理和抵触情绪,主要针对有固定地址、有可能判处 3 年以下有期徒刑或拘役的未成年人,对未成年人的犯罪原因、心理健康情况,如人身危险性、再犯可能性等进行社会调查、心理测评和鉴定、公益代理人、圆桌审判和庭审教育、缓刑听证制度、判后个性化帮教制度等为内容的心理评估和干预机制,通过对未成年人成长环境和心理健康状况的考察,综合评价其人身危险性和再犯可能性等,以此作为定罪量刑尤其是缓刑适用的参考。创建的未成年人刑事审判"海曙模式"在全市法院获得推广,还先后被最高人民法院和团中央联合授予"全国青年文明号"、浙江省优秀"青少年维权岗"、浙江省高院颁发的集体二等功、宁波市"五一劳动奖"等。[1]

当前,我国在少年审判庭程序上,已经对未成年人作出了很多特殊规定,积累了很多实践经验。有必要进一步在司法、立法等环节,完善未成年人刑事、民事、行政审判工作中的心理干预机制。

(八)宋仁宗断案:充分考虑九岁童子的主观心理状态

"北宋庆历年间,宁州有九岁童子殴杀人,宋仁宗以童孺争斗,无杀心,止命罚金入死者家。"[2]如果完全按照"以牙还牙、以眼还眼"的同态复仇报应刑的理论,这位小被告人九岁童子必死无疑。但是,机械的"报应刑"早就不被完全适用了,犯罪人的主观心理状态还是必须予以考虑的,被称为"仁君"的宋仁宗,按照"慎刑"的原则处理了这个小被告人致人死亡案件。

(九)一枚钱"斩立决"是什么心理?

宋朝罗大经著的《鹤林玉露·一钱斩吏》,记载了一个司法故事,说的是北宋时期的张咏(号乖崖)在担任崇阳县令的时候,手下的一个小官吏被发现偷拿了钱,当张乖崖责罚他的时候,他气得顶嘴,说就拿了"一钱",你也就能打我几下,你还能把我给杀了吗?张乖崖气得说了一句著名的话,"一日一钱,千日千钱,绳锯木断,水滴石穿",然后判"斩立决",把这个小官吏给杀了。如果这个事情属实的话,那么这样判也未免太

---

〔1〕 "海曙法院未成年人刑事审判工作白皮书——以 2007 年—2014 年 8 月审结的未成年人案件为样本",载 http://www.nbhsfy.gov.cn/art/2016/3/21/art_ 4372_ 169320.html,访问日期:2023 年 4 月 2 日。

〔2〕 殷啸虎:"古代法律对未成年人刑事责任年龄规定的演进与特点",载 https://ilaw.sass.org.cn/2020/1023/c2514a97561/page.htm? eqid=cfefad2d00149b73000000066464dd8b,访问日期:2023 年 4 月 2 日。

过于草菅人命了,怎么能把一千天以后,就可能积累到一千钱,这种带有或然性的虚妄的危害可能性,作为危害后果来量刑?这应当属于"预防刑"的刑罚思想了。

所以,罗翔教授说:"'预防刑'的后果更为可怕……如果刑罚的正当性基础不再是应受惩罚性,而是预防的有效性,那么惩罚罪犯也就没有必要要求他一定要实施犯罪。"[1]

---

[1] 罗翔:《法治的细节》,云南人民出版社2021年版,第198页。

第十七章
青少年犯罪心理矫正

一、青少年犯罪心理矫正的概念和意义

青少年犯罪心理矫正,是指利用犯罪心理学、社会学等学科的理论和技术,通过社会调查、心理测评、心理疏导、法治教育、犯罪心理治疗、心理档案管理等方法,通过社区矫正、监所矫正等途径,消除青少年犯罪人的犯罪思想、情感、意识,调节不良情绪,改变不合理认知,改善、消除和预防不良行为习惯,帮助青少年犯罪人尽快重新适应社会生活的活动与机制。

我们来分析一个青少年社区矫正案例。据合肥日报报道,面对当前越来越低龄化的社区矫正人员,如何做好他们的社区矫正工作?记者走访了庐阳区司法局双岗司法所,请相关人员结合案例,详细介绍相关知识。社区矫正人员刘某,就读于肥东某中专学校。2012年3月25日下午5时许,刘某与魏某、李某、杨某等八人在合肥市阜阳路附近的金马溜冰场对被害人程某、代某等三人实施殴打,造成被害人程某左眼受伤,后经法医鉴定属轻伤。2012年4月20日,刘某被公安机关刑事拘留,后经包河区人民法院审判犯故意伤害罪,判处拘役6个月,缓刑6个月。青少年社区矫正是一项综合性很强的工作,必须依

托社区，充分利用社会资源，调动社会力量，吸纳社会各种人才和矫正对象家长、老师、亲朋好友等进入社区矫正志愿者队伍，共同参与到工作中来。因此，双岗司法所邀请刘某所在社区的一位志愿者加入了矫正小组。同时，刘某的父亲也参与了进来。司法所相关工作人员介绍，首先要重视家庭在青少年社区矫正工作中的作用和责任，其次要让矫正人员参加各种公益活动，增强其社会责任感。而在日常管理上，司法所并未因为刘某年龄小而给予任何的放松和特殊对待，而是严格地执行社区矫正的各项管理制度，要求刘某按时报到、按时思想汇报等。注重加强对刘某的人文关怀，司法所工作人员在与刘某沟通交流中，特别注意细节，尊重其情感，对他的进步和优点予以及时肯定和表扬，在矫正和教育之外不忘帮助其树立信心，乐观处事。帮助其学习文化和接受技能的培训，刘某目前仍在肥东某中专学校就读，司法所随时关注他的学习情况，鼓励其认真学习各种劳动技能，以便将来能顺利就业。在街道司法所工作人员的帮助下，刘某表现良好，已经解除社区矫正回归社会。[1]

从犯罪心理学的角度看，社区矫正有助于犯罪心理矫正，减少短期刑犯罪人在服刑期间被其他犯罪人影响（交叉犯罪感染）而犯罪的可能性，在社会化环境中降低矫正对象重新实施违法犯罪行为的可能性。

包括社区矫正在内的青少年犯罪心理矫正，有助于减少青少年犯罪人的心理抵触情绪；有助于改变青少年犯罪人扭曲的或不良的心理认知；有助于提高青少年犯罪人的教育改造质量；有助于改善青少年犯罪人的心理素质，提高其与不良诱因作斗

---

[1] 晓芹、泽坤、爱玉："如何做好青少年社区矫正工作"，载 https://news.sina.com.cn/o/2012-12-21/092625864823.shtml，访问日期：2023年3月8日。

争的意志力；有助于提高青少年犯罪人"再社会化"的效率。

二、青少年犯罪心理矫正的内容、分类和技术方法

青少年犯罪心理矫正的内容，主要包括社会调查、心理测评、心理疏导、法治教育、犯罪心理治疗、心理档案管理等。青少年犯罪心理矫正的主要目的在于帮助犯罪人分析犯罪原因，总结教训，改变认知结构和思维模式；疏导犯罪人的消极情绪；培养犯罪人的自我控制能力；增强犯罪人的思想认识水平；纠正犯罪人的不良认知和行为习惯等。

青少年犯罪心理矫正的类型，根据不同的标准，可以分成不同的种类。以矫正地点为标准，可以分为社区矫正和监所矫正。以矫正人数为标准，可以分为个别矫正和集体矫正。以心理干预的目的为标准，可以分为犯罪原因分析矫正法；情感支持矫正法；行为训练矫正法。

犯罪心理矫正的技术和方法，主要包括：归因疗法；现实疗法；个别谈话和集体谈话疗法；树立权威疗法；劳动改造疗法；催眠术疗法；精神分析疗法；行为疗法；认知疗法；内省疗法；等等。

归因疗法是指帮助青少年犯罪人分析犯罪行为真正原因的方法。其中，归因论是 1958 年美国社会心理学家弗里茨·海德（Fritz Heider，1896~1988 年）提出来的，后来美国心理学家韦纳（Bernard Weiner）扩大了归因论的观念，建立了一套从个体自身的立场解释行为的归因理论——自我归因论。根据归因法理论，人在每时每刻都会为自己的行为找一种理论，凡是成功的事情，都容易归到自己的努力上；凡是失败的事情，往往归到客观的理由上，犯罪人往往会将自己犯罪的原因归结到他人身上。我们所要做的，就是帮助青少年犯罪人建立起积极的归因模式,正确地认识到自己的过错、行为的社会危害性、自己的法律责任等。

现实疗法是美国精神病学家威廉·格拉瑟(William Glasser,1925~2013年)开创的一个心理咨询和治疗流派,理论基础是控制理论,1996年更名为选择理论。强调现在而不重视过去,更加注重探讨当前行为,主张激发人的广泛潜能;主张犯罪人本人是能够被现实所接受的,但不负责任的行为却是社会所不能接受的;引领犯罪人掌握在现实条件下满足需要的更好方法,帮助犯罪人改变消极的性格特征,改变犯罪心理结构。犯罪心理结构是行为人在犯罪行为实施前已经存在的,在犯罪行为实施时起支配作用的畸变心理因素有机而相对稳定的组合。犯罪心理结构的要素包括三个方面:其一,动力结构要素(个性倾向性),包括反社会意识;强烈的、畸变的需要;犯罪动机;不良兴趣等。其二,特征结构要素(气质、性格、能力),包括特定的气质;消极的性格特征;与犯罪活动的适应能力;不良的行为习惯等。其三,调节结构要素(自我意识、道德意识、法律意识),包括不成熟或歪曲的自我意识、扭曲的道德意识、错误的法律意识等。改变犯罪心理结构就要从动力结构要素、特征结构要素、调节结构要素三个方面着手。

三、青少年监所心理矫正

(一)青少年监所心理矫正的概念和法律依据

狭义上的青少年监所心理矫正是指在监狱等劳改场所,运用犯罪心理学的原理和方法,对青少年犯罪人开展的心理测验评估、心理咨询治疗、心理健康教育等系列心理危机干预活动。在广义上,青少年监所心理矫正除了监狱等劳改场所矫正,还包括公安监所矫正。公安监所矫正包括看守所、拘留所、强制隔离戒毒所等公安监所的教育管理与矫正。

青少年监所心理矫正的法律依据，主要是《监狱法》第3条的规定："监狱对罪犯实行惩罚和改造相结合、教育和劳动相结合的原则，将罪犯改造为守法公民"。以及第39条第1款的规定："监狱对成年男犯、女犯和未成年犯实行分开关押和管理，对未成年犯和女犯的改造，应当照顾其生理、心理特点。"

（二）青少年监所心理矫正的意义

青少年监所心理矫正的意义，主要包括：其一，帮助青少年犯罪人消除犯罪心理、重塑健康人格、提高社会适应能力，促进改造目标的实现。青少年犯罪人往往是心理问题的高发人群，青少年监所心理矫正运用监狱等劳改场所常见矫正手段，能够促使青少年的犯罪心理结构向良性方向转化，使其在出狱后能自觉抑制不良的心理冲动，成为守法的公民。其二，进一步提高监所矫正工作水平的需要。罪犯心理矫正是监所矫正的新型手段，被称为第四大手段，在监狱学体系中处于越来越重要的地位。前三大传统手段是狱政管理、教育改造和劳动改造。罪犯心理矫正是维护监管稳定，提高改造质量的需要；是监管改造工作科学化、文明化的需要；是深化、细化个别教育，创建现代化文明监狱，适应监管改革新形势的需要；是疏导罪犯情绪，解决其心理障碍的需要；是调动罪犯改造生产积极性的需要；是提高监狱干警素质的需要。

（三）青少年监所心理矫正的技术

青少年监所心理矫正的技术，除了上述的归因疗法、现实疗法、精神分析疗法、行为疗法、认知疗法、内省疗法等，还包括：其一，罪犯心理测量与评估技术，包括罪犯专用量表、个性心理问卷、抑郁状态量表、焦虑自评量表、智力测验量表、情感支持量表等。其二，罪犯心理咨询技术，主要包括倾听技巧、提问技巧等参与技术；共情、双向交流技巧等心理影响技术，也称心理干预技术。其三，罪犯心理健康教育，再犯预测、预防技术、罪犯"再社会化"教育培训等。

四、青少年社区心理矫正

（一）青少年社区矫正的概念和规范性文件依据

青少年社区矫正是指在社区，对于罪行较轻、主观恶性不大的未成年犯罪人，所实施的非监禁性矫正。

2009年9月，最高人民法院、最高人民检察院、公安部、司法部联合发布的《关于在全国试行社区矫正工作的意见》（已失效）规定，社区矫正是非监禁刑罚执行方式，是指将符合法定条件的罪犯置于社区内，由专门的国家机关在相关社会团体、民间组织和社会志愿者的协助下，在判决、裁定或决定确定的期限内，矫正其犯罪心理和行为恶习，促进其顺利回归社会的非监禁刑罚执行活动。十年后，2019年12月28日，第十三届全国人大常委会第十五次会议表决通过了《社区矫正法》，于2020年7月1日实施。

（二）青少年社区心理矫正与监所矫正的区别

监所矫正与社区矫正的区别，主要包括：其一，管理主体不同。社区矫正主要利用司法行政机关资源、社区资源、司法社工资源，对矫正对象实施教育矫正。监所矫正主要利用监所资源，对矫正对象实施教育矫正。其二，矫正对象不同。社区矫正主要是对非暴力犯的管理和矫正。社区矫正主要是针对轻型犯——被判处管制、宣告缓刑的罪犯，和经监狱多年改造后表现较好的长期犯——裁定假释、暂予监外执行等的罪犯，所实施的非监禁性矫正刑罚。监狱主要是对重型犯、暴力犯和长期犯的改造和矫正。"青少年在成长的过程，因为自身方面的某些原因以及社会中的一些因素导致了一些犯罪行为,受到了被监禁的惩罚,经过长期的监狱生活而与社会相互隔离。这种监禁式的方式使得青少年与外界的世界相互隔离。所以采用监禁的方式来解决青少年犯罪的问题并没有解决导致青少年犯罪的社会因素",而社区矫正恰好可以弥补这一点。[1]

(三) 青少年社区心理矫正的目标

2019年12月28日,第十三届全国人民代表大会常务委员会第十五次会议通过的《社区矫正法》第1条明确规定:"为了推进和规范社区矫正工作,保障刑事判决、刑事裁定和暂予监外执行决定的正确执行,提高教育矫正质量,促进社区矫正对象顺利融入社会,预防和减少犯罪,根据宪法,制定本法。"可见,青少年社区心理矫正工作的目标是:其一,加强对青少年犯罪人的帮助,促使其顺利回归、融入社会。其二,加强对青少年犯罪人的教育和改造,矫正其犯罪心理和行为恶习,预防和减少犯罪。

(四) 青少年社区心理矫正的对象

《社区矫正法》第2条第1款规定:"对被判处管制、宣告缓刑、假释和暂予监外执行的罪犯,依法实行社区矫正。"2009年9月,最高人民法院、最高人民检察院、公安部、司法部联合发布的《关于在全国试行社区矫正工作的意见》(已失效),明确规定在全国试行社区矫正工作。社区矫正的适用范围主要包括五种罪犯:被判处管制、被宣告缓刑、被暂予监外执行、被裁定假释,以及被剥夺政治权利并在社会上服刑的罪犯。

根据《社区矫正法》等,青少年社区心理矫正的对象是青

---

[1] 贾园园、陈筱:"社区矫正视角下的青少年犯罪治理与预防——评《社会转型期青少年犯罪的心理预防与教育对策》",载《科技管理研究》2022年第20期,第248页。

少年犯罪人中罪行较轻、主观恶性不大、被判处管制、宣告缓刑、假释和暂予监外执行的罪犯，包括未成年犯、体弱病残犯以及罪行较轻的初犯、过失犯等。

（四）青少年社区心理矫正的流程

青少年社区心理矫正的流程，主要包括：

第一，决定和接收。《社区矫正法》第 17 条规定："社区矫正决定机关判处管制、宣告缓刑、裁定假释、决定或者批准暂予监外执行时应当确定社区矫正执行地。社区矫正执行地为社区矫正对象的居住地。社区矫正对象在多个地方居住的，可以确定经常居住地为执行地。社区矫正对象的居住地、经常居住地无法确定或者不适宜执行社区矫正的，社区矫正决定机关应当根据有利于社区矫正对象接受矫正、更好地融入社会的原则，确定执行地。本法所称社区矫正决定机关，是指依法判处管制、宣告缓刑、裁定假释、决定暂予监外执行的人民法院和依法批准暂予监外执行的监狱管理机关、公安机关。"接受之后，应当发放社区矫正联系卡，公布联系方式等。

第二，制定有针对性的矫正方案。《社区矫正法》第 24 条规定："社区矫正机构应当根据裁判内容和社区矫正对象的性别、年龄、心理特点、健康状况、犯罪原因、犯罪类型、犯罪情节、悔罪表现等情况，制定有针对性的矫正方案，实现分类管理、个别化矫正。矫正方案应当根据社区矫正对象的表现等情况相应调整。"

第三，落实相应的矫正方案。《社区矫正法》第 25 条规定："社区矫正机构应当根据社区矫正对象的情况，为其确定矫正小组，负责落实相应的矫正方案。根据需要，矫正小组可以由司法所、居民委员会、村民委员会的人员，社区矫正对象的监护人、家庭成员，所在单位或者就读学校的人员以及社会工作者、志愿者等组成。社区矫正对象为女性的，矫正小组中应有女性成员。"

第四，心理疏导和教育帮扶。包括使用心理测验系统，对矫正对象进行心理测评、心理诊断和心理评估，根据心理状况采取相应的矫正措施，建立矫正档案，后续及时发现社区矫正人员心理状况的变化；对社区矫正人员进行法治教育；帮助社区矫正人员改变偏激的认知、情绪或行为；定期通过集中座谈、个别谈心、发放相关书籍等方式了解、加强矫正效果。

第五，解除矫正和回访帮扶。《社区矫正法》第44条规定："社区矫正对象矫正期满或者被赦免的，社区矫正机构应当向社区矫正对象发放解除社区矫正证明书，并通知社区矫正决定机关、所在地的人民检察院、公安机关。"对解除心理矫正的对象，通过通信联络、信息化核查、实地查访等方式回访，促进社区矫正对象顺利融入社会，预防和减少犯罪。

（五）青少年犯罪社区心理矫正的注意事项

青少年犯罪社区心理矫正的注意事项主要包括：其一，以心理测验为切入点，进行心理诊断和心理评估。心理评估是指在社区矫正工作中，根据青少年矫正对象的心理测验结果，对矫正对象的心理特性进行科学诊断的过程。常用的方法除了心理测验，还有观察法、结构性谈话法等。其二，建立常规性心理评估机制。对于青少年矫正对象，应当建立心理档案，划分心理状况层次，制定相应的心理矫正计划。其三，对于出现突发心理问题的青少年，要及时增加测试，掌握其心理变化的情况，适时调整心理干预方案。其四，对矫正期限即将届满的矫正对象进行心理对比测试，进行再犯罪可能性预测评估。其五，坚持以人为本，不歧视任何一位矫正对象，不随意贴不良"标签"。其六，以心理档案为载体，记录矫正对象的心理变化轨迹。运用适当的痕迹工作法，注意在档案中进行工作留痕，保留矫正对象的历次心理测试的问卷与分析资料；记录个人生活史和家庭情况、人身危险性等级和不同的危险层次；记录心理矫正计划、实施及其效果；记录情绪变化规律及情绪周期。其七，多运用正向强化法和心理条件反射原理，引领犯罪人建立良性行为，及时发现青少年出现的社会所期望的心理与目标行为，依法表扬、奖励，强化良性行为，有效地预防和减少再次犯罪，促进矫正对象更好地融入社会。

第十八章
青少年犯罪刑罚预防的心理效应与社会预防

一、青少年犯罪刑罚预防的心理效应

(一) 青少年犯罪刑罚预防心理效应的概念

刑罚预防的心理效应涉及依次展开的几个概念：刑罚、刑罚预防、刑罚预防的心理效应以及青少年刑罚预防的心理效应。

第一，刑罚是国家依法创制的、仅对犯罪分子适用的最严厉的制裁方法。刑罚表现出对犯罪行为的否定评价，并担负着改造罪犯、保护社会和警醒世人的作用。中国古代的刑罚被称为五刑，奴隶制五刑包括墨、劓、腓、宫、大辟；封建制五刑包括笞、杖、徒、流、死。现代中国也有五刑——五种主刑：管制、拘役、有期徒刑、无期徒刑、死刑。另有附加刑四种，分别是剥夺政治权利、罚金、没收财产和驱逐出境。

第二，刑罚预防是指刑罚作用于犯罪人产生的预防作用。根据刑罚预防的对象不同，可以把刑罚预防分为特殊预防和一般预防。所谓特殊预防，是指通过刑罚防止犯罪人本人重新犯罪。所谓一般预防，是指通过刑罚警醒世人，防止尚未犯罪的

第十八章 青少年犯罪刑罚预防的心理效应与社会预防

人走上犯罪道路。刑罚属于最强力的社会制裁，其实无论是强力性社会制裁，还是非强力性的社会制裁，对于预防和减少犯罪的发生，都具有重要的作用。对于人的行为，国家的态度和评价往往起着十分重要的导向作用。某种行为，如果得到国家的认可、得到社会的肯定甚至得到褒扬，将会在一定程度上激励行为人继续重复此类行为，并且可能在此基础之上发扬光大。与此相反，某种行为如果受到国家的否定、受到社会的摒弃甚至惩戒，也会在一定程度上减少此类行为。

第三，刑罚的心理效应是指刑罚作用于社会成员，所产生的社会心理反应。正是这种心理反应，才使得社会成员加深了对法治的感性认识，起到了案例普法的作用。

第四，青少年犯罪刑罚预防心理效应是指刑罚作用于青少年罪犯，给其本人及其他人所带来的心理反应。

（二）青少年刑罚预防的心理功能和影响因素

青少年刑罚一般预防的心理功能，主要包括：教育功能、威慑功能、抑制功能、补偿功能、安抚功能等。预防犯罪最大的效益是面向大众的一般预防，即防止尚未犯罪的人走上犯罪道路。影响青少年刑罚一般预防心理功能的因素，主要包括：其一，青少年犯罪人的个体心理和人格特点，决定了青少年犯罪人是否接受刑罚。其二，犯罪类型的影响。例如，赌博、毒品犯罪等心瘾类犯罪矫正起来相对困难，即使看到有人因犯罪被刑事处罚的案例，可能也不一定会阻止其他成瘾者犯罪。其三，社会、社区治安状况、社会风尚是否良好，可能会影响青少年刑罚一般预防心理功能的效果。

青少年刑罚特殊预防的心理功能，主要包括：惩罚功能、改造功能、感化功能、威慑功能、教育功能等。影响青少年刑罚特殊预防心理功能的因素，主要有：其一，刑事立法的科学性、公正性影响特殊预防的效果和心理效应。其二，刑事审判活动的公平性、正义性、及时性影响特殊预防的效果和心理效应。其三，刑罚执行的严格、严肃、文明、人道，影响特殊预防的效果和心理效应。

可能影响青少年刑罚预防效果的其他因素，主要包括：其一，刑罚规定中存在的问题对预防效果的影响。如果对不应当受刑罚的行为规定了刑罚，对应当予以刑罚制裁的行为没有规定刑罚，对同样的犯罪行为规定了不同的刑罚，对较轻的犯罪规定了较重的刑罚而对较重的犯罪规定了较轻的刑罚，刑罚的执行方法过于严酷等，都可能影响刑罚的心理效应。其二，刑罚适用（量刑）中的不公正对预防效果的影响。例如，对同一犯罪判处的刑罚因时而异、因地而异、因人而异，以及司法腐败导致的量刑不公正等，都可能影响刑罚的心理效应。其三，刑罚执行（行刑）中的弊端对预防效果的影响。例如，刑罚裁量与执行脱节，导致对监内执行的犯罪人监管不当，或者对监外执行的犯罪人执行不当等。

二、青少年犯罪心理的社会预防

（一）犯罪心理社会预防的概念、策略和原则

犯罪心理社会预防是指根据犯罪心理形成的原因和发展变化规律，削弱和排除形成犯罪动机的因素，防止犯罪心理结构形成和犯罪行为发生的社会化策略、措施和方法的总称。

犯罪心理社会预防是一种积极预防，主要作用在于增强人的自我控制能力和社会适应能力，使其能够作出合法的行为选择。

犯罪心理社会预防的策略，一是控制并减少发案率；二是减少或控制犯罪人员的数量。控制案件数量的关键，一是对犯罪人处以应有的刑罚，防止其再犯；二是重视防范轻微违法。

控制犯罪人数的关键是重视对危险心结人群的心理疏导。

青少年犯罪心理社会预防的基本原则，主要包括：其一，坚持教育为主、保障权利的原则。青少年正处于青春期，可塑性大。根据《刑事诉讼法》第277条的规定，办理未成年人刑事案件的方针与原则是"对犯罪的未成年人实行教育、感化、挽救的方针，坚持教育为主、惩罚为辅的原则。人民法院、人民检察院和公安机关办理未成年人刑事案件，应当保障未成年人行使其诉讼权利，保障未成年人得到法律帮助，并由熟悉未成年人身心特点的审判人员、检察人员、侦查人员承办"。对于犯罪的未成年人的处罚，应当考虑到未成年人身心特点，与成年人有所区别。其二，坚持预防在先、提前干预的原则。根据《预防未成年人犯罪法》第2条的规定，"预防未成年人犯罪，立足于教育和保护未成年人相结合，坚持预防为主、提前干预，对未成年人的不良行为和严重不良行为及时进行分级预防、干预和矫治"。应当根据青少年心理尚未成熟的特点，坚持积极预防的原则，对青少年的不良行为进行有效干预，对青少年的严重不良行为，进行矫治，对重新犯罪进行预防。其三，坚持综合治理的原则。《预防未成年人犯罪法》第4条规定："预防未成年人犯罪，在各级人民政府组织下，实行综合治理。国家机关、人民团体、社会组织、企业事业单位、居民委员会、村民委员会、学校、家庭等各负其责、相互配合，共同做好预防未成年人犯罪工作，及时消除滋生未成年人违法犯罪行为的各种消极因素，为未成年人身心健康发展创造良好的社会环境。"不能单纯依靠司法机关的力量，而应当注意发挥各机关、团体、社会组织、学校、家庭等的共同作用，净化社会环境，共同参与预防青少年犯罪的工作。

2015年9月18日，最高人民法院召开新闻通气会，福建省高级人民法院党组成员、审判委员会专职委员发布了发生在福建校园内的一起刑事犯罪典型案例：哈某某故意伤害案。

基本案情：2012年9月14日13时许，被告人哈某某在福州某中学九年级四班教室内与同班同学陈某某因纠纷发生肢体冲突，在冲突过程中哈某某顺手拿起教室内的一把木头凳子砸向陈某某的头部，造成被害人陈某某颅骨凹陷性骨折。经鉴定，陈某某的伤情为重伤。案发后，被告人哈某某的父亲已赔偿被害人医疗费共计人民币81 000元，另校方赔偿医疗费44 000元，陈某某及其家属对哈某某的伤害行为表示谅解。

裁判结果：福州市晋安区法院少年庭法官经审理认为，被告人采用暴力手段故意伤害他人身体，致一人重伤，其行为已构成故意伤害罪。被告人在作案时年龄未满16周岁，庭审中自愿认罪，具有自首情节，其家属积极赔偿被害人经济损失，并得到被害人谅解，且福州市晋安区司法局对被告人作出符合社区矫正的评估意见，具备缓刑帮教条件，依法予以减轻处罚并适用缓刑。根据被告人的犯罪情节及悔罪表现，依照《刑法》第234条第2款、第17条第2款、第3款、第67条第1款、第72条、第73条第2款、第76条之规定，以故意伤害罪判处被告人哈某某有期徒刑10个月，缓刑1年。

典型意义：为了保障未成年人身心健康，培养未成年人良好的品行，进一步预防未成年人犯罪，本着教育和保护的方针，有效地遏制未成年人犯罪，通过生动的真实案例告诉中学生什么是违法行为、哪些情况可能导致犯罪，以及怎样避免遭受不法侵害、加强自我保护。立足审判，深化维权，坚持"教育、感化、挽救"的方针，寓教于审，积极参与社会治安综合治理，为预防和减少青少年犯罪，维护青少年合法权益，构建和谐社会做出努力。[1]这个案例充分体现了对未成年犯罪人的"教育、感化、挽救"方针，体现了青少年犯罪心理预防的基本原则。[2]

经过社会调查和心理评估，对符合一定条件的未成年被告人不实施监禁刑，而进行社区矫正，有利于使犯罪的未成年人在一个社会化的环境中进行改造，有利于未成年被告人更快地改造好后，重新完全适应正常的社会生活。

(二) 青少年犯罪社会预防的基本途径和方法

青少年犯罪心理预防的基本途径和方法，主要包括：

第一，加强预防犯罪教育。未成年人的父母或者其他监护人对未成年人的预防犯罪教育负有直接责任，应当依法履行监护职责，树立优良家风，培养未成年人良好品行；发现未成年人心理或者行为异常的，应当及时了解情况并进行教育、引导和劝诫，不得拒绝或者怠于履行监护职责。学校应当聘任从事法治教育的专职或者兼职教师，并从司法和执法机关、法学教育和法律服务机构等单位聘请法治副校长、校外法治辅导员。学校应当配备专职或者兼职的心理健康教育教师，开展心理健康教育。学校可以根据实际情况与专业心理健康机构合作，建立心理健康筛查和早期干预机制，预防和解决学生心理、行为异常问题。学校应当与未成年学生的父母或者其他监护人加强沟通，共同做好未成年学生心理健康教育；发现未成年学生可能患有精神障碍的，应当立即告知其父母或者其他监护人送相关专业机构诊治。国家、社会应当对未成年人加强社会主义核

---

[1] "最高人民法院公布16起发生在校园内的刑事犯罪典型案例（福建）"，载 https://www.jxfy.gov.cn/web/root/ShowArticle.jsp? id = 146307&nid = 2857&sid = 2880&pid=2885，访问日期：2023年3月8日。

[2] 侯裕盛："最高法公布发生在校园内的刑事犯罪典型案例（福建）"，载 https://www.court.gov.cn/zixun-xiangqing-15568.html，访问日期：2023年3月8日。

心价值观教育，开展预防犯罪教育，增强未成年人的法治观念，使未成年人树立遵纪守法和防范违法犯罪的意识，提高自我管控能力。

第二，加强对不良行为的干预、对严重不良行为的矫治、对重新犯罪的预防。通过干预、矫治和对重新犯罪的预防，提高青少年的自我认知水平，提高自我控制能力，预防青少年犯罪。未成年人的父母或者其他监护人发现未成年人有不良行为的，应当及时制止并加强管教。公安机关、居民委员会、村民委员会发现本辖区内未成年人有不良行为的，应当及时制止，并督促其父母或者其他监护人依法履行监护职责。学校对有不良行为的未成年学生，应当加强管理教育，不得歧视。未成年人的父母或者其他监护人、学校、居民委员会、村民委员会发现有人教唆、胁迫、引诱未成年人实施严重不良行为的，应当立即向公安机关报告。公安机关接到报告或者发现有上述情形的，应当及时依法查处；对人身安全受到威胁的未成年人，应当立即采取有效保护措施。公安机关接到举报或者发现未成年人有严重不良行为的，应当及时制止，依法调查处理，并可以责令其父母或者其他监护人消除或者减轻违法后果，采取措施严加管教。公安机关、人民检察院、人民法院办理未成年人刑事案件，应当根据未成年人的生理、心理特点和犯罪的情况，有针对性地进行法治教育。人民检察院通过依法行使检察权，对未成年人重新犯罪预防工作等进行监督。

预防青少年犯罪重在引领青少年相信法律、信赖法律；相信自己能够通过适当的行为达到适当的目的、培养依法办事和依法维权相结合的法律思维和能力，凡事往好处想，相信科学，包括法学和心理学；相信正义，包括实体正义和程序正义。

第十九章
建立青少年犯罪预警机制

一、完善青少年犯罪防控策略

当今世界各国，对青少年犯罪均已由司法预防转向社会综合治理预防，把事先预防作为控制、减少和解决犯罪问题的重点。事先预防是一种社会预防，是治本之策。只有发动全社会力量，才能标本兼治。

根据李玫瑾教授的研究，犯罪人主要分为两大类：有危险人格的犯罪人和有危险心结的犯罪人。其人数比例大致为4∶6。危险人格是指因人格问题而导致的，对他人或社会具有严重威胁或持续危害的人格心理现象。危险心结是指因心理创伤而导致的心结，使其出现令人意外的犯罪行为现象。对危险人格的防控策略是，及早发现并建立档案；加强对残缺家庭未成年人的法律保护；完善义务教育法，16周岁以下儿童必须进学校；通过社会干预矫正家庭教育的缺陷；学校、社区、公安、司法机构要形成合力。对危险心结的防控策略是，普及心理学知识。家长须知未成年人需要心理抚养；教师须知性格与能力同样重要；个人须知养生还需养心；管理者须知知人心者为上。建立社会支持系统，包括社会心理保障系统、支持技术。完善社会冲突调节机制。控制减少案件数量,重点应放在控制有重复犯罪倾向的危险人格者身上;控制减少犯罪人,重点应放在控制突发案件、普及心理学知识、注重心理干预和完善社会支持系统、完善社会冲突的调节机制上。[1]

我们来分析一个案例——古某故意伤害罪一案,2015年9月18日,最高人民法院召开新闻通气会,四川省高级人民法院刑一庭副庭长发布了发生在四川校园内的这起刑事犯罪典型案例。

基本案情: 被害人邬某生于1997年12月6日,系社会青年。2012年10月25日12时许,邬某、李佳某、冯某、赵某四人在安居某中学路口,拦住初中三年级学生舒某某,邬某问舒某某:"有钱没有?"舒某某回答:"没有。"便继续朝学校走。邬某向冯某要来一根甩棍拿在手中,与李佳某、冯某、赵某四人冲上前,拦住舒某某说:"你啥意思?"邬某用甩棍打舒某某手臂等处,后双方扭打。安居某中学保安、教师及部分学生闻讯后赶到,冯某、李佳某、赵某逃跑,被害人邬某被挡获,被带至学校保卫科,邬某趁保安、老师不备挣脱逃跑,躲藏到安居护村路口紧挨公路边一居民厕所内,被安居某中学学生古某、陈某、肖某、曾某发现,被告人古某从路边找来一块砖头,悄悄靠近躲藏在厕所内的邬某,用脚将邬某踢倒,用砖头朝邬某头部打击了一下,在邬某反抗过程中,古某又骑在邬某身上,用砖头击打邬某后背,致邬某无力反抗。其间,古某叫同学曾某回学校向老师报告邬某被抓住的情况。安居某中学部分学生闻讯赶到事发地,初中三年级学生黄某、敬某、李某等十余名学生将邬某围住,采取用瓦片、手打、脚踢、踹的方式对邬某

---

[1] 李玫瑾:《犯罪心理研究——在犯罪防控中的作用》,中国人民公安大学出版社2010年版,第216~239页。

进行殴打,并持续四五分钟,后被赶到现场的老师制止并报警。邬某被救护车送至安居新安医院抢救,邬某于2012年11月3日因抢救无效死亡。同日,公安机关通知被告人古某到公安机关说明情况,古某在其家人的陪同下到公安机关投案自首。同年11月5日经法医鉴定,邬某系钝器暴力作用于头部致脑干损伤死亡。被告人古某到案后与被害人亲属达成赔偿协议,已赔付受害人经济损失16万元,并已取得被害人亲属的书面谅解。

裁判结果:被告人古某犯故意伤害罪,判处有期徒刑3年,缓刑4年。

典型意义:法院对被告人古某判处有期徒刑3年、缓刑4年的理由如下:①被告人古某作案时已满16周岁未满18周岁,系未成年人犯罪,应从轻或减轻处罚。②案发后在其亲属的带领下主动到公安机关投案,并如实供述犯罪事实,是自首,可以从轻或减轻处罚。③被告人主动赔偿了被害人经济损失,并取得了被害人亲属的谅解,均可酌情从轻处罚。④被告人主动投案自首,具有法定减轻情节。⑤被告人系在校学生,在校表现较好,无犯罪前科,赔偿了被害人损失,取得了被害人亲戚谅解,均可酌情从轻处罚。经社会调查及学籍证证实,古某是安居某中学初三学生,是体艺班长,在校内校外表现良好,无犯罪记录,系留守儿童,家庭条件一般。安居某中学认为古某及部分同学出于维护正义,保护学生的生命财产安全进行正当自卫,因防卫过当致校外青年死亡,且古某平时在校内校外表现均好,请求对古某免除刑事处罚。安居教育局签章同意学校意见,并请求给予减轻处罚;20位同学联名申请,认为古某系出于维护正义,保护学生的生命财产安全进行正当自卫,因防卫过当致校外青年死亡,请求对古某免除刑事处罚。综合全案的事实和情节,结合宽严相济的刑事司法政策,从各方面考虑对古某适用缓刑，既是对被告人古某的保护，也避免了在学校中引起不必要的恐慌。广大青少年在成长过程中难免遇到类似的事件，但一味地意气用事，想要凭借暴力去制服、反抗违法行为，是不可取的。以暴制暴并不是解决问题的方式方法，需在知晓、熟悉法律法规的前提下，运用法律武器保护自己，而不是以暴力的方式使自己亦陷入困境。法院从保护青少年成长角度出发，引导学生在运用法律约束自身行为方面，决定对被告人古某适用缓刑的处罚，既符合法律法规规定，也符合宽严相济的刑事司法政策。被告人古某在成长过程中以如此惨烈的方式明白了自身的错误，知晓了在法律世界里，没有人能以暴力的方式取胜。同时，也使他的同学，这群国家的希望知道只有运用法律才能从根本上保护自己。人，生而自由，但，过度的自由是为非自由，只有在法律约束下的"自由"是为真的"自由"。相信这起案件也给广大青少年、学校、社会引起敲响了警钟。对于青少年，这群处于青春期的孩子，学校、社会必须及时地对其进行普法工作，让他们了解法律，熟悉法律直至运用法律的武器保护自己，从而避免惨剧再次发生，对于营造安全和谐校园环境方面起到良好的示范、震慑和教育作用。[1]

  本案被告人因为防卫过当导致他人死亡，依法应当承担刑事责任。这再次告诉我们，即使有心"该出手时就出手"，维护社会公平正义，也应当依法进行。否则，一味地以暴制暴，有可能触犯刑律。未成年人中，又有多少人能确切地知道正当防卫的注意事项？可见，青少年法治教育，不能光看向青少年普及了哪些法律文件，而应当正确引导青少年提高依法维权、依

---

〔1〕"最高人民法院公布16起发生在校园内的刑事犯罪典型案例（福建）"，载https://www.jxfy.gov.cn/web/root/ShowArticle.jsp?id=146307&nid=2857&sid=2880&pid=2885，访问日期：2023年3月9日。

法维护社会公平正义的能力。

二、建立青少年犯罪分类预警机制

(一) 青少年犯罪预警机制的概念、依据和措施

青少年犯罪预警机制是指通过对青少年不良行为、严重不良行为、犯罪征兆信息的搜集、分析和研判，对青少年犯罪的发生概率、发展趋势和危害程度进行预先警示，对不同的青少年进行重点教育、源头预防的防控机制。

青少年犯罪预警机制的法律依据是《预防未成年人犯罪法》《未成年人保护法》等法律。《预防未成年人犯罪法》重在对不良行为、违法行为以及犯罪行为的预防和矫治，建立预警机制。

青少年犯罪预警机制的措施，主要体现在《预防未成年人犯罪法》和《未成年人保护法》中。

《预防未成年人犯罪法》第29条规定："未成年人的父母或者其他监护人发现未成年人有不良行为的，应当及时制止并加强管教。"这里的预警机制是：发现+制止+管教。第30条规定："公安机关、居民委员会、村民委员会发现本辖区内未成年人有不良行为的，应当及时制止，并督促其父母或者其他监护人依法履行监护职责。"这里的预警机制是：发现+制止+督促监护。第36条规定："对夜不归宿、离家出走或者流落街头的未成年人，公安机关、公共场所管理机构等发现或者接到报告后，应当及时采取有效保护措施，并通知其父母或者其他监护人、所在的寄宿制学校，必要时应当护送其返回住所、学校；无法与其父母或者其他监护人、学校取得联系的，应当护送未成年人到救助保护机构接受救助。"这里的预警机制是：发现（接报）+通知+护送（救助）。

《未成年人保护法》重在通过加强对未成年人合法权益的保

护，预防青少年犯罪。第 57 条规定："旅馆、宾馆、酒店等住宿经营者接待未成年人入住，或者接待未成年人和成年人共同入住时，应当询问父母或者其他监护人的联系方式、入住人员的身份关系等有关情况；发现有违法犯罪嫌疑的，应当立即向公安机关报告，并及时联系未成年人的父母或者其他监护人。"这里的预警机制是：发现+报警+联系家人。第 70 条规定："学校应当合理使用网络开展教学活动。未经学校允许，未成年学生不得将手机等智能终端产品带入课堂，带入学校的应当统一管理。学校发现未成年学生沉迷网络的，应当及时告知其父母或者其他监护人，共同对未成年学生进行教育和引导，帮助其恢复正常的学习生活。"这里的预警机制是：发现+告知+教育和引导+帮助。

（二）青少年犯罪预警体系的构建

根据《预防未成年人犯罪法》《未成年人保护法》等法律的规定，青少年犯罪预警机制主要包括分类分级预防、及时报警、报告、告知、教育、引导、帮助、重点监控、源头预防等方面。青少年犯罪预警的体系主要包括：责任主体体系、家庭预防体系、学校预防体系、社会环境体系、法律责任体系等。青少年犯罪预警的过程主要包括：对青少年不良行为、违法犯罪信息的发现、判断和搜集；对青少年不良行为、违法犯罪征兆信息的处理、报警、告知、教育和引导等。在数字化时代，青少年犯罪的社会预警机制，应当建立预警信息网络化制度，同时注意保护未成年人隐私，应当逐步建立全国统一的预警管理指标体系。

根据《未成年人保护法》的规定，未成年人保护有六道防线：家庭保护、学校保护、社会保护、网络保护、政府保护、司法保护。

第十九章 建立青少年犯罪预警机制

举一反三，我们可以说，预防青少年犯罪也有六道防线：家庭预防、学校预防、社会预防、网络预防、政府预防、司法预防。对于正在接受教育的青少年来说，第一道防线是家庭，第二道防线是学校，这两道防线是青少年犯罪预防的主要阵地。

青少年犯罪的预防策略，可以分为三个层次：第一个层次是对已经犯了罪的青少年进行咨询或治疗的刑法预防。"对于已经犯罪的青少年，要认识到他们尚处于身心发育阶段，心理特征具有可塑性，找出其防御机制的缺陷，指导自身对此认识和矫正，或用成熟的机制代替，有助于提高个体的心理素质，增强应对挫折的能力，对于减少再犯罪是有益的。"[1]第二个层次是针对那些有违法犯罪迹象的儿童而设计的社会预防。第三个层次是在犯罪行为模式征兆出现之前进行的未雨绸缪的、普遍性的预防——法治教育、心理教育等。

对于青少年来说，学习和掌握必要的犯罪心理学知识具有重要的作用，可以矫正和避免不良性格特征，预防不良性格的形成和发展。国家、社会、学校和家庭应当加强青少年保护，引领青少年尊法、守法。青少年是国家的未来、民族的希望。"少年强则国强"是梁启超的警句名言。希望广大青少年积极向上，做明礼守法、心理健康、大有作为的未来主人！

---

[1] 徐莉萍等："男性少年暴力罪犯心理防御机制分析"，载《中国心理卫生杂志》2002年第12期，第841~842页。

参考文献

《马克思恩格斯全集》（第 3 卷），人民出版社 1960 年版。

习近平："坚定不移走中国特色社会主义法治道路　为全面建设社会主义现代化国家提供有力法治保障"，载《中国民政》2021 年第 6 期。

李玫瑾：《犯罪心理研究——在犯罪防控中的作用》，中国人民公安大学出版社 2010 年版。

罗翔：《法治的细节》，云南人民出版社 2021 年版。

[奥] 西格蒙德·弗洛伊德：《图解梦的解析》，叶凡编译，中国华侨出版社 2014 年版。

[美] 唐纳德·布莱克、于妙妙："犯罪作为社会控制"，载《山东大学学报（哲学社会科学版）》2007 年第 1 期。

[美] 唐纳德·布莱克、徐昕、田璐："作为社会控制的犯罪"，载谢晖、陈金钊主编：《民间法》（第 8 卷），山东人民出版社 2009 年版。

王顺安："现阶段我国犯罪现象增长的综合动因论"，载《法学杂志》1998 年第 4 期。

苏元琪："法国的青少年犯罪预防项目"，载《现代世界警察》2023 年第 6 期。

路琦："青少年犯罪预防干预之政府应对策略研究——以美国为例"，载《中国青年研究》2022 年第 12 期。

牛犇："古代如何处置未成年人犯罪"，载《人民法院报》2021 年 2 月 26 日。

李小丹："青少年犯罪心理痕迹的符号解码"，载《山西科技报》2022年8月29日。

洪丕熙："布鲁塞尔博士的15点推理（上）"，载《世界中学生文摘》2008年第5期。

徐莉萍等："男性少年暴力罪犯心理防御机制分析"，载《中国心理卫生杂志》2002年第12期。

单钰淇："基于混沌理论的犯罪心理生成机制研究"，载《系统科学学报》2019年第1期。

王逸吟、殷泓："'完善法律体系是永无止境的任务'"，载《光明日报》2011年3月11日。

王建平："打造新时代少年法庭新模式"，载《人民法院报》2021年2月6日。

贾园园、陈筱："社区矫正视角下的青少年犯罪治理与预防——评《社会转型期青少年犯罪的心理预防与教育对策》"，载《科技管理研究》2022年第20期。

王冬："五年来追诉刑事犯罪583万余件，我国已成为犯罪率最低、安全感最高的国家之一"，载https://www.spp.gov.cn/spp/zdgz/202302/t20230215_601758.shtml。

孙航："最高法印发意见明确职责清单 加强少年法庭巡回审判点建设"，载https://www.court.gov.cn/fabu-xiangqing-387691.html。

卢金增、李明："山东胶州篡改同学高考志愿案嫌犯获释 检察机关不起诉"，载https://www.spp.gov.cn/zdgz/201610/t20161001_168721.shtml。

侯裕盛："最高法公布发生在校园内的刑事犯罪典型案例（北京）"，载https://www.court.gov.cn/zixun-xiangqing-15565.html。

侯裕盛："最高法公布发生在校园内的刑事犯罪典型案例（四川）"，载https://www.court.gov.cn/zixun-xiangqing-15567.html。

"最高人民法院公布16起发生在校园内的刑事犯罪典型案例（福建）"，载https://www.jxfy.gov.cn/web/root/ShowArticle.jsp?id=146307&nid=2857&sid=2880&pid=2885。